한국문화콘텐츠 시리즈 2

아시아의 디아스포라 문학과 문화콘텐츠

아시아의 디아스포라문학과 문화콘텐츠

펴낸이 _ 장 호 성
엮은이 _ 단국대학교 부설 한국문화기술연구소
펴낸곳 _ 단국대학교출판부
등 록 _ 1968.2.27 : No. 제03-00095호

주 소 _ 경기도 용인시 수지구 죽전동 126번지
전 화 _ 031-8005-2405 팩 스 _ 031-8021-7154

편 집 _ 박 보 혜

2010년 10월 1일 초판 인쇄
2010년 10월 10일 초판 발행

인 쇄 _ 신양사

[값 15,000원]

Published by Dankook University Press

printed in Seoul, Korea

ISBN 978-89-7092-449-6 93800

이 논문은 2007년도 정부의 재원(교원과학기술부 학술연구지원사업비)으로 한국학중앙연구원의 지원에 의하여 연구되었음(AKS-2007-DC-2003).

한국문화콘텐츠 시리즈 2

아시아의 디아스포라문학과 문화콘텐츠

한국문화기술연구소 엮음

단국대학교출판부

기획의 말

이 책은 크게 세 가지 관점에서 기획되었다. 하나는, 우리가 2000년대 들어서부터 지속적으로 관심을 가져온 '세계성'이라는 문제다.

우리는 이즈음, 스스로를 분열시킬 수도 있는 내홍이나 근원을 뽑아버릴 만한 기세로 달려든 외침 때문에 그 동안 위태롭게 지속해온 한국의 역사를 '반등의 시간'으로 변환하는 계기를 세계사적 조류에 그 누구보다 적극적으로 부응하면서 마련해야 한다는 확신을 가졌다. 다행스럽게도 우리 한국은 '개발독재'의 상처 난 과육에서 급하게 자양을 빨아올리면서도 나름으로 더 인간다운 가치관과 더 다양한 재능으로 더 가능성 있는 세상을 열어가는 노력을 해왔다. 세계사의 현장에서 소외받지 않을뿐더러 새로운 진로 개척의 일원으로 자리하고 있는 한국의 처지는 이미 그 자체로 괄목할 만한 역사적 성취일 것이다. 그러나 동시에 여전한 불안과 혼돈이 한국사의 오늘과 내일에 어두운 빛을 드리우고 있다는 걸 부정하기도 어렵다. 우리는, 지금 여기 '세계 속의 한국'이 보여주는 빛과 그림자를 버무려 다시금 더욱 현장적이며 동시에 미래지향적인 세계성을 정립해야 한다고 생각했다.

우리가 세계 중에서도 특별히 '아시아' 문제를 우리의 주제로 밀어올린 이유가 이런 데 있다. 한반도를 거점으로 5천년 역사를 이어온 한국은 고려, 조선, 그리고 100여 년의 근대를 지나며 단일민족국가라는 가치를 절대적 명제로 삼아왔다. 그러는 동안 우리의 이러한 '단일성'의 가치 지향이 아주 자주, 동시대의 팽창적인 제국주의나 자기중심적 국가주의와 충돌하면서 엄청난 손실을 겪었고, 이제는 그 사실의 근원을 자각해야 하는 단계에 이르렀다. 이제 우리는 우리 역사의 자부심으로 알아온 고조선, 부여, 고구려의 역사에 지금은 흔적을 찾기 어려울 만큼 다양한 인접 종족들의 피와 뼈의 섞임과 묻힘이 내재되어 있음을 알게 되었다. 게다가 이즈음 아시아의 여러 국가·민족과의 교류와 혼류가 부쩍 잦아지고 있다. 중국의 세계 진출을 선도자 또는 동승자의 처지에서 바라보면서 한편으로 가슴 깊이 이는 두려움을 새김질해야 하는 것이 한국의 지금 현실이다. 이 점에서 우리는 우리의 오랜 역사문화와 깊은 교류관계를 맺고 있으면서 현실적으로 다채로운 난제로 얽혀 있는 '아시아'라는 문제를 선결해야 한다고 생각했다.

이 책이 지닌 두 가지 관점 중 또 하나의 문제는 바로 '생산성' 문제다.

우리는 21세기가 시작될 무렵, 이전 50년을 넘어 동양학이나 국학, 국사, 국문학 등에 상당한 학문적 열정을 바쳐온 단국대학교에 '문예창작'이라는 학예적 종합으로서의 전공 과를 창설했다. 이는 우리의 21세기가 인문적으로 축적된 우리의 자산을 보다 더 현실에 가까운 실용과 그것을 최장의 가치로 이을 창작으로 발현해야 할 때라고 본 까닭이다. 대학(2000년)과 대학원

(2001년)에 문예창작과를 창설한 우리는, 이어 문학과 문화를 실용적 과학에 접목해 인간의 이성과 감성의 세계를 몸과 마음으로 체득하게 하면서 새로운 가치를 창출시키는 사업을 활성화하는 기초를 마련하기 위해 '한국문화기술연구소'(2004)를 열었다. '학(學)'과 '예(藝)'의 융합에서, 다시 그것을 '기(技)'를 통해 현실적이면서 동시에 영원지향의 가치 창출을 꿈꿀 수 있는, 그런 터전을 만들고자 한 것이다.

문화콘텐츠는 이러한 우리의 생각을 구체적으로 보여주는 통로이자 도구이며, 궁극에는 그것으로써 하나의 결정체라 할 수 있다. 인간의 체험과 사상이 인문학에서 논문으로, 문학에서 창작품으로, 생활공간에서 놀이나 기념품으로 탄생되고 그것들이 다시 서로 다양한 형태로 재생산, 재구현되면서 부가적 가치가 증폭되는 시대에 우리는 이르러 있다. 인문학의 죽음, 문학의 위기를 말하는 중에도 우리는 무수히 변주된 인문학적이며 문학적인 생산물을 생산하고 또한 소비한다. 이 책이 문학작품에 대한 연구를 기반으로 하면서도 문화콘텐츠 관련 문제를 다각적으로 언급하고 있는 근거는 이처럼 명백하다.

지역적 개념에서는 아시아를, 방법적 개념에서는 문화콘텐츠 문제를 아우르고 있는 이 책은 또한 특별히 이 두 문제를 구체적 역사로 증거하는 한국과 아시아의 디아스포라를 생산적인 논의의 장으로 수용했다. 그 어떤 나라와 민족에 뿌리를 두었건 디아스포라는 탄생된 순간 이미 세계성을 지닌다. 이 디아스포라의 특별함이 다시 우리의 주제인 '아시아'와 '문화콘텐츠'를 아울러 수렴해서 표출하게 된 셈이다. 이 책은 이렇듯, 제1부에 아시아의 문학과 문화콘텐츠의 관련성 또는 관련 가능성을 살펴보는 총론으로, 제2부에 아시아의 문학을 구체적으로 문학과 문화의 현장에서 콘텐츠화하는 방법에 대한 각론으로 그리고 제3부에 태생적 세계성을 부여받은 한국 역사와 아시아의 디아스포라 문제를 이론과 실제를 통해 짚어준다.

지난 3년간 한국학중앙연구소의 지원을 받은 한국학기획연구사업의 '아시아와 한류' 테마 중 '아시아문학과 문학콘텐츠 포럼 운영'을 수행하는 과정에서 행한 국내외의 다양한 학술세미나와 학술지 연구 논문 발표가 이 책의 중심 내용이 되었다. 또한 한국연구재단의 지원을 받아 수행한 '한국현대문학지형의 D/B 구축 및 실용화방안' 등 여러 프로젝트의 수행 과정 또한 이 책의 내용을 풍성하게 한 바탕이 되었다.

함께 해 주신 국내외 필자들에게 감사드린다.

단국대학교 부설 한국문화기술연구소
소 장 **김 수 복**

목 차

제 1 장

총 론

동북아 문화공동체와 문화콘텐츠

전 영 선

1 들어가는 말

이 글은 동북아 문화공동체 형성의 조건과 장애요인, 가능성에 대한 모색을 목적으로 한다. 동북아 문화공동체는 지역 문화의 특성을 살리면서도 상호 이해를 높이기 위한 차원에서 지역 국가들의 노력에 따라 추진되고 있다. 문화공동체라는 정치공동체, 경제공동체 등과 같이 각각의 공동체가 형성되는 과정으로

* 이 논문은 『한국문화기술』 제9호(한국문화기술연구소, 2010.6)에 발표된 것임.

본다. 경제공동체의 경우 '이질적인 경제체제가 하나로 되는 보편적 경제공동체의 건설'로, 문화공동체는 '이질감을 해소하고 공동의 가치를 추구해 나가는 공동체 형성'으로 설명할 수 있다.[1)]

동서냉전체제의 해체와 함께 진행된 정보통신 산업의 눈부신 발전으로 세계는 하나의 시장으로 통합되고 있다. 정치, 경제뿐만 아니라 문화 분야의 소통도 동시간적으로 이루어지고 있다.[2)] 문화적 소통과 접근은 자국의 문화적 정체성을 희석시키

---

1) UNESCO에서 1983년 규정한 문화의 개념에 의하면 "문화는 한 사회나 사회집단을 특징을 지워주는 고유의 정신적, 물질적, 지적, 정서적 복합체인 전체로서 간주되어야 할 것이다. 문화는 문학과 예술뿐만 아니라 생활양식, 인간의 기본권, 가치체계, 전통과 신앙 등을 포함한다"고 규정하였다. 더욱 주목되는 것은 문화의 가치와 개념에 대한 부분이다. "인간으로 하여금 자신을 반성토록 하는 것, 우리를 비판적인 판단력과 도덕감을 지닌 진정한 인간이요 합리적인 존재가 되게 하는 것은 바로 문화이다. 가치기준을 식별하고 선택하는 것, 인간이 그 자신을 표현하고 자신을 알며, 자신의 불완전함을 인식하고 자신이 성취한 것에 질문을 던지며, 끊임없이 새로운 의미를 추구하고 이를 통해 자신을 초월하는 작품을 창작하는 것은 바로 문화를 통해서이다"라고 규정하였다. 문화라는 것은 인간이 만든 성과의 차원이 아니라 스스로를 돌아보고 반성할 수 있는 정신적 성숙과 사회나 개인을 돌아보게 하는 성찰을 강조한 것이다.

2) 류지성 · 김형수, 「동북아 문화공동체 구성에 관한 이론적 논의」, 『서석사회과학논총』 제1집 2호, 조선대학교 사회과학연구원, 2008, p.292. : "문화공동체는 정치적, 경제적 관심사를 중심 주제로 하지 않고 문화적, 정신적, 지역적 협력을 지향하는 공동체라고 하고 있다. 다시 말해서 문화공동체는 역사적으로 확인되는 문화적 · 정신적 공통을 기반으로 하고, 서로의 문화적 개성과 다양성을 존중하는 가운데 모든 인류가 보편적으로 공감할 수 있는 가치관을 모색하면서 보다 밀접한 문화적 상호이해와 문화가치 창출을 도모하는 공식적 · 비공식적 문화연대 체제를 말한다."

는 동시에 글로벌 문화로서 보편성을 증진시키는 요인으로 작동하고 있다. 이러한 상황에서 각국은 문화적 혼효(混淆) 속에서 한편으로 문화적 정체성을 지키면서 다른 한편으로 문화적 소통과 접근을 확대하고 있다.

문화적 소통과 접근은 보편적 문화의 확대라는 긍정적 측면도 있지만 문화적 충돌로 이어지기도 한다. 새뮤얼 헌팅턴은 세계를 8개의 주요 문명권으로 나누어 문명의 충돌 가능성을 경고한 바 있다. 즉 세계는 서양기독교문명권, 슬라브정교문명권, 이슬람문명권, 인도힌두문명권, 유교문명권, 일본문명권, 중남미문명권, 아프리카문명권 등 8개의 주요 문명권으로 나누고 이들 문명권 간의 충돌을 경고한 바 있다.[3] 문화적 충돌은 많은 경우 타문화에 대한 이해 부족으로 인해 발생하는 가벼운 것부터 지역적 해묵은 갈등처럼 국가관계를 변화시킬 수 있는 차원까지 다양하게 논의되고 있다. 각국에서는 문화충돌을 완화하고, 자문화의 이해를 증진시켜 국가 이미지를 개선하기 위한 차원에서 적극적인 노력들이 진행되고 있다.

동북아에서도 관련 국가들의 발전과 미래 번영을 위한 공동체 의식의 중요성이 부각되면서, 문화공동체 형성을 위한 각국의 노력이 진행되고 있다. 동북아 문화공동체의 목적은 국가들의 이해와 접근 방식에 따라 차이가 있기는 하지만 동북아 지역 내의 역사적 긴장과 갈등의 경험을 해소하고 상대 문화에

3) 새무얼 헌팅턴(Samuel P. Huntington) 저, 이희재 역, 『문명의 충돌』, 김영사, 1997. 참고.

대한 이해와 존중을 바탕으로 대화와 협력을 통하여 동북아 지역의 공동 번영을 도모하는 데 기본 목적이 있다.

동북아 지역 국가들의 문화공동체 형성 노력이 경주되는 것은 동북아 문화공동체의 필요성에 대해서 관련 국가들은 대체로 큰 틀에서 공감하기 때문이다. 장기적 관점에서 동북아 국가의 발전적 협력을 위해서는 문화공동체의 형성이 중요해질 것이 분명하기 때문이다. 동북아 국가들이 문화공동체에 주목하는 이유 역시 탈냉전 이후 가장 문화의 중요성이 높아지고 있기 때문이다.

이 글에서는 동북아 문화공동체 형성의 의미와 조건에 대해서 분석하고, 동북아 공동체 문화 소통을 위한 거버넌스와 소통의 의미에 대하여 살펴보고자 한다. 이를 통하여 가시적으로 제시된 동북아 문화공동체가 지역적 차원에서 어떤 의미를 갖고 있으며, 현황과 과제는 무엇인지 파악할 수 있을 것이다.

2 동북아 문화공동체의 의미와 조건

1. 동북아 문화공동체의 의미

오늘날 세계 각국에서는 세계화의 추세와 맞물려 자국의 이익을 실현하기 위한 치열한 경쟁을 벌이고 있다. 치열한 경쟁의 근원은 신자유주의를 근간으로 하는 세계화(globalization)이다. 세계화 현상은 이미 일상세계까지 파고들었다. 흥미로운 사실은 세계화의 급속한 진행과 함께 거의 동시적으로 지역화(regionalization), 다시 말해서 지역주의 내지 지역연합, 나아가서는 지역통합의 움직임이 나타나고 있다는 점이다.[4)]

이 경쟁에서 핵심문제로 제기되는 것이 문화이다.[5)] 문화란 '인간이 집단을 이루어 살아가는 삶을 말하는 것으로, 그 삶이 표현하고 있는 행위와 행위를 이루어 내는 전 과정의 사고, 그리고 그에 관련된 삶의 현상'으로 규정한다.[6)] 나아가 문화는 국가적 차원에서 국가의 위상과 이미지를 창출함으로써 국가의 가치를 높이는 요소가 되고 있다.

냉전시대의 정치적, 군사적 경제적 전략 관념에 밀려 주목을 받지 못했던 문화적 변수들이 국제관계의 전면에 다시 등장하였다. 문화의 중요성은 특히 경성권력(Hard Power)과 연성권력

---

4) 김형국 · 김석근, 「동북아 문화공동체형성을 위한 여건과 전망 : 문화적 동질성과 다양성 그리고 정체성」, 『세계지역연구논총』 23집 1호, 한국세계지역학회, 2005, pp.137-138.

5) 문화의 개념은 광범위하다. 문화 자체가 생활이고, 생활이 곧 문화이다. 국어사전에는 문화를 "인류가 모든 시대를 통하여, 학습에 의해서 이루어 놓은 정신적 · 물질적인 일체의 성과"로 규정한다. 여기에는 "의식주를 비롯하여 기술 · 학문 · 예술 · 도덕 · 종교 따위 물심양면에 걸치는 생활 형성의 양식과 내용"이 포함된다. 이에 대해서는 신기철 · 신용철, 『새우리말 큰사전(상)』, 삼성출판사, 1992, p.1248 참고.

6) 한만길 외, 『동북아 문화공동체 형성을 위한 교육 분야의 교류 · 협력의 실태』, 통일연구원, 2004, p.4.

(Soft power)에 대한 논의에서 중요하게 다루어지고 있다. 연성권력(Soft power)이란 강제보다는 문화를 통해 원하는 목적을 달성하는 것이다. 20세기가 제조업 중심의 산업사회였다면 21세기는 지식과 정보를 기반으로 하는 지식정보사회로 전환하였다. 지식정보사회에서는 연성권력을 이루는 문화의 중요성이 중요해지고 있다. 나아가 문화는 외교의 영역에서, 산업의 영역에서 국제관계를 변화시키는 잠재적 영향력을 발휘하고 있다.[7] 오늘날 문화적 변수는 국가의 변화를 초래하고, 나아가 국제관계의 전반적인 모습까지도 바꾸고 있어 산업적인 측면에서 문화적인 측면에서 중요성이 높아지고 있다.[8]

현실정치 차원에서 문화의 중요성은 유럽통합 과정에서 바탕이 되었던 오랜 역사적, 문화적 동질 때문이다. 유럽의 경우 각국의 다양성과 차이점에도 불구하고 나름대로 그리스-로마 문

7) 국가 이미지는 그 국가에 대한 여러 가지 이미지가 상호 밀접하게 관련되어 나타나는 총제적 이미지로서 어떤 국가에 대하여 사람들이 갖는 다양한 정보를 바탕으로 형성된 종합적이고 복합적인 심상이라고 할 수 있다. 국가 이미지는 그 나라의 역사, 정치, 사회 및 문화, 예술 등 다양한 요소가 복합적으로 작용하여 외국인들의 종합적인 평가에 의해 형성된다. 국가 이미지 관리 내지 홍보 활동이 중요하게 대두되면서 미국·독일·일본과 같은 주요 선진국들은 물론 세계 각국은 긍정적인 국가 이미지를 형성하기 위해 다양한 정책들을 추진하고 있다.

8) 문화외교에는 국가의 전통문화, 대중문화, 스포츠, 축제, 문학예술, 생활문화 등 모든 것이 수단이 되며, 외교의 주체가 되는 것도 개인, 지방자체단체, 기업, 단체 등이 될 수 있다. 우리 나라에도 외교통상부에 문화외교국이 있고, 일본과 정례적으로 문화외교국장 회의를 진행하고 있다. 이에 대해서는 조부근, 『문화선진국의 문화정책과 문화외교, 어디로 가고 있는가』, 민속원, 2007, p.3 참조.

명과 기독교적인 문화공통분모를 가지고 있으며, 유럽정치사 전개 자체가 근대 세계의 형성, 근대 세계의 시스템으로 이어진 역사이다.[9)]

2. 동북아 국가의 문화적 동질성과 이질성

동북아 지역은 연속성과 단절성을 갖고 있다. 오랜 역사적 전통의 기반 속에서 동북아 지역, 넓게는 동아시아 지역은 문화적 친연성이 높았다. 동북아 국가들은 한자문화권으로서 오랜 동안 내려온 유교적 사유방식을 공유하고 있다. 이러한 문화적 기반은 공동체 형성에 있어 긍정적으로 작용할 가능성을 높여주는 요인이다. 그러나 동북아 국가들은 오랜 역사적 전통을 바탕으로 나름대로의 문화적 독자성을 형성하여 왔다. 동북아 국가들은 유교문화권에 속하면서도 중국은 도교적 성격이, 일본은 신도이즘, 한국은 선(仙) 중심의 또다른 특징을 보유한다. 특히 중국은 대륙문화, 일본의 해양문화, 한국의 반도 문화가 함께 존재한다.[10)]

자문화에 대한 강한 긍지와 자부심은 타문화와의 소통이나 이해보다는 자문화에 대한 강한 자긍심으로 작용하고 있다. 그 결과 동북아 지역 국가들은 타문화의 수용에 대하여 상대적으로 소극적이면서 배타적인 태도로 나타났다.[11)] 결과적으로 문

9) 김형국 · 김석근, 앞의 논문, p.44.
10) 임문영, 「21세기의 '동북아 문화공동체' 형성과 한국의 역할」, 『유럽연구』 1999.겨울(통권 10호), 한국유럽학회, 1999, p.93.

화적 동질성보다는 자문화 중심주의로 경도되는 경향을 보이게 되었다. 자문화 중심주의는 공통의 가치관보다는 자기 문화를 중심에 두고 상대를 인식하는 것으로서 동북아 국가의 이질감과 갈등 확산의 원인이 되고 있다. 문화에 대한 폭넓은 정의는 생활전체에 해당하는 것으로 문화에 대한 지역적, 종교적 이질성을 설명하는 근거가 된다. 상대적인 개념으로 문화적 공동체란 공통의 가치관, 공통의 이해를 포함한 문화적으로 동질성을 가진 집단을 형성한다는 것을 의미한다. 상호 이질적인 두 집단이 상호 문화에 대한 적극적인 이해를 통하여 상대 문화를 이해하는 것을 의미한다.

그러나 정보통신의 발달과 글로벌 미디어의 등장은 동북아 지역 내의 문화교류를 자연스럽게 만들고 있다. 글로벌 미디어 사회에서 문화공동체는 문화적, 산업적 위력을 지닌 방송으로 권역 내 사회문화교류를 활성화하는 과정을 통하여 이루어질 수 있는 가능성이 어느 때보다 높아졌다.[12]

---

11) 글로벌 미디어 사회의 가장 큰 특징은 세계화의 흐름과 지역화의 흐름이 팽팽하게 맞서고 있다. 한편으로는 세계화 흐름 속에서 미국적 문화로의 문화 단일화가 가속화되고 있고, 동시에 다른 한편으로는 이러한 문화적 세계화를 저지하고자 하는 세력이 작용한다. 지역적 문화의 특수성을 지키려는 노력은 문화의 정체성 상실을 야기할 수 있는 표준화, 동질화에 대한 반작용을 야기한다. 이는 유럽 대륙이나 특히 한국이 포함된 동북아 및 아시아 문화권에서 보다 명시적으로 일어나는 현상으로 설명할 수 있다.

12) 현대 문화계의 문화적 차이에 대한 입장은 두 가지이다. 문화는 기본적으로 국경과 국적을 기준으로 형성된다. 이러한 문화적 차이에 대해서 문화계의 사상 공간은 양립 불가능한 것처럼 보이는 두 가지 입장으로 양분된다. 문화적 다문화주의와 원리주의가 그것이다. 다

동북아 국가들 사이의 공동체 논의에서 걸림돌이 되는 것은 상이한 과정으로 진행된 현대화의 흐름 속에서 해결되지 않고, 반복적으로 나타나는 이슈가 되었다. 일본의 역사교과서 왜곡문제나 중국의 동북공정 문제는 국내교육 차원만으로는 해결되기 어려운 문제이다. 이는 중-일을 비롯한 동북아 국가들 간에도 마찬가지의 문제로 동북아 국가의 현대사 문제는 여전히 '동북아의 과거' 차원에서 동북아 각국의 민감한 현안으로 제기되고 있다.13)

동북아 국가들은 갈등을 안고 있지만 한편으로 공동체를 이룩하려는 노력도 계속되고 있다. 동북아 각국이 공동체 형성에 참여하는 근본적인 이유는 동북아 국가의 발전을 위해서 공동체를 통하여 풀어나가고 해결해야 할 문제들이 더욱 크기 때문이다. 세계화의 진전과 시장경제의 확산은 국민국가의 국경을

문화주의와 원리주의는 대립하고 있으나, 대립을 위한 지평이 하나의 배제에 의해 구성되어 있다는 공통의 전제 위에 성립하고 있다. 이에 대해서는 이우영 외, 『동북아 문화공동체 형성을 위한 국가의 역할-거버넌스의 관점에서』, 경제·인문사회연구회, 2006. 참고.

13) 예컨대 역사문제로 인한 갈등은 여전히 동북아 국가 간의 갈등의 불씨가 되고 있다. 한국과 중국의 경우 일본 제국주의의 피해국으로서 전쟁 피해에 대한 보상 문제에서 일본과 갈등을 벌이고 있다. 종군위안부와 같은 문제들은 아직도 보상이 이뤄지지 않고 있어 지속적으로 갈등을 야기하고 있다. 역사문제에 대한 명확한 입장을 보이지 않은 일본의 태도도 문제이다. 일본은 2차 대전의 전범들에 대한 참배를 계속적으로 강행하고 있으며, 역사왜곡, 독도문제를 제기함으로써 주변국과의 마찰을 야기하고 있다. 일본 내의 우경화 현상도 더욱 심해지고 있다. 중국의 경우에도 자국의 경제력을 바탕으로 동북공정 등을 내세우면서 패권주의적인 경향을 보이고 있다.

무너뜨리고 세계를 하나의 삶의 장으로 변화시켜가고 있다. 시장도 통합되어 가지만 노동력과 문화까지도 통합되어 가고 있는 실정이다. 또한 시장을 통해, 전파를 통해 국경을 초월하는 각 지역의 문화는 세계를 문화공동체로 묶어 가고 있는 동시에 세계의 각 지역을 다문화 사회로 바꾸어 가고 있다.[14)]

따라서 동북아 공동체 형성의 관건은 공동체로 발전하는 데 걸림돌이 되는 사안들을 미래지향적 시각에서 얼마나 효과적으로 잘 대처하느냐에 달려 있다고 할 수 있다. 즉 동북아 국가들이 자문화중심주의적 사고에서 벗어나지 못한다면 동북아 지역의 공동체적 발전은 큰 어려움을 겪게 될 것이다.

3 동북아 공동체의 문화적 소통과 거버넌스

1. 동북아 문화공동체 형성의 전제

동북아 문화공동체라고 할 때 문화공동체가 갖는 일차적인

14) 우리나라도 이주민 2%시대에 돌입하였다. 그리고 그 비율은 급속히 늘어가고 있다. 법무부 통계에 의하면 2007년 12월 말 재한 외국인의 수는 1,066,291명에 달했고 결혼이민자 만도 110,362명에 달한다. 그리고 그들은 한국 속에서 그들의 문화권을 형성해 가며 살아가고 있고 그들의 문화와 한국문화는 생활, 예술, 음식, 패션 등등의 분야에서 섞이고 있다.

의미는 소통에 있다. 정치적 공동체나 경제공동체에서는 하나의 통합과정으로 인식한다. 문화공동체의 개념도 기능주의적인 입장에서 정치적 통합, 경제적 통합을 이루기 위한 과정으로 보기도 한다. 지역통합과 문화의 기능에 대해서는 두 가지 견해가 있다. 기능주의적 입장에서는 문화가 지역통합을 촉진하는 '파급효과'(spill-over-effect)를 강조한다. 그러나 신기능주의 입장에서는 문화가 지역통합에는 일정 정도 기여하지만 시너지 효과는 충분히 내지 못한다는 '파산효과'(spill-over-effect)로 설명한다. 파산효과는 한 기능분야의 협력이 다른 분야에 파급되는 효과는 있지만 그에 상응하는 대응력은 생기지 않는다는 것이다. 협력의 효과가 직접적으로 나타나지 않는다는 입장이다.[15]

동북아 국가들은 오랜 전통 속에서 형성된 고유한 문화적 전통을 이어오고 있다. 이런 점은 유럽 통합의 경우와도 다르다. 문화공동체 형성을 위한 과정에서 필요한 것은 문화적 통합에 앞서 충분한 소통이 이루어져야 한다. 소통이 이루어지기 위해서는 의미를 이해할 수 있어야 한다. 커뮤니케이션 이론에 따르면 송신자의 의미를 수신자가 이해할 수 있어야 한다. 송신자의 정보를 수신자가 이해할 수 있는 능력은 매체의 기술 수준이 아니라 송신자와 수신자가 공유하는 사회성에 의해 좌우된다.[16]

---

15) 지역통합 과정에서 기능주의와 신기능주의에 대해서는 이홍종, 「동북아공동체 구축현황과 전망 : 정치, 경제, 및 문화공동체를 중심으로」, 『국제정치연구』 5권 1호(동아시아국제정치학회, 2002), pp.23-26 참고.

16) 시정곤, 「디지털 네트워크와 커뮤니케이션의 구조」, 『디지털 시대의 문화예술』, 문학과지성사, 1999, p.121. : "커뮤니케이션에서 송신자

동북아 국가들은 자국의 역사와 근대화 과정, 산업화 과정에서 상당한 차이가 있었다. 한국, 중국, 일본을 중심으로 보았을 때 동북아 국가들은 전통적으로 농업을 중심으로 한 경제적 토대 위에 가족적이고 친족적인 유대에 기반한 가부장적 권위와 통제에 의해 집단의 복종을 미덕으로 여겨 왔다. 그러나 근대화의 과정은 상이한 조건과 과정을 겪었다. 일본은 서구의 근대화를 성공적으로 모방하여 신속하게 근대화를 이루었다. 중국은 자국의 문화적 전통과 권위에 기대어, 근대적 체제 전환 과정이 지체되었다. 한국 역시 근대적 체제 전환의 기회를 잡지 못하였다. 여기에 한국전쟁을 겪으면서 치열한 이념적인 갈등을 겪었다.[17)]

이러한 역사적 경험의 차이는 자국의 문화적 공동체에는 긍정적인 작용을 하였지만 타문화에 대해서는 배타적으로 작동한다. 동북아 국가들은 문화공동체의 필요성에 대해서는 공감하면

의 정보를 수신자가 이해할 수 있는 능력은 매체의 기술 수준에 좌우되는 것이 아니라 송신자와 수신자가 공유하는 사회성에 의해 좌우된다. 철학자 퍼스 C. S. Perice는 이것을 '해석경향interpretant'이라고 부르고 있다. 그는 커뮤니케이션의 의미 생성과정에서 신호가 차지하는 중요성을 인식하면서, "누군가 무엇을 나타내기 위해 신호를 사용하게 되면 그 신호는 그 사용자에게 그 신호에 상응하거나 그 이상의 것을 만들게 한다"고 하였다. 그에 의하면 의미를 구성하는 데에는 신호sign, 대상object, 해석 경향 등의 3가지 요소가 필요하고, 이 요소들이 서로 관계를 맺으며 의미를 생성한다고 말한다."

17) 최치원, 「문화횡단, 유토피아 그리고 '가상적Virtual' 동북아공동체의 의미탐구 : 새로운 동북아시아의 상상을 위하여」, 『OUGHTOPIA』 24권 1호, 경희대학교 인류사회재건연구원, 2009, p.74.

서 정부 차원이나 시민단체 차원에서 "동북아 국가간의 상당한 정도의 공통성으로 작동하여 서로의 문화적 차이를 인정하는 가운데 보편적 가치관을 모색하면서 상호이해와 공동의 이익을 도모하는 공식적, 비공식적 연대체제" 형성을 위해 노력하고 있다.[18]

동북아 지역의 문화공동체 형성을 위한 체계적이고 실천적인 방안을 모색하고 있다. 동북아에서도 문화네트워크, 문화연대, 문화공동체를 지향하는 움직임이 나타나고 있는 가운데 각국의 문화를 인정하는 타문화 이해의 문제가 제기되고 있다. 동북아 문화공동체 형성은 동북아 주민간의 상호 이해 증진, 사회적 융합의 기여, 정치경제적 이해 다툼의 해소를 통해 삶의 질 측면에서 중요한 역할을 할 수 있을 것이다. 이러한 지역공동체 형성을 위한 구체적인 방안으로서 분야별, 계층별, 대상별 접근 방안이 필요하다. 특히 미래의 주인공인 청소년들을 대상으로 한 국제적 관점에서 타문화 이해 교육은 미래 공동체 형성을 위한 기본 조건이 된다. 청소년 교육은 학습 차원이 아니라 청소년들의 교류 · 활동이 삶의 질을 확대하고 21세기 동북아 시대 주역으로서 역할을 수행하기 위한 전문성과 다양성에 기초한다는 전제 하에 다양한 프로그램의 개발과 관련 국가의 협력 시스템 구축이 필요하다.

동북아 문화공동체 형성세 대중문화의 중요성을 바탕으로 한

18) 서중석, 「동북아 문화공동체의 동아시아 지역으로의 확대방안 연구」, 『21세기 동북아 문화공동체의 구상』, 법문사, 2004, p.138.

류, 일류(日流)와 같은 문화상품 소비행위가 어떻게 이루어지고 있으며, 각국에서는 이러한 대중문화를 어떻게 수용하는지 현황과 대응 방식, 협력 가능성 등을 분석하여 정책에 반영해야 한다. 근래 들어 중국과 일본을 비롯한 동남아시아 지역에서 불고 있는 한류 열풍은 한국을 중심으로 한 대중문화의 확산 가능성을 확인시켜 주었다. 이는 동북아 지역의 문화를 하나로 엮고 더욱 활발한 문화적 교류를 촉진한다는 의미에서 매우 중요한 사항이다. 따라서 한류를 단순한 문화적인 현상으로 볼 것이 아니라 동북아의 각국과 긴밀한 협조를 통해 다양한 콘텐츠를 개발하여 문화공동체를 이룩하는 데 기여할 수 있도록 노력해야 할 것이다.

2. 동북아 문화공동체 형성의 조건

동북아 공동체 형성을 위해서는 기본적으로 다음 사항에 대한 인식의 공유가 있어야 한다. 이질적인 문화 간의 소통을 위한 과제는 다음과 같다.[19)]

첫째, 문화적 차이는 필연적이며, 오랜 생활을 하지 않고서는

19) 동북아공동체의 형성 조건과 문제에 대해서는 이우영 외, 『동북아 문화공동체 형성을 위한 국가의 역할 - 거버넌스의 관점에서』(경제 · 인문사회연구회, 2006)를 비롯하여 2006년 경제 · 인문사회연구회 협동연구 총서 시리즈를 참고할 필요가 있다. 이 연구 시리즈에서는 '동북아공동체의 비전과 과제', '시민사회', '대중문화문화교류', '인적자원개발' 등의 연구 작업이 진행되었다.

충분히 이해하기가 어렵다는 것을 알고 적극적인 자세로 타문화를 이해하고 즐기는 과정에서 수용하는 태도가 필요하다.[20] 동북아 국가들은 문화적으로 유교적 가치관과 한자 문화권으로서 전통을 유지하고 있는 동시에 산업화를 겪었다. 전통의 문화

20) Berry는 두 개의 문화를 접하게 되었을 때 상호적인 작용을 원칙으로 하지만 현실적으로는 어느 한쪽에 의해 다른 한쪽이 변화된다고 보고 기존의 문화를 한 축으로 하고 새로운 문화를 다른 축으로 하여 적응의 유형을 '문화동화(assimilation)', '문화통합(integration)', '문화분리(separation)', '문화주변형(marginalization)'의 네 가지 유형으로 보았다. 문화동화(assimilation)란 '자기 문화를 버리고 주류문화에 편입되는 것'으로서 기존의 사회에서의 경험과 관계없이 무조건 새로운 사회의 환경에 동화하는 것이다. 문화통합(integration)이란 '자기 고유 문화의 주체성을 유지하면서 새로운 문화를 수용'하는 것으로 문화 접촉의 가장 바람직한 유형이라고 할 수 있다. 문화통합 유형이란 균형적인 시각에서 새로운 사회에서 체험한 다양한 경험을 내적으로 수용하여 자기 자신의 성숙기회로 활용하는 것이다. 문화통합 유형에 속한 사람들은 맹목적으로 수용하거나 거부하는 것이 아니라 기존의 문화와의 비판적 비교를 통하여 두 문화의 장점을 통합하려고 시도한다. 문화분리(separation) 유형은 '새로운 문화를 거부하고 고유 문화를 고집하는' 유형이다. 즉 기존 문화에 대한 집착에서 벗어나지 못하면서도 새로운 문화를 적극적으로 수용하지도 못하는 유형이다. 기존 문화에 대해 배타적이거나 거부하는 보수적 성향이 강하다. 문화주변형(marginalization) 내지 탈문화 유형은 '자기문화와 주류문화를 모두 거부하는 것'이다. 문화 주변형에 속하는 사람들은 어느 문화에서도 소속감을 느끼지 못하고 기존의 문화가치에 향수를 느끼거나 현재의 문화가치를 부정하면서 허무주의에 빠지기 쉽다. 문화적응 유형에 대해서는 길은배, 『북한이탈 청소년의 남한사회 적응 실태 및 지원 방안 연구』(한국청소년개발원, 2003), 윤인진, 「탈북과 사회 적응의 통합적 이해 : 국내 탈북자를 중심으로」(『현대북한연구』 3권 2호, 2000), 심미경 · 유연옥, 「아동의 인지양식에 따른 사회적응 문제행동」(『교육심리학』 17권 2호, 교육심리학회, 2003) 참고.

적 자산 속에서 진행된 근대화 과정의 차이는 결과적으로 전통 문화의 수용과 현대화의 차이로 나타났다. 이렇게 형성된 문화적 차이가 오랜 역사를 지나면서 문화적 전통으로 굳어지면서 문화적 공통성보다는 문화적 특수성이 보다 강하게 형성되었다. 이로 인해 자문화에 대한 강한 긍지와 동시에 타문화에 대한 편견을 형성하게 되었다.

이러한 문화적 편견은 상호 문화에 대한 정당한 평가로 이어지기 어렵게 만든다. 물론 어떤 사회이건 간에 그 사회를 거시적인 차원에서 설명할 수 있는 특성이나 일정한 행동양식이 있다는 것을 이해하는 태도를 길러야 한다.[21] 자기 문화를 중심으로 타문화를 보게 되는 경우에는 문화적 편견을 양산할 수 있다. 어느 사회나 자기 문화를 중심으로 타문화를 이해한다는 전제 하에, 문화적 상호성을 인정하는 사회적 분위기를 형성해야 한다.

둘째, 역사에 대한 객관적 인식이다. 역사문제는 한국, 중국, 일본 3국 간에 가장 많은 갈등을 초래하고 있는 사안이다. 역사

---

21) 태도란 '경험을 통하여 형성·조직 준비되어 있는 정신적 또는 신경적 상태로서, 그것에 관하여 모든 사물 및 상황에 대한 개인들의 반응에 지시적 또는 역동적 영향력을 행사하는 것'이다. 이러한 정의는 기본적으로 인간이나 사물 혹은 장소, 상황 등 사회적 대상물에 대하여 반응을 하기 위한 인간의 심리적 경향이나 준비로서 간주하는 것인데, 사물을 접하게 되었을 때 어떤 태도를 갖느냐에 따라서 문화적 수용과 태도에서 차이를 나타내게 된다. G. W. Allport의 태도에 대한 규정 및 태도에 관한 이론은 윤여상, 『북한 이탈주민의 적응과 부적응』(세명, 2001), 차배근, 『태도변용이론』(나남, 1992) 참고.

에 대한 3국 간의 이해가 이루어지지 않는 한 한국, 중국, 일본은 완전한 형태의 공동체를 이루기는 힘들 것이다. 역사문제는 역사에 대한 평가 문제뿐만 아니라 영토분쟁 등의 현실적 이슈와 연관되어 있다.[22] 동북아 공동체 형성을 위해서는 올바른 역사적 관점을 갖는 것이 교육적인 차원에서도 꼭 필요한 일이다. 따라서 한국, 중국, 일본의 역사학자들이 공동으로 역사교과서를 집필할 필요가 있다. 올바른 역사관을 학생들에게 심어주고 그에 대한 반성과 성찰이 이루어질 때, 동북아 3국은 진정한 공동체로 발전할 수 있을 것이다. 유럽의 통합과정에서 독일이 전쟁에 대한 사과와 반성을 함으로써 유럽 통합에 한 걸음 다가설 수 있었다는 사실은 우리에게 많은 점을 시사한다.

또한 역사유물에 관한 공동의 관리와 연구가 필요하다. 식민지 지배와 제2차 세계대전을 거치면서 각국의 문화유산은 현재 뿔뿔이 흩어져 있는 현실이다. 이렇게 문화유산이 각국으로 퍼지게 된 현실조차 역사적인 사건이라고 볼 때, 이들 문화유산은 각국의 개별적인 문화유산이 아니라 동북아 3국의 공동 문화유산으로 접근하는 자세가 필요하다. 문화유산을 통해 상대방을 폄하하거나 비난하는 수단으로 사용되기보다는 모든 민족과 나라가 그 속에 담겨진 역사적인 교훈을 배울 수 있는 수단으로 이용되어야 한다. 역설적으로 동북아공동체에 대한 이해와 상상은 자문화 중심주의에 대한 성찰로부터 출발한다.[23]

---

22) 이우영 외, 앞의 책, p.23.

23) 최치원, 「문화횡단, 유토피아 그리고 '가상적Virtual' 동북아공동체의 의미탐구 : 새로운 동북아시아의 상상을 위하여」, 『OUGHTOPIA』

셋째, 언어와 문자의 사용 능력이다. 동북아시아 3국은 각국의 언어와 문자에 있어서 해독 능력을 갖추어야 한다. 이는 유럽의 통합과정에서도 알 수 있듯이 통합을 이루는 데 필수적인 요소이다. 하지만 동북아는 한자라는 공통으로 사용되는 문자가 있음에도 불구하고 언어 소통 능력은 매우 떨어지고 있는 실정이다. 물론 동북아 3국은 영어의 사용을 극대화함으로써 어느 정도의 의사소통은 가능하지만, 이는 서구를 우위에 둔 세계화를 위한 대안이지 동북아만의 통합을 위한 방법이 아니다. 동북아시아의 언어소통이 가능해질 때 아시아만의 문화적 통합이 이루어질 수 있을 것이며, 동시에 우리만의 색깔을 살리면 세계화에 한 발짝 다가설 수 있는 계기가 될 것이다. 3국의 언어소통을 원활하게 하기 위해서는 많은 제도와 노력이 필요하다. 각국에 언어 교육을 위한 여러 기관의 설립과 동시에 빈번한 인적교류도 뒷받침되어야 한다. 또한 한자의 변경과 관련해서도 동북아 3국이 함께 회의를 통해 수정이 이루어질 수 있도록 하는 제도적인 노력이 필요한 실정이다.

24권 1호, 경희대학교 인류사회재건연구원, 2009, p.78. : "신아사주의 대아시아주의, 대동아공영권 그리고 동양주의가 말하고자 했던 '아시아', '동아시아' 혹은 '동양'이라는 것은 그 자체로서 보편적 의미를 갖는 개념이라기보다는, 특정 국가가 지역내에서(그것이 아시아든, 동아시아든 동양이든) 자신의 중심적인 위치를 주장하고 확인하기 위해 편의적으로 끌어들이는 장식품과 같은 개념이었다. 예컨대 일본이 내세우는 아시아나 동양이 '일본의' 혹은 '일본을 위한' 아시아나 동양이 되는 논리였다. 마찬가지로 한국과 중국이 말하는 아시아나 동양 역시 그 자체가 아시아나 동양으로서의 의미를 갖는 것이 아니라 '한국의' 아시아이며, '중국의' 아시아가 되어버렸다."

넷째, 공동운명체적 인식의 확대이다. 한·중·일 3국은 지리적으로나 역사적으로 가장 밀접한 국가들이다. 따라서 한국에서 발생한 문제는 바로 중국과 일본에 영향을 미칠 수 있으며, 중국과 일본에서 발생한 문제 또한 마찬가지다. 이런 점을 감안할 때, 한·중·일 3국은 어떤 사건에 대한 공동의 대응과 전략을 마련해야 한다. 예를 들어 황사와 같은 환경문제는 중국은 물론이고, 매년 한국과 일본에까지 피해를 미치면서 동북아 공동의 문제로 인식되고 있다. 이러한 문제들을 3국이 공동운명체적 사고를 가지고 대안을 마련한다면 국가와 민족의 경계를 넘어 하나로 통합될 수 있는 계기가 될 수 있을 것이다.

경제 부분에서도 동북아 3국의 교류가 확산되면서, 농수산물의 수출입이 증대되고, 인적교류도 활발해지고 있다. 그에 따른 식품과 위생에 관한 문제, 인권이나 범죄에 관한 문제 등 3국이 공동적으로 해결해야 할 사안들이 늘어나고 있는 실정이다. 따라서 3국은 공동운명체적 인식을 가지고 발생하는 문제들을 협력을 통해 효과적으로 대처할 수 있는 제도적 방안을 마련해야 한다. 동북아 3국을 둘러싼 경제교류와 대중문화 소비현상이 늘어나고, 그에 따른 인적교류가 활발해지고 있는 현 시점에서 그에 따른 법적인 통합이 이루어져야 할 것이다. 예를 들어 지적재산보호법이나 문화산업의 유통과 관련한 법 등에서 3국의 법이 조금씩 차이를 보이고 있는데, 이는 각국의 혼란과 갈등을 유발시킬 소지가 충분히 있다. 따라서 3국은 앞으로 더욱 활발한 교류와 통합을 이루기 위해서 3국에 공통적으로 적용이 가능한 법을 새로이 마련해야 할 것이다. 문화산업과 관련한 법뿐만 아니라, 인권, 환경, 위생 등 3국에 공통적으로 해당되는 법의 통합을 이루는 작업이 필요하다. 또한 이러한 법체계를 시행할 수 있는 동북아 법 집행기구를 만들어 적용 가능하도록 해야 할 것이다.

4 동북아 문화공동체의 문화적 소통과 문화콘텐츠

1. 동북아 문화공동체의 문화적 소통

동북아 국가의 공동체 형성에서 각국의 문화적 차이는 큰 걸림돌이 될 수 있다. 각국의 문화는 자국의 문화적 정체성과 고유한 언어로만 설명할 수 있는 어떤 것으로 받아들이는 경향이 강하기 때문이다. 자문화에 대한 강한 자긍심은 동시에 타문화에 대한 고정관념과 편견으로 작용할 수 있다.[24] 이를 위해서

---

24) 고정관념은 국가, 민족 및 문화에 관하여 지나치게 일반화되고 단순화 된 개념으로 사물을 접하게 되는 과정에서 피할 수 없는 것으로서 어느 사회이건 한번 형성된 선입견은 좀처럼 해소되기 어렵다. 고정관념은 성과 인종 같이 쉽게 식별되는 특성을 바탕으로 그 집단에 속해 있는 개개인의 특성을 무시하고 성과 인종적 특성이 있다고 보는 것이다.

동북아 3국은 문화적 차이를 인정하고 서로를 이해하기 위한 노력을 지속적으로 추진해야 한다. 타문화 이해교육은 다문화주의를 실현하고, 다문화사회, 다문화공동체를 수립하기 위해 가장 우선되어야 할 과제이다.

동북아 문화공동체는 궁극적으로 무조건적인 통합이 아니라 문화적 소통을 통한 상호 차이를 인정하고 공감대를 확대하는 것이다.[25] 이를 위해서는 공간적 상상력을 확대하고 문화적 상상력의 지평을 확대하여 인류적 관점으로 횡단해야 한다는 의견에 주목할 필요가 있다. 미래의 구체적이고 가상적인 삶을 그려봄으로써 동북아 문화공동체의 구체적인 상을 짚어나갈 수 있기 때문이다.

최치원은 이에 대한 개념으로서 가상사회, 가상공간을 개념에 입각하여 하나의 새로운 미래공동체를 이해하고 상상할 것을 제안한다. 가상의 사회나 가상의 공간은 현실과 유리된 상상의 공간이 아니라 현실을 초월하여 공동체적인 삶이 유토피아적으로 실현된 공간을 의미한다. 동북아 문화공동체를 통해 문화적 유토피아를 상상할 수 있는 것은 동북아 문화공동체가 동북아 지역의 문화적 특성을 배타적으로 강조하는 것이 아니라 인류 문화의 보편적 공동체의 토대가 되기 때문이다.

---

25) 이우영 외, 앞의 책, p.56. : "타문화 이해교육은 타문화 소지자와 의사소통을 하고, 정서적 유대를 긴밀히 하는 것을 목표로 한다. 무조건적인 통합이나 동질성 강화가 아닌 문화적 상호 차이를 인정하는 전제하에 공감대를 형성해 갈 때, 동북아 문화공동체의 형성은 실질적인 의미가 있을 것이다."

현실의 문제를 어떻게 극복해 나갈 것인가에 대한 현실적 고민을 초월하여 패러다임의 틀을 바꾸어 공동체를 상상해 보는 것이다. 상상의 차원은 여러 가지이다. 개인의 상상으로부터 국가의 상상력에 이르기까지 다양한 차원의 상상력이 있다. 개인적으로는 인간적 존재에 대한 성찰로부터 공동체적 삶이 미칠 영향을 상상하는 것이다.

동북아 문화공동체 구성과 방안에 대한 기존의 논의는 시작되었으나 전체적이고 종합적인 접근은 아직 초보적 수준이다. 국가적 상상력을 통한 통합체의 구상은 현재 단계로서는 쉽지 않은 상황이다. 문화공동체의 현실적 필요성이 강하게 대두되지만 절실하게 제시되지 않은 한 다른 나라의 문화를 받아들이기는 쉽지 않다. 현실적으로 국가적 차원의 상상이 어렵다면 민간단체의 중요성이 강조되고 있다. 문화공동체 형성을 위한 상상력이 기본 사업은 일차적으로 국가의 몫이다. 국가대 국가의 문제로서 국가 간 문화교류를 위한 기본 협정과 국가적 차원의 지원이 필요하기 때문이다. 이에 못지않게 중요한 것이 민간의 몫이다. 문화적 다양성을 전적으로 국가에 맡길 수는 없기 때문이다. 다양한 문화의 틀거리 속에서 상호 이해를 위한 준비와 활동은 민간단체의 몫이다. 국가의 인프라와 민간단체의 소프트웨어가 결합되는 것이 이상적인 형태일 것이다.

동북아 국가들 역시 분야별 협력을 유기적으로 결합할 수 있는 공동체의 마인드와 실질적이고 구체적인 실천 방안이나 단계적인 접근이 부족한 상황이다. 현실적인 문제를 해결하기 위하여 거버넌스의 개념이 도입되고 있다. '거버넌스'라는 용어는 정부의 의미의 변화, 또는 공적인 업무의 수행방법의 변화를 지칭한다. '정부(government)'는 공식적인 권위에 근거한 활동을 지칭하는 반면, '거버넌스'는 공유된 목적에 의해 일어나는 활동을 의미한다. 거버넌스의 가장 중요한 특징은 중앙정부, 지방정부, 정치적 · 사회적 단체, NGO, 민간 조직 등의 다양한 구성원들로 이루어진 네트워크를 강조한다는 사실이다. 다양한 참여자로 구성된 네트워크 상황은 참여자들이 상호독립적이라는 것을 의미한다. 그러나 모든 구성요소들이 상호독립적이라는 것이 모든 참여자가 동등하다는 것을 의미하는 것은 아니다. 특히 정부는 전통적 정부처럼 우월한 것도 아니고, 항상 동등한 입장도 아니다. 즉 정부는 기본적으로 동등한 입장에서 전체 네트워크를 관리하는 조정자의 입장에 있다고 하여야 할 것이다. 그리고 이러한 네트워크의 연결성도 순수시장 메커니즘보다는 종속적이지만, 계층제적인 전통적 조직보다는 덜 종속적이다.[26)]

2. 동북아 문화공동체와 문화콘텐츠로 한류

문화는 동북아 국가의 상호 이해와 감성적 접근을 열어 주는 중요한 요소이다. 아시아 지역의 한류는 동북아 지역의 문화적 소통 가능성을 확인하는 구체적인 예가 된다. 아시아에서 한류

---

26) 동북아 문화공동체와 거버넌스에 대해서는 이우영 외, 앞의 책, 참고.

만큼 구체적인 문화를 통해 감수성이 소통한 예는 많지 않다. 우리의 입장에서 볼 때 한류는 문화상품, 문화시장의 개척 가능성을 높여준 사례이지만 보다 높은 차원에서 한류는 문화콘텐츠를 통한 문화소통의 방향을 제시하였다고 할 수 있다.

한류를 지속하기 위해서는 한류를 뒷받침하기 위한 시스템의 정비가 중요하다.[27] 그러나 이러한 시스템 못지않게 중요한 것은 국가정체성과 철학이 있는 문화콘텐츠의 소재를 발굴하는 것이다. 거듭 강조하지만 문화콘텐츠의 경우 기술적인 측면보다 문화적 공동체의 측면에서 접근하는 것이 거시적 차원에서 필요하기 때문이다. 동북아 국가의 오랜 역사적 전통과 풍부한 문화적 자산을 갖고 있다. 이러한 풍부한 전통문화의 자산은 문화공동체 형성에 필요한 공통의 콘텐츠로서 개발 가능성을 높여준다. 풍부한 문화적 자산은 문화적 정체성이 분명하면서도 서사성도 풍부하여 대중들이 선호할 수 있는 요소가 많기 때문이다.[28]

---

27) 아시아를 중심으로 한 한류의 바람은 한국 문화콘텐츠의 발전 가능성을 한층 높여주었다. 한류의 지속적인 발전을 위해서는 한류 열풍을 객관적으로 진단하고, 이를 지속할 수 있는 체계적인 시스템의 구축과 같은 정책적 지원이 중요하다. 범국가적 차원에서 한류의 열풍을 이어나가는 전략적 선택이 필요하다. 한류를 지속할 수 있는 체계적인 시스템을 만들고, 민간기구와 각 문화산업 종사자들이 활발하게 교류할 수 있는 바탕이 마련되어야 한다. 윤재식, 『'한류'와 방송 영상 콘텐츠 마케팅－베트남 태국 시장 확대전략』, 커뮤니케이션북스, 2005. 참고.

28) 심상교는 동북아 국가들의 전통연희에서 문화콘텐츠 요소를 발견한다. 심상교과 주목한 작품은 한국의 「춘향전」, 일본의 「주신구라」, 중국의 「서상기」이다. 이 세 작품은 현재까지 대중들에게 선호되

첫째, 정서적 보편성이다. 정서적으로 인류가 공감할 수 있는 보편성이 있어야 한다. 현재까지 대중들에게 향유되고 있는 고전문학은 동북아 문화공동체의 콘텐츠로서 가능성을 높여준다. 문화콘텐츠는 강한 문화적 자장을 갖고 있다. 문화적 자장(磁場)은 오랜 기간 동안 다수 대중에 의해 충분히 검증받는 과정을 통해 형성된다. 고전문학이 고전문학으로 오늘날까지 살아남을 수 있었던 것도 이러한 충분한 검증 과정을 통해 인간 정서에 기댄 보편성을 획득하였기 때문이다. 고전문학은 민족의 생활감정과 사고와 인식의 체계를 바탕으로 그 민족이 지향하는 다양한 삶의 모습을 긴밀한 방식으로 반영하면서 끊임없는 변화와 적용 과정을 거쳐 오늘날까지 수용되고 있다. 고전문학이 현대에도 수용될 수 있었던 것은 고전의 의미와 가치가 대중적 정서와 가치관에 반영되어 있기 때문이다.[29]

둘째, 문화적 정체성이다. 문화적 정체성이 분명해야 한다. 문화적 정체성은 개방되어야 한다. 문화의 다양성이란 문화의 유사성을 의미하는 것이 아니라 문화적 자기 정체성을 통해 소통할 수 있는 다양한 문화가 공존하는 것을 의미한다. 아프리카의 음악이 음악적 자기 정체성을 잃어버렸다면 유사한 문화가 될 수밖에 없을 것이다. 동북아 국가들의 전통문화는 문화적 정

며, 서사성이 풍부한 작품이라는 점이 선택의 요소가 되었다. 심상교, 「동북아 전통연희에 나타난 문화적 감성과 문화콘텐츠적 요소 연구」, 『한민족문화연구』 제22집, 한민족문화학회, 2007. 참고.

29) 고전문학의 현대적 전승과 변용을 통한 문화콘텐츠로의 확산 과정에 대해서는 전영선, 「고전소설의 현대적 전승과 변용」, 한양대학교대학원 박사학위논문, 2000. 참고.

체성이 분명한 만큼 문화콘텐츠로서 개발 가능성이 높다.[30] 전통문화는 여러 시대에 걸쳐 연행되면서 여러 시대에 걸쳐 애호된 문화적 감성이 반영되어 있다. 전통문화의 현대적 전승 과정은 오늘날 지역문화의 특색을 유지하면서도 글로벌 문화가 되는 과정과 유사하다. 문화적 보편성과 문화적 특수성이 공감할 수 있는 영역은 바로 인간의 기본적인 심성에 기초한 정서이다. 고전문학은 정서적 검증이 확인되었다고 볼 수 있다.

셋째, 서사적 완성도가 높아야 한다. 서사적 완성도는 기교적 측면의 뿐만 아니라 철학적 의미도 충분히 담고 있어야 한다. 문화를 통해 얻고자 하는 것은 무의미한 시간의 낭비가 아니라 감동이다. 이 감동은 존재에 대한 성찰, 자아에 대한 성찰과 같은 보편적 성찰을 담고 있어야 한다. 철학이 있어야 서사에 무게가 실리고, 의미로 남는 것이다. 한류가 자국민들에게 행복과 기쁨을 주었을 때 외국문화권에서도 행복과 감동을 줄 수 있는 것이다.[31]

---

30) 심상교, 앞의 논문, pp.290-291. : "공통된 문화적 감성을 알기 위해서 동북아 3국의 대표적인 전통연희 작품에 나타난 공통된 주제를 고찰한다. 공통된 주제적 고찰을 통해 문화적 감성을 알아보려는 근거는 공통된 주제가 시대를 통어하는 문화적 감상을 반영하는 이유 때문이다. 한 시대에 국한되지 않고 여러 시대를 지나면서 형성된 문화적 감상은 연희를 비롯한 문학 등 여러 형식의 예술에 영향을 미친다. 다시 말해 연희나 문학이 문화적 감성을 반영하는 것이다. 따라서 여러 시대에 선호되어 온 작품이라면 여러 시대에 걸친 공통된 문화적 감성을 반영하게 된다. 때문에 여러 시대에 걸쳐 선호되어 온 작품의 주제를 살피는 일은 여러 시대에 걸쳐 애호되어 온 문화적 감성을 살피는 일과 다를 바가 없게 된다."

31) 강철근, 『한류전문가 강철근의 한류이야기』, 이채, 2006, p.12. : "한

5 결 론

냉엄한 정치적 대결이 사라진 다음 사안에 따라서 협력과 경쟁을 같이 해야 할 동북아 지역의 문화공동체 구성은 현실이면서 과제가 되었다. 이에 따라서 동북아 지역의 문화공동체 형성을 위한 체계적이고 실천적인 방안들이 모색되고 있다. 동북아에서도 문화네트워크, 문화연대, 문화공동체를 지향하는 움직임이 나타나고 있는 가운데 각국의 문화를 인정하는 타문화 이해의 문제가 제기되고 있다. 동북아 문화공동체 형성은 동북아 주민간의 상호 이해 증진, 사회적 융합의 기여, 정치경제적 이해다툼의 해소 측면에서 중요 역할을 수행할 것이다.

동북아 문화공동체 형성을 위한 협력의 틀은 근대화 과정의 출발 차이에 의한 영향관계를 벗어나 동반자적인 입장에서 새로운 문화를 형성해 나가야 한다. 동북아 문화공동체 형성에서 가장 큰 걸림돌이 되는 것은 역사적인 문제와 언어문제이다. 특히 역사적 문제에 대한 시각 차이를 극복하는 것은 가장 큰 문제 가운데 하나이다. 역사문제는 영토문제, 국제관계, 경제문제

류의 문화코드는 멀티와 감동이다. 한류 콘텐츠의 중심에는 여성과 청소년을 중심으로 하는 핵심적인 문화 코드 위에 탄탄한 구조의 스토리의 재미, 영상미학, 아름다운 남녀스타, 역동성, 가족과 인간에 대한 사랑, 열정, 겸손, 예의, 도전 등의 문화코드가 내재되어 있다. 다시 말해서 한류는 현대의 디지털 시대의 한복판에 서 있으면서도 디지털이 채워주지 못하는 그 무엇을 열정으로 메워주고 있는 것이다."

등에 대한 자국의 이익이 반영되기 때문이다. 그러나 동북아 국가의 균형 잡힌 역사관과 과거에 대한 정확한 이해 없이는 동반자적인 미래를 설정할 수 없다. 다른 나라의 역사에 대한 완전한 이해가 어렵다고 하더라도 타문화에 대한 상호 역사에 대한 이해를 위한 교류와 협력이 필요하다.

문화공동체는 지구화, 지식정보화와 함께 21세기 인류의 변화 가운데 하나인 문화 시대를 맞이하여 타문화를 이해하는 가운데 문화적 다양성을 인정하는 공동체를 의미한다. 인류는 정치의 시대를 지나 경제와 문화가 결합된 문화다양성의 시대를 맞이하고 있다. 정보통신이 낳은 급속한 지구화는 인류를 하나의 공동운명체로 엮어가고 있다. 이런 상황 속에서 지구화는 인류의 화합과 이해를 바탕으로 진정한 의미의 지구촌으로 살아가기 위해서는 각국의 문화적 특성을 이해하고 상대 문화를 배려하는 시민의식을 필요로 하고 있다.

이는 기본적으로 동북아 문화공동체 형성의 목적이 또다른 지역적 패권이 아니라 글로벌 평화를 위한 문화공동체가 되어야 한다는 것을 의미한다. 한국이나 중국, 일본은 과거 침략국과 피해국으로서 역사적 과제가 아직 남아 있다. 전쟁의 아픔을 치유하고, 진정한 공동체를 이루기 위해서는 지난 역사에 대한 분명한 인식을 바탕으로 적극적인 평화의 의미를 만들어 가야 한다. 한국의 경우 세계적인 냉전체제의 해체에도 불구하고 한반도는 정전체제가 평화체제로 전환되지 못하고 유지되고 있으며, 냉전의 영향으로부터 자유롭지 못한 상황에 있다. 한반도의 냉전체제는 동북아 주변국의 이해관계가 관철되고 있는 국제적 이슈로 우리의 노력만으로 해소될 수 없는 국제적 의미를 지니고 있다. 즉 한반도의 냉전체제는 정치, 외교적 측면만의 문제가 아니라 근대 이후 동북아 지역에서의 역사적인 경험과 연계되어 있는 복합적 의미를 지니고 있다. 동북아 시대의 개막에 있어 대립과 갈등의 역사를 이양하고 화해와 협력을 지향하는 동북아 협력이 핵심적 과제로 부상하고 있으며, 이를 위한 문화적 차원의 노력이 필요한 상황이다.

문화는 동북아 국가의 상호 이해와 감성적 접근을 열어 주는 중요한 요소이다. 아시아 지역의 한류는 동북아 지역의 문화적 소통 가능성을 확인하는 구체적인 예가 된다. 동북아 문화공동체 차원에서 문화콘텐츠는 정서적으로 인류가 공감할 수 있는 보편성이 있어야 한다. 또한 문화적 정체성이 분명해야 한다. 문화의 다양성이란 문화의 유사성을 의미하는 것이 아니라 문화적 자기 정체성을 통해 소통할 수 있는 다양한 문화가 공존하는 것을 의미하기에 문화적 정체성은 개방되어야 한다. 또한 서사적 완성도가 높아야 한다. 서사적 완성도는 기교적 측면의 뿐만 아니라 철학적 의미도 충분히 담고 있어야 한다.

참고문헌

강철근, 『한류전문가 강철근의 한류이야기』, 이채, 2006.

길은배, 『북한이탈 청소년의 남한사회 적응 실태 및 지원 방안 연구』, 한국청소년개발원, 2003.

윤재식, 『'한류'와 방송 영상 콘텐츠 마케팅』, 커뮤니케이션북스, 2005.

이우영 외, 『동북아 문화공동체 형성을 위한 국가의 역할』, 경제 · 인문사회연구회, 2006.

조부근, 『문화선진국의 문화정책과 문화외교, 어디로 가고 있는가』, 민속원, 2007.

차배근, 『태도변용이론』, 나남, 1992.

최송화 · 권영설 편, 『21세기 동북아 문화공동체의 구상』, 법문사, 2004.

최혜실 편, 『디지털 시대의 문화예술』, 문학과지성사, 1999.

한만길 외, 『동북아 문화공동체 형성을 위한 교육 분야의 교류 · 협력의 실태』, 통일연구원, 2004.

새무얼 헌팅턴(Samuel P. Huntington) 저, 이희재 역, 『문명의 충돌』, 김영사, 1997.

김형국 · 김석근, 「동북아 문화공동체형성을 위한 여건과 전망」, 『세계지역연구논총』 제23집 1호, 한국세계지역학회, 2005.

류지성 · 김형수, 「동북아 문화공동체 구성에 관한 이론적 논의」, 『서석사회과학논총』 제1집 2호, 조선대학교 사회과학연구원, 2008.

심미경 · 유연옥, 「아동의 인지양식에 따른 사회적응 문제행동」, 『교육심리학』 제17권 2호, 교육심리학회, 2003.

심상교, 「동북아 전통연희에 나타난 문화적 감성과 문화콘텐츠적 요소 연구」, 『한민족문화연구』 제22집, 한민족문화학회, 2007.

윤인진, 「탈북과 사회 적응의 통합적 이해」, 『현대북한연구』 제3권 2호, 경남대학교 극동문제연구소, 2000.

이홍종, 「동북아 공동체 구축현황과 전망」, 『국제정치연구』 제5권 1호, 동아시아국제정치학회, 2002.

임문영, 「21세기의 '동북아문화공동체' 형성과 한국의 역할」, 『유럽연구』 통권10호, 한국유럽학회, 1999.

전영선, 「고전소설의 현대적 전승과 변용」, 한양대학교 대학원 박사학위논문, 2000.

최치원, 「문화횡단, 유토피아 그리고 '가상적Virtual' 동북아 공동체의 의미탐구」, 『OUGHTOPIA』 제24권 1호, 경희대학교 인류사회재건연구원, 2009.

동아시아 교류와 문화콘텐츠

박 덕 규

1 한일 교류의 완충지 대마도의 스토리텔링 요소

풍신수길이 일으킨 임진, 정유왜란(1592~1598) 때 어느 무장이 조선국 왕녀를 끌고 왔다. 그 후 왕녀는 모국이 보이게 묻어달라고 부탁하고 별세했다. 묘석 정면에 '李公旺姬', 우측에 '경장18 갑인년'이라 써 있어 조선 14대 선조의 옹주묘로 1612년에 건립하였음을 알 수 있다. 수백 년 지켜온 현지 여

* 이 논문은 국내의 여러 학술세미나에서 발표한 내용을 한 편으로 통합하면서 개고했음.

러분에게 감사하며 한일 양국 유지의 뜻을 모아 묘탑을 재건하고 주위를 정비하여 '비운의 왕녀'를 위령코자 한다.(2006. 10.30)

대마도의 중서부 해안 마을 우나쓰라[女連]의 한 조그만 숲 아래. 이렇게 쓰인 비문 옆에 아담한 묘탑이 하나가 서 있고, 그 앞 화병에 헌화가 꽂혀 있다. 비문에 쓰인 대로 선조 임금의 어느 후궁 소생으로 포로로 대마도에 끌려 와서 고국을 그리며 살다 죽은 한 옹주의 묘탑이 왜란이 끝난 지 14년 뒤(1612년)에 그곳에 세워진 것을 얼마 전 재건했다는 얘기다.

임진년(1592년)에 시작된 7년 동안의 왜란 때 당한 조선의 피해는 말로 설명하기 힘들다. 극단적으로 말하면 나라가 존립해 있다는 것 자체가 기적이었다. 왜국으로 끌려간 피로인(被虜人) 숫자도 수만 명에 이른다. 일반 백성, 사대부, 여자, 어린이, 도공, 선비, 천민, 승려, 백정 할 것 없이 잡히는 대로 끌고 갔다. 끌려간 그들 대부분은 노예 생활을 했고, 한편으로는 일본에 유학을 가르치고 도예를 가르쳐 숱한 조선의 문화와 습속을 전파했다. 어떤 사람들은 저 멀리 이태리까지 노예로 팔려갔다. 여기, 대마도에 끌려가 살다 죽은 옹주는 그 중 한 사람일 뿐이다. 그 누구의 사연이 이 옹주보다 적거나 덜 기구할 것인가.

그러나 어쨌든 이 옹주의 사연은 용케 묘탑으로 남아 있으되, 그러면서도 더 밝혀질 다른 많은 사연을 떠올리게 만든다. 원래 묘탑이 전한 대로라면 그 사람의 아버지는, 왜군의 대대적인 침공을 예상하고도 전혀 대비책을 마련하지 못한 조선의 14대 임금 선조였다. 몇 살인지 부마(남편)가 누구였는지 알 길 없지만, 조선에서 부유하고 화려하게 살았을 옹주는, 당시 왜인들이 그랬듯이 머리를 깎은 채로 상반신을 거의 벌거벗고 사는 남자의 첩이나 노비로 십수 년을 살다가 화장장으로 그곳에 묻힌 것이다. 많은 궁금증이 일지만, 한 가지만 적어 보자. 이 여인의 묘탑을 세운 사람이 남편 되는 왜장일까, 함께 온 피로인들일까, 아니면 그 지역 주민들일까?

우리에게 대마도는 이 옹주묘탑과 같은 존재다. 분명히 우리의 많은 것을 받고 바라고 살고 있으면서, 우리네 땅의 것이 아닌 남의 존재…… 한반도에서 끝없이 많은 것을 가져갔고, 가져가지 못하면 강제로라도 빼어갔고, 그러고도 한반도에서 주는 것을 간절히 바라고 요구했으며, 그런 것들 없이는 먹고살기 힘든 채로, 그러나 한반도의 땅으로는 편입되지 않은 곳이 바로 대마도다. 그 어원조차, 우리나라 삼한 시대 때 두 마리 말이 마주 대하고 있는 모양이라 두 시마[島, 섬]라 불렀다는 데서 유래했다는 게 정설일 정도다. 한반도와는 최단거리로 50㎞, 일본 본토로 가는 길목인 규슈[九州]의 후쿠오카[福岡]까지가 140㎞이니 얼마나 가까운가. 지금은 임업과 해산 자원 수출과 관광 수입이 큰 재원인데, 그 주요 상대국은 말할 것도 없이 한국이다. 이즘 관광객의 90퍼센트가 한국인이다.

한반도와 일본이 관계하는 역사에서 대마도라는 지역을 빼놓고 말하기는 힘들다. 4세기 후반에 일본의 초청으로 천자문 한 권과 논어 열 권을 들고 간 백제의 왕인 박사의 이름에서 연유된 지명이 선조의 옹주가 묻힌 와니우라[鰐浦]다. 5세기 초 신라 대신 박제상이 일본에 파견 갔다가 억류된 내물왕의 둘째아들 미사흔을 구해주고 빠져나오지 못한 채 화형당한 곳은 가미아가타[上縣]라는 곳이다. 조선 세종 때 이종무 장군은 대군을 이끌고 왜구의 본고장인 대마도를 토벌하기 위해 오기도 했다. 한편으로 그 무렵, 울산 출신 아전 신분인 이예가 어머니를 잡아간 왜구들을 찾아 대마도를 드나들다 죽을 고비에서 왜인들의 도움을 받은 뒤 왜와의 교류에 힘써 피로인들을 데려오는 등 공을 세우고 종2품 지위에 오르기도 했다.

고려 때부터 시작된 통신사 행렬이 일본으로 건너가게 되면서 대마도는 더욱 구체적인 지명으로 떠오른다. 그 행렬이 일본으로 갈 때 가장 먼저 닿는 곳이 사스나[佐須奈]였고, 이곳으로부터 대마도의 북단 해안을 돌며 며칠씩 머물며 남쪽 해안의 부중(府中) 이즈하라[嚴原]로 내려가 상당 기간을 머물다 다시 그 다음 행선지인 후쿠오카 아니면 시모노세키[下關] 쪽으로 향하는 것이 보통의 행로였다. 조선통신사들이 드나들고 묵던 '고려문(高麗門)'이며 객관의 흔적이 여기 다 있다. 양국 수교를 위해 대마도로 드나들다 순난(殉難)한 역관 행렬 108명의 명단이 발견된 곳도 있다.

대한제국 시절 을사늑약을 거부하고 의병활동을 벌이던 면암 최익현 선생이 일군에 체포되어 유배된 땅도 대마도다(백제의 법묘 스님이 창건하고 통일신라 때의 금동불상이 봉안된 슈센지[修善寺] 뜨락에 최익현선생 순국비가 세워지는 과정도 한 편의 드라마로 손색없다). 조선 고종의 딸 덕혜옹주는 일제의 강압으로 정략결혼을 했고, 대마도주 집안인 남편을 따라 이곳에 얼마간 머물렀다. 일제강점기 당시 이곳 동포들은 거기에 두 사람의 결혼 봉축비를 세웠다.

임진왜란을 일으킨 도요토미 히데요시는 대마도에서 5천명을 징발케 했는데 그 숫자면 거의 성인 남자 전원이었다. 선봉장은 대마도주 소 요시토시[宗義智]였다. 그는, 왜란 종결 후에 말할 수 없는 곤궁에 처한 대마도를 구해 내기 위해 새 쇼군[將軍] 도쿠가와 이에야스[德川家康]보다 더 앞서서 조선의 문호를 여는데 헌신하고 그 뜻을 이룬다. 이 이후 조선과 무역이 재개되면서 대마도는 번성기를 누린다. 이때 세운 소씨 누대의 보리사[菩提寺]인 반쇼인[萬松院]은 볼거리가 많은 유적으로 소문나 있다.

대마도는 원래 우리 땅이었다는 대목도 우리 역사책에 간혹 나오지만, 대마도는 여전히 일본 땅이다. 특히나 일본이 이 군사적 요충지의 가치를 모를 리 없다. 일본을 일약 세계적인 제국주의 국가로 발돋움시킨 러일전쟁의 전승지가 바로 대마도다. 당시 토고 헤이하치로[東鄕平八郞] 제독은 쓰시마 앞바다를 지나는 러시아 함대를 사전에 알고 완벽하게 격퇴시켜 전쟁 영웅의 반열에 올랐다. 그가 죽어가는 말년의 병상을 그대로 그림으로 살려낸 기념비가 그 바다를 바라보고 서 있다.

한편 일본은 이 전쟁을 승리로 이끌기 위해 섬 한가운데를 동서로 연결하는 운하를 파 나누고 그렇게 갈라진 상대마와 하대마를 만세키바시[萬關橋]라는 다리로 이어놓았다. 그 운하로는 지금도 배가 지나다닌다. 실제로 대마도는 동서의 바다가 서로 맞닿을 듯 땅이 좁은 지협(地峽)이 많은데 가장 좁은 지역이 고후나코시[小越船]다. 일본 본토에서 배를 타고 온 신라행 사신들이 동편 고후나코시에 배를 걸고 서편으로 걸어가 아소[淺茅]만에 준비해 둔 큰 배로 옮겨갔다. 왜구들도 이곳을 본거지로 걸어서 동서의 지협을 넘나들면서 배를 옮겨탔다고 전해진다. 이 지협의 남쪽에 오후나코시[大越船]가 생겨 배를 정박하게 된 것은 운하가 생긴 이후다.

대마도는 제주도의 반만 한 크기의 섬이지만, 가마자키[上見坂] 전망대에서 내려다보면 수없이 많은 작은 섬들이 주변에 흩어져 있는 걸 볼 수 있다. 그 섬들 가운데로 대마공항이 자리해 있다. 전망대 잔디밭 입구에 대마도가 세계의 중심이라는 내용의 시비가 세워져 있는데, 바로 덕혜옹주의 이혼한 남편의 시작품이다. 해신(海神)을 모시는 신사들 또한 대마도의 자랑이다. 그 대표적인 신사가, 도리이(일종의 문)가 바다 가운데 쪽으로 연이어 나 있는 와다쓰미진자[和多都美神社]다. 바람 많은 대마도를 상징하는 유적으로는, 널빤지 모양의 돌들로 지붕을 인 집을 세워 생쥐 한 마리 드나들지 못할 정도로 촘촘한 창고로 삼은 이시야네(돌지붕)가 있다.

대마도에 이런 유적만 있을 리 만무하다. 밤이 이슥하면, 4만이 안 되는 대마도 인구 중에 거의 반 정도가 살고 있는 제1도시 이즈하라 시내는 야경을 즐기는 사람들로 제법 붐빈다. 대부분은 한국인 관광객이다. 어쩌면 이시야네의 지붕을 이는 그 돌이 아닐까 싶은, 크고 넓적하고 두꺼운 돌을 구이판으로 해서 갓 잡아올린 생선과 조개를 구워먹는 이시야키[石燒] 요리는 대마도의 명물이다. 여기에 일본 최고 반열에 드는 대마도 산 소주 야마네코(대마도 고양이)가 곁들여진다. 한국인이라면 그 맛에 젖어 가면서도 한국과 일본, 그리고 대마도의 관련을 특별히 생각할 수밖에 없다.

2 사명대사의 일본 탐정(探情)과 문화콘텐츠

조선 중종 39년 밀양에서 태어난 사명대사 유정(四溟大師 惟政, 1544~1610)은 10대 중반에 김천 직지사로 출가해 광해군 3년(1610) 열반할 때까지 승려로 산 분이다. 스승 서산대사(西山大師)로 이어온 조선 불가의 법통(法統)을 뒤이을 지위이던 그는 임진년(1592)에 왜란을 당해 패망의 위기를 맞은 나라를 구하는 의승장으로 활약했다. 정유년(1597)에 일어난 재란(再亂)까지 해서 총 7년(1952~1598) 지속된 외침의 크고작은 전투에서 승전을 거듭해 구국을 선도하고, 난중에 적진에 들어가 왜장 가토 기요마사[加藤淸正]와 치열한 외교전을 벌여 나라의 자존을 지켜낸 그의 공은 흔히 알고 있는 것 이상으로 대단하다.

사명대사의 활약은 여기에 그치지 않는다. 조선은 왜란 이후에도 일본이 재침략하지 않을까 노심초사했다. 그런 상황에서 일본 측에서 대마도를 통해 교린(交隣) 재개(再開)를 청하는데도 적절한 대응책을 내지 못했다. 조선 조정은 일본의 정세를 살피고 교린의 가능성을 모색해 국가의 안정을 도모해야 했지만, 그 일을 우선 수행할 수 있는 신하를 뽑기 어려웠다. 이때 일본 탐정사(探情使, 일명 '探敵使')로 천거된 사람이 사명대사다. 사명대사의 또 하나의 엄청난 공이 여기서부터 찬연하다.

왜란 끝나고 5년 뒤인 1604년(선조 38), 61세의 나이로 일본으로 건너간 사명대사는 대마도에서 석 달을 머물다 그 해 말 교토까지 들어가, 도요토미 히데요시가 죽은 뒤 피비린내 나는 권력쟁탈전에서 승리해 쇼군에 오른 도쿠가와 이에야스와 만나 강화(講和)를 논하게 된다. 이로부터 양국의 평화로운 외교가 시작되는데, 그 화평조약의 가장 실제적인 결실이 왜란 때 일본으로 끌려간 피로(被虜) 3천 명의 송환이었다. 이로부터 양국의 교린이 재개되었으며, 또한 우리 역사에서 한일외교의 가장 뜻깊은 업적이라 평가되는 조선 후기 조선통신사의 관행이 실질적으로 열렸다.

사명대사가 도일한 목적은, 왜란 후 문호를 개방해 달라는 일본의 청을 과연 믿고 따를지를 정하기 위해 사전 조사차 일본의 정세를 파악하고 돌아오는 것이었다. 이 이외에 국왕이 명한 것이 더 있다면 왜란 당시 침략한 왜군 중에 선대 왕의 능침(성종 내외의 능. 봉은사가 이를 보호한 능침사찰로 지정되어 있었다)을 훼손한 범인을 잡아오라는 것 정도였다. 그런데 사명대사는 대마도로 건너가 3개월이나 머물면서 에도(江戶)에 있는 쇼군 도쿠가와 이에야스를 직접 대면할 수 있는 때를 기다렸다가 1개월 뱃길 여행을 해서 교토에 닿는다. 도쿠가와 부자를 연이어 만나면서 양국의 강화를 약속받았고, 능침 훼손자들을 넘겨받았으며(물론 이 범인은 일본 측에서 임의대로 잡아 넘긴 죄수였다), 특히 아무도 기대하지 않은 '피로 3천명 쇄환'이라는 놀라운 성과를 남긴다.

실제로 사명대사가 이듬해 귀국 때(1604년 4월) 대동한 피로는 3천이 아니라 그 반 정도라 판단되는데, 귀국한 사명대사는 말년까지 도쿠가와 측근이나 대마도 도주 등에게 거듭 서신을 보내 피로 쇄환 약속을 지켜달라고 해서 결국 3천의 숫자를 넘기고 만다. 사명대사 다음에 일본으로 파견(1607)된 사신 여우길(呂祐吉) 일행은 바로 사명대사가 약속 받은 피로 쇄환을 추가로 성사시키기 위한 피로쇄환사(被虜刷還使)였다. 현대 이전 한일 외교사의 가장 눈부신 외교라 평가되는 조선통신사는 실질적으로 바로 이 피로쇄환사 다음 사신 때부터 정식 행렬이 시작돼 조선 말 쇄국기까지 지속된다. 즉, 조선통신사의 뿌리를 실제 심은 사람이 바로 사명대사인 것이다.

조선 후기 일본과 외교를 펼치기 위해 일본을 방문한 조선통신사 일행은 곳곳에서 사명대사의 흔적을 보게 된다. 예를 들어 통신사들이 일본의 내해[세토나이카이, 瀨戶內海]가 시작되는 지점에 위치한 시모노세키에 머물 때는 아미다지[阿彌陀]라는 절 앞에서 시를 한 수씩 남기는 풍습이 있었다. 아미다지는 일본

덴노[天皇]가 국왕다운 권세를 가지고 있던 시절 그 권세를 물려받기 직전에 당시 쇼군 세력의 위협을 피해 달아나다 죽음을 당해 결국 덴노 권력 세습의 마감을 징표하게 된 여덟 살 안토쿠[安德] 태자를 기리는 절인데, 사명대사가 일본에 갔을 때 그를 위해 시를 남긴 데서 그 풍습이 생겨난 것이다.

사명대사는 많은 유묵(遺墨)을 일본에 남겼다. 구마모토[熊本]의 혼묘지[本妙寺]에 3점, 교토의 코쇼지[興聖寺]에 5점 등 현존하는 사명대사 친필 글씨가 대표적이다. 혼묘지는 임진왜란의 적장 가토 기요마사를 기리는 절인데, 이 글씨는 가토 기요마사가 조선에 주둔하고 있을 때 사명대사가 왜성 안에 들어가 회담을 벌일 때 받아간 것으로 추정되고 있다. 코쇼지의 것은 사명대사가 교토에 머물 때 주지승 원이(圓耳)에게 '허응(虛應)'이라는 호와 '무염(無染)'이라는 자를 주며 써준 글씨다. 또 교토 고서점가에서 발견된 글씨도 있는데 이 역시 왜란 당시 가토 기요마사의 진영에 들어간 사명대사가 써준 것으로 추정된다.

사명대사가 남긴 많은 글을 한데 모은 『사명대사 난중어록』[1]은 이 외에도 일본 탐정 때 만난 일본의 승려, 학자 등 많은 사람들에게 준 많은 시문을 오늘에 전하고 있다. 천여 명의 피로를 데리고 귀국한 사명대사는 그 이후 피로 송환에 적극적이지 않은 관련 일본인들에게 거듭 편지와 선물을 보내 약속을 지켜줄 것을 촉구했는데, 그때의 편지도 여러 통 남아있다.

사명대사의 유적은 물론 한국에도 밀양 표충사를 비롯해 전

1) 무이거부 편, 『사명대사 난중어록』, 무이정사, 2006.

국 각지에 뿌리 내려져 있다. '수염을 기른 승려상'으로 유명한 영정만 해도 총 28개가 남아 전한다.[2] 나라에 큰일이 날 때마다 땀을 흘리며 염려한다고 알려진 비석도 있다. 2000년대 중반부터 6년간 집필해 완성한 필자의 장편소설 『사명대사 일본탐정기』에 극화되어 있지만, 임진왜란 때 사명대사가 몸에 지니고 다닌 것으로 1900년 무렵까지 금강산 건봉사에 소장돼 있다 사라진 호신불(금동여래좌상)이 2007년 포항 대성사에서 다시 발견돼 화제가 되었다. 사명대사의 일본 관련 유물은 이런 국내 유적과 유물이 지닌 의미를 국제적인 단계로 증폭시킨다는 의미를 담고 있다.

21세기는 여행, 명품, 디자인 등이 생활 패턴의 기준이 되는 문화소비시대다. 대중들의 문화소비를 유도하는 중심에 코코 샤

2) 현존하는 사명대사 영정은 다음과 같이 조사되고 있다. 甲寺(충남 공주) 四溟堂大師眞影, 孤雲寺(경북 의성) 大覺登階弘濟尊者眞影, 南長寺(경북 상주) 泗溟和尙眞影, 大興寺(전남 해남) 泗溟堂大和尙眞影, 桐華寺(대구) 泗溟堂大將, 麻谷寺(충남 공주) 泗溟堂大禪師唯政眞影, 梵魚寺(부산) 大匡輔國崇祿大夫兩國都總領泗溟堂大禪師眞影, 寶鏡寺(경북 포항) 輔國佑世泗溟大師眞影, 鳳停寺(경북 안동) 松雲堂大禪師眞影, 佛巖寺(경기 남양주) 泗溟堂眞影, 仙岩寺(전남 순천) 禪敎兩宗八道都總攝國一都大禪師泗溟松雲堂唯政之眞影, 雙磎寺(경남 하동) 泗溟堂眞影, 龍湫寺(경남 함양) 泗溟堂眞影, 銀海寺 百興庵(경북 영천) 弘濟尊者奮忠勘難四溟眞, 直指寺(경북 김천) 四溟大師眞影, 通度寺(경남 양산) 大光輔國崇祿大夫弘濟尊者泗溟堂大禪師之眞, 乾鳳寺(강원도 고성) 泗溟堂眞影, 新興寺(강원도 속초) 泗溟惟政眞影, 楡岾寺(강원도 고성) 松雲堂惟政眞影, 海印寺 弘濟庵(경남 합천) 泗溟堂大禪師惟政之眞, 동국대학박물관 (朝鮮)國弘濟尊者松雲堂大和尙之眞, 원광대학박물관 泗溟大和尙眞, 전쟁기념관 四溟大師眞影, 普賢寺(북한 묘향산), 보스톤박물관(미국).

넬이나 에비앙(제품), 마추픽추나 에펠탑(유적), '겨울연가'나 '해리포터'(작품), PGA나 월드컵(스포츠), '스타 크레프트'나 '리니지'(게임), 디즈니랜드나 유니버셜 스튜디오(테마파크) 등의 브랜드가 자리한다. 이 브랜드를 명품으로 부상시키는 힘의 원천에 '스토리'가 개입된다. 사람의 마음을 사로잡는 브랜드에 사람의 마음을 사로잡는 스토리가 내재되어 그 가치를 빛내고 있는 시대다.

스토리 중에서 가장 원천적이고 보편적인 가치를 지니는 요소가 바로 '역사'다. 역사 스토리는 인물이 겪은 사건이 축을 이루되, 그 배경에 지역의 시공간이 자리한다. 즉, 역사 스토리는 지역이라는 구체적 조건을 배경으로 사방에 이름 날린 인물의 사랑과 모험담을 담는다. '삼국지'의 영웅들, 주몽이나 왕건, 알렉산더와 징기스칸 들은 그런 스토리로 인류의 기억 속에 살아남아 있다.

사명대사는 한국의 경남 밀양(생가지 유적, 표충사)이나 합천(해인사), 경북 김천(직지사), 강원 고성(건봉사), 강원 평창(월정사), 서울 삼성동(봉은사), 평북 묘향산(보현사) 등을 거점으로 한 각 지역에서부터 한반도 전역, 그리고 나아가 일본으로까지 활동 영역을 넓혀간 뛰어난 코스모폴리탄이다. 그의 활약상은 현대의 지역민에게 역사적 자부심을 크고 당당하게 제공하고 있음은 물론이고, 풍성한 스토리 요소로 오늘날의 문화적 감각에 그대로 부합될 수 있다.

21세기 문화적 표상은 '글로벌적인 사고'와 '로컬적인 행동'을 통해 얻어진다. "전지구적으로 사고하되 지역적으로 행동하라!"[3] 21세기, 세계화 시대의 이 같은 표어는 16세기 후반에서 17세기 전반을 살다간 사명대사 인생의 슬로건이었다고 할 수 있다. 21세기의 관점에서 보면, 사명대사는 한반도 전 지역에서 행동하면서 역사와 문화의 관점에서 세계사의 흐름을 놓치지 않은 인물이었다.

장보고와 세종대왕과 이순신이 세계사를 호흡해온 한국 역사의 위대함을 알린다. 이순신과 같은 시기에 살면서 패망의 위기에 빠진 나라를 구하는 데 앞장섰고, 뛰어난 외교 수완으로 나라의 자긍심을 지켜낸 사명대사를 불교사와 외교사의 위대한 인물로 부각한다면 사명대사는 세계문화의 인물로 다시 부각될 수 있다.

〈반지의 제왕〉, 〈해리포터〉 시리즈나 '디즈니랜드 애니메이션' 등은 천문학적인 수익을 낳고 있다. 그 기반에 신화, 역사를 소재로 펼치며 얻은 여러 캐릭터와 그를 중심으로 한 스토리가 있다. 사명대사는 한국적 특징인 불교, 유교를 넘나들고, 전쟁과 외교에 혁혁한 공을 세운 영웅으로 시대를 넘는 드라마틱한 스토리의 주인공이다. 사명대사의 생애는 소설, 만화, 드라마, 뮤지컬 등 문화콘텐츠의 핵심 스토리라인으로 손색이 없다.

소설 『사명대사 일본탐정기』가 1604~1605년 연간의 사명대사의 일본 탐정을 중심으로 한 행적을 집중 조명하고 있는 것은 일차적으로, 사명대사의 전생애에 걸친 다양하고 위대한 업적을

3) 계간 ≪황해문화≫의 슬로건.

특히 왜란 직후 한일 평화외교의 문을 연 과정을 통해 집약할 수 있다는 뜻에서였다. 이 소설을 비롯해서 사명대사를 주제로 한 다양한 문화콘텐츠가 생산되어 있지만, 더 전면적이며 국제적인 문화콘텐츠의 탄생을 기대해 본다.

3 압록강 월경(越境)과 간도 디아스포라(Diaspora) 체험의 문학적 의미

1939년생인 김주영은 나이 30대에 들어 「여름 사냥」(1970), 「휴면기」(1971)로 문단에 발을 내민 뒤 40년 동안 왕성한 필력을 과시해온 작가다. 작품의 수에서도 풍성하고, 분량면에서도 전 5권 이상의 대작이 수두룩해 소위 '대작' 작가로 만인에게 이미지를 각인시켰을 정도이고, 한편으로는 다채로운 소재로 순도 높은 예술성을 빚어내는 작가로도 정평이 났다. 이를테면 김주영은 '다작' 작가이면서도 '대작'으로 이름을 낸 작가이고, 그 이름을 '문학성'으로 이어가면서 더욱 제 빛을 낸 작가이다.

그의 작품은 흔히들 세 가지 유형으로 보는 듯하다. 그것을 간단히 설명하면 이렇다. 첫 번째는 초기 10년 정도 치중한 세태 풍자 세계. 두번째는 『객주』(초반본 1981~1984)를 정점에 두고 『활빈도』 『화척』 『야정』 등으로 이어간 역사소설 계열.

세번째는 『고기잡이는 갈대를 꺾지 않는다』 『홍어』 『멸치』로 이어지는 일련의 성장소설류. 이 유형은 공교롭게도 쉬지 않고 작품을 해온 2000년대 초반까지의 그의 30수년을 거의 10년씩 나누는 시대 구분의 결과와 크게 다르지 않아 보인다.

즉, 1970년대 한국의 급진적인 산업화 시대에 나타나는 타락한 도시 세태를 순박한 소시민들의 몸소 겪어내면서 겪는 다양한 사연들이 소설에 녹아든 것이 한 10년쯤이고, 일간신문 연재를 통해 역사의 소외 계층에 해당하는 인물들의 의리와 배신, 사랑과 복수의 사연을 지속적으로 이어 그린 것이 역시 한 10년이고, 이후 상처받은 성장기에 대한 회한과 향수의 세계를 내보인 것이 그 이후부터 최근까지 10여 년의 일이다.

이 중 가장 남다른 행보는, 1980년 『객주』로부터 출발해 『활빈도』와 『화척』을 거쳐 1990년대 중반 『야정』에 이르는, 말 그대로 '대하(大河)'의 물길이다. 한국문학사에 단연 돋보이는 대하는 역시 『객주』이지만, 오늘날 탈국경 시대에 다시금 눈여겨봐야 할 대작이 있다. 19세기 말 압록강과 장백산을 넘나들며 간도의 황무지에 새로운 삶의 터전을 개척하려고 애쓴 우리 유민들의 삶을 유장한 문체와 긴박감 넘치는 스토리에 담아 보여준 『야정』(전 5권)이 바로 그것이다.

'야정(野丁)'은 사전에 나오지 않는 조어다. 거친 들판에서 떠도는 사내라는 뜻일 게다. 그 대표적인 주인공은 평안북도 강계땅 지주 홍전백의 노복 최성률이다. 그는 자신의 아내를 겁탈한 후 자신마저 죽이려 드는 홍전백을 피해 압록강을 건너 새로운 삶을 개척한다. 이때 성률 부부의 탈출을 도운 홍전백의 딸 소혜는 성률 부부가 남긴 딸 채연을 곁에 두고 돌봐준다. 이후 홍전백 일가는 간도에 별세계가 있다는 소문에 들떠 가산을 정리하고 인근 2백여 주민들과 함께 압록강을 건너 국경 너머 땅으로 들어간다.

> 승냥이떼들과 낭비의 무리들이 그들의 뒤통수를 겨냥하고 있음을 어른들은 몰라도 말 못하는 짐승들과 아이들은 느꼈던지 발행 이튿날부터 이상하게도 발악하며 울음을 터뜨리는 아이들의 수효가 늘어나기 시작하였고, 나귀들조차 자주 버둥대며 소가지를 부려 속을 썩이는 것이었다. 중화참에 이르지도 못해 벌써 선머리에 있는 교자 행렬을 뒤쫓지 못해서 반 마장가량 뒤떨어진 축들이 오십여 명이나 되었다. 거개가 밥벌이는 고사하고 죽벌이조차 어려운 노인들이나 병골인 소생들을 데리고 떠난 식솔들이었다.

3월이라 하지만 봄기운이 전혀 없는 압록강 기슭에 모여든 그들은 얼어붙은 압록강을 건너간다. 그들이 처음 행렬을 멈춘 곳은, 압록강을 건너 곧장 북으로만 노정을 잡아서 30리를 행보해 닿은 통구하. 눈보라가 살갗을 찢어놓을 듯 매몰찬 그곳에서 철부지 셋은 목숨을 잃는다. 사람을 얼어 죽게 하는 추위만이 적이 아니다. 지친 이들을 따르는 죽음의 그림자는 또 있었다. "그것이 바로 행중이 버린 음식 찌꺼기를 뒤져 먹으며 행렬을 멀찌감치 뒤따르고 있는 승냥이떼들과 통구하 건너편 강기슭에서부터 노숙하고 있는 유민 행렬을 발견한 삼십여 명의 낭비들" 이었다. 굶주림의 땅, 모국을 버리고 '낯선 신세계'를 향하던 유민들의 운명은 마치 백척간두에 선 모국의 운명과 다름없다. 이 월경의 단계에 이르기까지가 『야정』의 전반부에 해당한다.

이 전반부 내용의 또 하나의 큰 줄기가 최성률과 홍소혜의 러브 스토리다. 두 사람은 철부지 시절 서로 혼인하자고 손가락을 걸던 사이다. 그때 이후 서로에게 품은 연정이 사그라진 적이 없다. 하지만 둘의 사랑은 금기의 사랑이다. 최성률에게 홍소혜는 상전의 딸이고, 게다가 그 상전은 그에게 원수다. 상전의 딸이고 원수의 딸이며, 이미 남의 아내가 된 소혜는 또 한편으로는 최성률 부부의 안전한 탈출을 돕기도 하고 그 딸을 맡아 기르는 은인이기도 하다.

압록강을 건너간 홍전백은 결국 새 땅을 개척하기도 전에 비적들에게 살해당하고 그 집안이 풍비박산되고 만다. 이후 소혜는 최성률의 둔처에서 함께 머물게 된다. 이제 두 사람의 혼인은 기정사실이 된다. 이 지점에서는 김주영 문학이 자랑하는 '에로티시즘'이 빛을 발한다.

> 서로 안고 뒤채는 동안 박 속처럼 희디흰 소혜의 속살이 등잔불 아래로 드러났다. 그러나 소혜는 이 순간의 열락(悅樂)이 쏜살처럼 부질없이 지나가버릴 것을 생각하니 안타까웠다. 문풍지를 때리는 바람이 이마를 스치듯 이 순간이 속절없이 지나가버린다면 얼마나 허전할 것인가. 설령 오늘이 내일로 이어진다 할지라도 오늘 이 순간의 열락이 처음이고 마지막인 것

> 처럼 소혜에겐 소중한 것이었다. 성률은 상반신을 일으켜서 그녀의 때묻은 저고리를 벗겼다. 그의 시선이 몸에 와 박히었으나 소혜는 쑥스러움을 느낄 수가 없었다. 오히려 그 같은 시선이 그녀의 몸에 오래 머물러 있기를 바랐다. 그의 손이 배꼽노리에 닿을 무렵 소혜는 흐느끼는 것이었고 울음소리를 터뜨리자 성률은 서둘러 그녀를 끌어안았다.

그러나 들짐승처럼 살아야 하는 최성률에게 이런 달콤한 보금자리는 사치가 된다. 꿈에 그리던 연인과 혼인을 했지만, 둘의 관계는 이후 서먹서먹해지고, 소혜도 일찍 죽음을 맞는다. 이후 최성률은 간도의 척박한 산야를 산짐승처럼 떠돌다 죽어간다. 대신 『야정』의 남은 줄거리는 이민족이 점령해 있는 땅에서 간민촌을 이끌며 뿌리내리기 위해 힘든 싸움을 벌이는 유민들의 고난을 보여준다.

한국 문학사에서 접경지대 중국 땅에서의 이주 체험을 다룬 대표적인 소설로 안수길의 『북간도』나 박경리의 『토지』 등을 들고 있다. 그에 비해 이 『야정』은 19세기 후반부터 본격화된 우리 민족의 간도 이주 체험을 압록강 일대의 서간도 지역까지 확장해 실제적 체험 공간으로 제시했다는 의미로도 고평을 받는다. 더구나, 국경 지대의 월경 과정과 간도에서의 간민촌 체험을 이처럼 세밀하게 묘사한 작품은 다시 만나기 어렵다. 『야정』은 그런 점에서 지나간 시대의 풍속적 사실과 역사적 진실을 담아 낸 훌륭한 역사소설이면서, 나아가 21세기 들어 부각되고 있는 문화사회사적 화두인 디아스포라 주제와 새롭게 조우하고 있는 가장 현대적인 소설이라 할 수 있다.

4 한중일의 정신사적 맥을 잇는 문화콘텐츠의 선구 「세한도」

조선 말기의 문인 추사 김정희(秋史 金正喜, 1786~1856)가 제주도 대정(현 서귀포시 대정읍 위치)에서 유배 생활을 하던 헌종 10년(1844년) 무렵 창작해서 제자 이상적(李尙迪, 1804~1865)에게 보낸 문인화 「세한도(歲寒圖)」는 1974년 대한민국 국보 제180호로 지정된 명작이다.

추사는 일생을 통해 두 차례 유배를 가는데, 그 처음 유배지가 55세 되던 조선 헌종 6년(1840년)부터 헌종 14년(1848년)까지 9년 동안 머문 제주도다. 유배 간 이듬해 절친한 친구이자 조정에 판서지위에 남아 후원자 구실을 하던 친구 김유근의 부음을 들었고, 그 이듬해는 부인[禮安 李氏]의 부음을 접한다. 슬픔과 고독이 깊어지는 동안 추사는 독서로 이를 견뎌 나간다.

추사가 유배 가기 전에도 역관으로 다섯 차례나 중국을 드나들면서 귀중한 책을 구해 주던 우선 이상적(藕船 李尙迪)은 유배간 뒤에도 변함없이 중국을 통해 구하기 힘든 책을 얻어 보내 준다. 특히 4권으로 된 『대운산방문고(大雲山房文藁)』 초간

본과 2집본, 120권 79책의 『황조경세문편(皇朝經世文編)』을 보내준 이상적에게 추사는 고마워하는 마음을 표하는 그림과 글씨를 담아 전하니 그것이 세로 23㎝, 가로 108㎝의 「세한도」다.

텅빈 오두막집을 중심으로 바로 오른편에 소나무 두 그루가 서고 그 반대편에 잣나무로 보이는 나무 두 그루가 서 있는 황량하고 깡마른 분위기의 갈필(渴筆) 그림, 그리고 그 오른편에 우선에게 주는 '歲寒圖'라 밝힌 글씨, 그 왼편에 이상적에게 보내는 편지 형식의 글, 그 밖에 완당(阮堂), 정희(正喜), 추사(秋史) 등의 이름을 새긴 인영(印影) 등으로 구성된 작품이다.

동양에서는 전문 화가들이 그린 그림이나 민간에서 그린 그림 외에 선비들이 그린 그림을 '문인화(文人畵)'란 이름으로 특별히 주목해 왔다. 보통의 그림은 사물의 외양을 묘사하는 데 비해 문인화는 문인 자신의 마음을 묘사하는 데 초점이 맞추어진다. 추사는 오늘날 독창적인 글씨를 비롯 다양한 그림과 인장을 남기고 있는데, 그가 그린 그림은 대개 사물의 형상을 그리기보다 자기 마음을 묘사한 문인화로 평가받는다. 「세한도」는 집을 그리되 보통 집의 형상을 그린 게 아니고, 소나무와 잣나무를 그리되 그 기백이 표 나게 드러난 형상을 그린 게 아닌, 그러면서도 '겨울이 되어서야 소나무와 잣나무가 시들지 않는다는 것을 안다[歲寒然後知松栢之後凋]'는 공자의 말에 빗댄 이상적의 변치 않는 의리를 형상화한 서화로, 그 뜻의 간절함과 강직함으로 당시에는 물론이고 오늘날까지도 명품으로 손꼽히고 있다.

국보 「세한도」는 2010년 현재 서화 연구가인 손창근(孫昌根)이 소장하고 있다. 1844년 추사에게 「세한도」를 받은 이상적은 이를 중국 연경(燕京)으로 가져가 중국 문인들에게서 제영(題詠)을 받아 붙인다. 제영이란, 제목을 달고 시를 짓는 것을 말하는데, 당시 중국(청나라)에서도 조선 최고의 학자로 명성이 자자한 추사가 유배지에서 그린 세한도를 본 중국 문사 13인이 시를 지어 주어 이상적이 「세한도」에 횡으로 이어 붙이게 된 것이다. 이상적이 소장하던 이 「세한도」는 이후 이상적의 제자인 역관 김병선(金秉善), 그 아들 김준학(金準學), 민영휘(閔泳徽), 그 아들 민규식(閔奎植), 일본인 고증학자 후지즈카 지카시(藤塚隣), 손재형(孫在馨) 등의 손을 거쳤다가 개성 상인 이근태(李根泰), 손세기(孫世基) 등으로 넘어가 손세기의 아들 손창근이 소장하게 되었다. 이 과정에 한국의 명사 정인보(鄭寅普), 오세창(吳世昌) 등의 제영이 더 보태져 「세한도」에는 총 20개의 제영이 붙어 있다.

제자의 의리를 칭송하면서 창작된 「세한도」는 중국의 문인 학자와 오래 교류해 오면서 학문과 예술의 수준을 극대화해 19세기 조선 학문의 중추가 된 추사의 '학예일치(學藝一致)' 정신의 진면목을 보여주는 실체다. 또한 19세기의 조선과 청나라의 문화와 학문의 교류사를 입체적으로 증언하는 가장 두드러진 성과이자, 그 상징물이라 할 수 있다. 외국에서 인기가 높은 한국의 문화상품을 '한류(韓流)'라 칭하는 요즘의 언어 유행을 받아들이면 「세한도」야말로 19세기 후반부터 20세기 초중반까지 중국과 일본을 무대로 그 가치를 뽐낸 위대한 한류라 할 수 있다. 21세기 들어서도 2002년 『완당평전』[4]이 발간되는 등 추사와 「세한도」에 대한 화제가 증폭되고 있다. 2006년에는 후지스카 지카시 집안에 보유하고 있던 추사 관련 글씨 150점이 그 아들 후지스카 아키나오(藤塚明直, 1912~2006)로부터 경기도 과천시에 기증되기도 했고,[5] 또 거의 매년 추사 관련 특별 전시회가 개최되는 등 추사의 학예적 업적에 대한 관심이 끊이지 않고 있다.[6]

추사는 통상 진흥왕순수비(眞興王巡狩碑)를 발굴 해석한 금석학의 태두, 추사체라는 신경지의 서예체를 개척하고 「세한도」 등 많은 명작 서화를 남긴 예술가, '실사구시(實事求是)' 정신을 학문으로 구현한 실학자 등으로 알려져 있다. 학문과 예술에서 함께 최고의 경지에 이른 선비로서 조선 500년을 통틀어 이런 사람을 찾기 어렵다고 할 수 있다. 이런 추사의 업적을 가장 집약적이며 상징적으로 보여줄 수 있는 실체가 바로 「세한도」이다.

「세한도」는 추사의 학예일치 정신의 구체적 실체이고, 조선 후기 학문과 예술이 합일되는 하나의 정점을 볼 수 있는 작품이라는 점에서뿐 아니라, 그것이 탄생돼 중국과 일본과 한국을 넘나들고, 제자와 문인과 학자와 상인의 손을 거쳐 국보로 지정

---

4) 유홍준, 『완당평전』(전2권), 학고재, 2002.
5) 김영복 외 편, 『추사 글씨 귀향전(도록)』, 과천문화원, 2006.
6) 가장 최근의 전시는 '추사 김정희 연행 200주년 기념 전시회'(2010. 1.8~3.1)다. 박철상 편, 『추사를 보는 열 개의 눈』, 화봉책박물관, 2010.

되면서 무수한 사연을 낳았다는 점에서 다양한 문화콘텐츠로 재탄생될 수 있는 아주 매력적인 '소스 콘텐츠(source contents)'라 할 수 있다.

「세한도」의 작가인 추사 김정희의 이력도 처음부터 한 편의 역사 드라마의 스토리로 손색이 없다. 그러나 여기서 중심에 두는 것은 추사의 생애가 아니라 바로 「세한도」다. 「세한도」는 탄생 스토리부터 흥미롭다. 먼 섬에 유배되어 누구도 돌봐주지 못할 형편에 처한 스승 추사를 위해 거금을 들여 책을 구해준 제자 이상적의 관계를 주목할 수 있다. 이에 감동한 추사가 그려준 작품이 「세한도」다. 뛰어난 학자이자 조선 왕실의 일원으로 정계에서의 지위도 높았던 추사가 50대 중반에 억울하게 유배생활을 하게 된 과정에도 극적인 스토리가 내재되어 있지만, 권세를 잃은 초로의 스승을 위하는 변치 않은 마음을 어렵게 구한 귀중한 책에 담아 기꺼이 전한 이상적과, 자신이 배우고 익히고 실천해온 학문과 예술의 깊은 정신을 담아 작품으로 표한 추사의 관계 또한 매우 극적이라 하지 않을 수 없다.

「세한도」의 창작과 유전에 관련된 조선과 중국과 일본의 문인 학자들은 모두 하나하나 개성적인 스토리를 거느리고 있는 인물이다. 가령, 추사의 마음을 움직여 「세한도」를 그리게 한 결정적인 계기를 마련하고 또 「세한도」의 실체를 중국에 알린 이상적은 역관이자 문인으로 우리가 생각하는 새로운 스토리상에서 독특한 매력을 지닌 인물로 부각될 수 있다.

이상적은 연경 가는 길에 추사에게 받은 「세한도」를 들고 가 중국 문인 학자 13인에게 제영을 받는다. 이 일은, 중국에서의 추사의 영향력과 이상적의 인간관계를 증명해 준다. 또한 「세한도」에 붙은 13명의 제영은 작품의 가치를 격상시키는 데 기여한다.

이상적이 지니고 있던 「세한도」는 수십 년 후, 1914년 김준학이 소장한 것으로 밝혀지는데, 김준학은 이상적의 제자 김병선의 아들이다. 즉, 이상적의 「세한도」는 제자 김병선에게로, 그것이 다시 김준학에게로 이어간 것이다. 그 다음으로 「세한도」를 소장한 인물의 이름으로 민영휘와 그 아들 민규식으로 밝혀진다.

그 다음으로 「세한도」를 소장한 사람으로 밝혀지는 인물은 일본인 학자 후지즈카 지카시다. 그는 한학을 공부하던 중국철학 전공자로 1926년 개교한 경성대학교 법문학부 교수로 부임해 중국철학 강의를 맡았다. 그 뒤 고증학에 관심을 두다가 북경의 유리창과 서울의 인사동의 고서점과 골동품가게를 드나들면서 중국과 조선의 문인 학자들이 주고받은 편지, 책, 탁본 등을 발굴했다. 이 과정에서 눈여겨본 대상이 바로 추사였다.[7] 1936년 4월 그의 모교 도쿄대학에서 박사학위를 받은 논문이 바로 「이조에 있어서 청조 문화의 이입과 김완당」이었다. 그는 1943년 일본으로 귀국할 때 「세한도」를 비롯 엄청난 양의 역사문화 자료를 가져갔다.

---

7) 김영복, 「후지츠카 치카시 기증 추사 자료의 의의」, 김영복 외 편, 앞의 책, pp.16-17.

광복 직전, 서예가 손재형은 동경으로 건너가 우여곡절 끝에 후지즈카 지카시에게 「세한도」를 받아온다. 이때의 손재형의 노력은 아주 다양한 스토리로 소문나 있다. 백일 동안 하루도 빠지지 않고 후지즈카에게 찾아가 문안하면서 「세한도」의 반환을 청했고 이에 감동한 후지즈카 지카시가 무상으로 전해주었다는 얘기, 재산가이던 손재형이 당시 조선에서 많은 자료를 구하느라 항상 경비가 부족했을 후지즈카 지카시에게 엄청난 금액을 전했을 것이라는 얘기, 「세한도」를 전해 받은 다음날 후지즈카 지카시의 집이 폭격을 당했고 후지즈카가 평생 모은 자료가 대부분 불타 버렸다는 얘기 등이다.

「세한도」를 가져온 손재형은 광복 뒤까지 몰래 가지고 있다가 1949년 정인보, 이시영(李始榮), 오세창 등의 제영을 얻어 잇는다. 정계에 입문한 손재형은 자금이 달려 「세한도」를 개성상인 이근태에게 맡기고 돈을 빌려 썼는데, 결국 갚지 못하게 되자 이근태가 이를 손세기에게 넘기게 되었다. 최종 소장자는 손세기의 아들 손창근. 국보로 지정한 것이 1974년. 이런 과정을 거치는 동안, 감동적인 제영을 붙이는 오세창, 돈이 달려 그토록 아끼던 「세한도」를 내놓을 수밖에 없게 된 손재형의 사연 등 재미있는 스토리가 이어졌다.[8)]

「세한도」는 국보이지만, 개인이 소장하고 있어 진품이 일반에게 공개되는 일이 잦지 않다. 보통 우리가 접하는 「세한도」는

---

8) 「세한도」의 유전 스토리는 박철상 편의 앞의 책(pp.183-201)과 이광표의 『명품의 탄생』(산처럼, 2009, pp.175-185)에 잘 요약되어 있다.

후지즈카 지카시가 손재형에게 넘기기 전 영인한 100장 중 하나이다. 원본과 다른 것은 종이를 이은 흔적이 두 곳인 점이다(원본은 세 곳).[9] 이 또한 많은 다른 스토리를 만들 수 있는 요소가 된다. 추사의 다른 작품들에 대한 위작 시비도 이어지고 있다.

후지즈카 지카시는 1948년 작고한다. 그가 소지한 엄청난 자료 중 대부분이 폭격으로 망실되었지만, 남은 자료 또한 양과 질 면에서 가치가 대단하다. 그 자료를 소장하고 있던 후지즈카 지카시의 아들 후지즈카 아키나오가 추사 관련 자료 150점을 추사 기념사업을 주도하고 있는 경기도 과천시에 기증한 것이 2006년이다. 후지즈카 아키나오는 추사 자료를 무상으로 기증하겠다는 약속을 하고나서 작고하고, 그의 질녀 코타마 가즈오(駒田和子)가 실제로 이 추사 자료를 기증하는 일을 맡았다. 이런 관계 역시 흥미로운 스토리가 된다.

이 밖에도, 추사와 한번 만났을 뿐인데도 죽기 전까지 추사와 교류하면서 추사를 그리워한 청나라 학자 옹방강, 역시 한번 만나고부터 추사에게 조언을 아끼지 않은 완원, 이상적 집에 있어야 할 「세한도」를 소장하게 된 김준학, 아버지의 유품을 한국 과천시에 기증한다는 말을 남기고 세상을 떠난 후지스카 아키나오, 추사의 「세한도」와 「불이선란도(不二禪蘭圖)」의 소장자로

9) 이수미, 「세한도에 내재된 조형 의식과 장황 구성의 변화」(『미술자료』 제76호, 국립중앙박물관, 2007.)는 「세한도」의 그림과 글씨 등 여러 요소의 배치에 대해 수학적으로 고찰한 연구로 흥미를 끌고 있다.

외부에 모습을 드러내지 않으면서 자주 거액의 서예 연구기금을 희사하는 손창근 같은 인물 들도 개성적인 캐릭터로 부각될 수 있다.

「세한도」는 전시장에서 구경하거나 역사시간이나 미술시간에 공부해야 하는 역사적 명작이라는 의미에서보다, 19세기부터 지금까지 우리의 삶과 더불어 새로운 스토리를 만들어 오고 있는 21세기적 문화의 실체라는 의미로 받아들일 때 또한 다른 의미의 문화콘텐츠로 탄생될 수 있다. 오늘날 '동양문화'에 대한 관심이 세계적으로 커지고 있는 현실에 비추어 「세한도」는 동양을 대표하는 선비문화를 보여주는 대표적인 콘텐츠가 된다. 「세한도」의 글과 그림, 글씨와 인영 등에 담긴 다채로운 의미, 그것들에 얽힌 여러 가지 사연 등도 역사나 문화예술에 대한 교육적 가치를 지니고 있는 것들이라 할 수 있다. 「세한도」는 그 덕분에 그 무엇보다 퀴즈, 시험 등 흥미를 끄는 요소를 가미한 '에듀테인먼트 콘텐츠'로 거듭날 가능성이 커지는 것이다.

「세한도」는 조선의 학자가 그린 작품인데, 청나라 문인들 사이에 존숭의 대상이 되었고, 일본인 학자가 가져갔다가 다시 우리나라로 돌아오는 유전을 겪었다. 따라서 「세한도」 스토리에는 한, 중, 일의 역사와 문화의 교류사라는 관점이 반영되어야 할 것이다. 중국과 일본의 학자들의 마음을 사로잡은 「세한도」 스토리는 오늘날 세칭 '한류'의 세계적 전파에 대한 길잡이가 될 수 있다.

한편, 「세한도」를 그린 제주도 대정의 추사 적거지와 인근 풍광 또한 그 자체로 관광 콘텐츠 기능을 이미 하고 있는데, 나아가 영화나 드라마 같은 콘텐츠에서도 훌륭한 시각적 이미지를 제공해 줄 것이다. 또, 이미 영화 〈취화선〉[10] 등 명성 높은 한국영화에서 확인했듯이, 문인화가 창작되는 과정을 드러내면서 문방사우 등 다양한 소품이나 수묵의 이미지 등 여러 가지 시각적 효과들도 함께 가치를 빛낼 수 있을 것이다.

---

10) 추사와 동시대에 살던 천재화가 장승업의 생애를 다룬 임권택 감독의 영화로 2002년 상영되었으며 같은해 55회 칸국제영화제에서 한국 최초로 감독상을 수상했다.

참고문헌

『미술자료』 제76호, 국립중앙박물관, 2007.
김영복 외 편, 『추사 글씨 귀향전(도록)』, 과천문화원, 2006.
김주영, 『야정』(전5권), 문학과지성사, 1996.
박덕규, 『사명대사 일본탐정기』, 랜덤하우스코리아, 2010.
박철상 편, 『추사를 보는 열 개의 눈』, 화봉책박물관, 2010.
박철상, 『세한도』, 문학동네, 2010.
유홍준, 『완당평전』(전2권), 학고재, 2002.
이광표, 『명품의 탄생』, 산처럼, 2009.

아시아의 문학과 세계한민족문학 형성 가능성 고찰

– 조선족 시문학 연구사 검토를 중심으로

임 수 경

1 들어가며 – 탈영토화적[1] 관점에 주목하는 이유

근래까지 한국문화에서 재중 조선족을 포함한 재외한인에 대한 정보는 일제강점기를 배경으로 연구되어 왔던 지식과 통일 문제로 한정되었던 것이 사실이다. 이러한 이유로 재외한인의

* 이 논문은 『한민족문화연구』 제31집(한민족문화학회, 2009.5)에 발표된 것임.

문화는 한국문화와 쌍생아의 모습을 하고 있으면서도 국내 구성원들의 관심과 흥미 내지는 그들의 일상생활에서 상당히 거리가 있는 '역사 속의 문화'로 치부되고 있었다. 더구나 재외한인의 문화에 대한 인식이 해방과 한국전쟁 이후 한국문화에서 공식적으로는 논의의 대상으로 거론하는 것을 꺼려했기 때문에, 이러한 상황을 극복하기 위해 그들의 문화를 직접적으로 받아들이고, 더 나아가서 그 분야에 대한 새로운 전개나 발전을 기대하기란 어려운 실정이었다. 사실상 문화라는 거창한 범위가 아니라 좁게는 국내 문학계에서조차 재외한인문학의 연구는 국내문학의 연구에 비해 극히 일부에 한정되어 진행되고 있었다. 우리의 문학임에도 불구하고 국외에 거주하고 있다는 '공간적 한계'와 뿌리는 같지만 다르게 변화된 언어를 사용하고 있다는 '언어적 문제'에 부딪쳐, 그들 모두를 아울러 한국문학으로 포괄하려는 방대한 작업의 진행을 꺼려하고 있었다. 이러한 상황까지 이르게 된 것은, 국내 한국문학계에서 재외한인문학에 대한 전문적인 지식이 없었다, 라기 보다는, 한국문학의 범주를 넓히는 작업을 진행하기에 그들의 문학에 대한 국내의 관심이 그만큼 부족했다는 편이 더 설득적일 듯하다. 이런 상황에서 1978년

1) '탈영토화'란 들뢰즈-가타리가 '노마디즘적 세계관'을 말하면서 재래의 강고한 민족주의 및 국가중심주의에서 과감히 탈피하자는 단어의 개념으로 사용하였다. 이른바 지구공동체를 이상향으로 설정하여 개방적이고 진취적인 미래의 시·공간에 대해 탈영토적 문화의 흐름을 가로지르자는 1차적인 정의로 간단히 이해할 수 있다. 본 연구에서는 향유 장소와 시간에 상관없이 한민족공동체의 형성에 '탈영토화'의 단어를 차용하여 '세계한민족문학'의 범주를 넓히고자 한다.

12월 중앙위원회 제3차 회의를 기점으로 시작된 중국의 개혁개방과 이후 1992년 한국정부와 중국정부가 공식적으로 외교관계를 맺으면서 본격화된 한중수교로 재중 조선족의 문화전반에 대한 관심[2)]을 갖기 시작했다.

사실 국내의 이러한 반응은 '세계화', '정체성', '다문화주의'[3)] 라는 용어로 상징될 수 있는 21세기 세계사회의 패러다임에서 소극적이고 폐쇄적인 대응자세라 이해할 수 있다. '세계화 · 정보화'라는 것은 단지 IT기술의 발달로 인해 세계가 하나로 묶이는 네트워킹만을 의미하는 것은 아니다. 시공간의 제약에서 자유로워지면서 광범위한 상호연관성과 상호교환 및 상호작용은 전 세계를 하나로 아우르는 탈영토화적 관점을 중심으로 문화의 형성을 가속화시키고 있다. 이러한 변화는 최근 국제한인문학회가 결성되고, 그에 따라 한민족의 문학 범위를 세계로 확장시켜 '세계한민족문학'이라는 개념으로 한국문학과 그들의 문학을 아우르는 범위로 접근하고자 하는 움직임으로 이어지게 되었다. 한국정부가 내세운 '한민족공동체통일방안'(1989년)에서

2) 중국 간도 혹은 북간도인 길림성 주변에 밀집되어 있던 단순 이주민인 조선인을 중국의 소수민족인 '조선족'으로 발전시킨 그들의 성향을, 이진령(2002)은 「조선인에서 조선족으로」(『중소연구』 96권)에서는 '중국 공산당의 연변지역 장악과 정체성 변화'라는 관점으로 풀어내고 있다. 최초 이주가 시작된 이래 2009년도 현재까지 모국어를 잃지 않고 독자적인 정체성을 유지 · 발전시키고 있는 조선족의 정체성은 한국과도, 중국과도 다른 제3의 문화를 창출해 내고 있다고 설명하고 있다.

3) 김은중, 「세계화, 정체성, 다문화주의」, 『라틴아메리카연구』 18집, 한국라틴아메리카학회, 2005. 참조.

우리 민족이 앞으로 문화적, 경제적 공동체를 지향하는 방향으로 나아가는 데 우선으로 해외동포에 관심을 기울여야 한다고 강조하며 해외동포들이 한민족 문화공동체로 환원할 수 있도록 힘써야 할 필요성을 제시한 것과 같은 맥락에서 이해할 수 있다.[4)]

이러한 의미에서 탈영토화적 관점에서 '세계한민족문학'의 형성 가능성에 관한 연구는 세계 여러 곳에 흩어져 살고 있는 한민족의 위상을 정립하고, 한민족 디아스포라의 민족정체성을 확립하고자 하는 구체적인 실천적 방법론이 될 수 있을 것이다. 특히 국가와 민족의 경계가 사라지고 국경선의 개념의 획기적인 혁신을 수반한 '전지구적 공동체시대'[5)]에서 한민족의 현지화[6)]와 더불어 그들의 민족적 정체성과 자긍심은 어느 때보다 절실하게 필요하고 있다. 결론적으로 '세계한민족문학'은 민족문

---

4) 이종훈, 「한민족공동체와 한국정부의 역할」, 『재외한인연구』 12집, 재외한민학회, 2002. 참조. 이후 한국문학계에서는 세계한민족문학으로 이름으로 재외 한인문학을 한국문학에 포함시키려는 움직임이 적극적으로 시작되었다.

5) 양영수, 「노마디즘 세계화 시대와 외국어 공용정책」, 『동아시아연구논총』 14호, 제주대학교 동아시아연구소, 2003, p.114.

6) 세계 각처에 흩어져 있는 재외한인들은 그들이 살고 있는 국가에서 소수민족으로서 해당 지역의 사회·문화적인 조건 속에서 살아가고 있지만 그들이 한인이라는 민족적 정체성을 유지하기 위한 노력을 일정하게 기울이고 있다. 그들은 살고 있는 지역의 상황에 맞추어 한인들의 모임을 형성하고 그들 나름의 문화를 공유하면서, 소수민족으로서 자신들의 삶을 문학적으로 형상화하는 작업 또한 지속적으로 진행해 오고 있다. 최병우, 「중국 조선족 문학연구의 필요성과 방향」, 『한중인문학연구』 20호, 한중인문학회, 2007, pp.6-7.

학이라는 하나의 공동체 문학으로 모아져, 그들의 정체성을 역(逆)으로 입증시켜주는 중요한 개념이 될 수도 있다.

그렇다면 '세계한민족문학'의 성격을 규정짓기 전에, 과연 재외한인문학은 한국문학인가, 라는 원초적인 물음이 선행될 수 있을 것이다. 이 물음의 답을 찾기 위해 현재 가장 활발하게 문학창작을 전개하고 있는 재중 조선족의 문학을 논의의 대상으로 한다. 조선족의 문학을 '세계한민족문학'에 포함시킬 수 있는 경로를 확보한다면, 타 지역의 재외 한인문학으로 접근하는 방법도 손쉽게 찾을 수 있을 것이다. 재중 조선족은 본국(本國)과 인접해있는 과계민족(跨界民族)이라는 위치적 특수성으로 인해 앞에서 언급한 '공간적 한계와 언어적 문제'가 타 재외한인들과는 다른 조건에 놓여있다고 볼 수 있다. 물론 비슷하게는 재일교포들과 중앙아시아의 고려인들을 들 수 있지만, 그들의 문학은 조선족의 그것에 비해 양과 질에서 소극적인 느낌을 지울 수 없다.[7] 조선족의 문학에는 본국에서 겪고 있는 역사와 변화를 함께 느끼고 체험하는 동시에, 현재 자신들이 놓여있는 삶의 조건과 현실 문제도 포함하고 있었다. 무엇보다도 그들의 문학

7) 재중 한인을 제외할 때 그 수가 많은 재일교포의 경우, 해방 직후 김달수나 김석범과 같이 1세대들의 문학창작은 왕성했으나, 2~4세로 이어지면서 점차 한국어를 버리고 일본어로 창작하는 경향이 일반화되어 보이고 있다. 오히려 조총련계 재일교포는 독자적인 민족성을 유지하고 있는 모습을 보이고 있다. 또한 중앙아시아 고려인의 문학은 한국어로 쓰여진 점에서는 같으나, 그 양이 상대적으로 매우 적고, 1980년대 중반을 넘어서면서 창작이 격감되고 있음을 볼 수 있다. 최병우, 위의 논문, pp.7-8 참조.

은 이주 후 한인 2~3세들이 주류를 이루고 있고, 대부분의 작품을 조선어, 즉 한국어를 쓰고 있다는 점이다. 공통된 문학으로 분류하는 조건이 그 문학의 창작자와 창작공간, 창작언어[8)]와 무관하지 않다고 할 때, 조선족의 문학에 대한 연구는 '세계한민족문학'으로 접근하기 위한 필요충분조건을 모두 가지고 있다고 할 수 있다.

따라서 본 연구는 재중 조선족의 시문학을 중국측 연구자의 연구사와 한국측 연구사의 연구사를 나누어 정리하고, 시문학에 대한 연구사의 관점을 비교한다. 본국(本國)인 한국과 거주국인 중국의 연구자가 하나의 시문학에 접근하는 시각을 비교하는 과정을 통해, 한국문학과 재외한인문학을 포괄하는 '세계한민족문학'을 형성하기 위한 접근 전제를 마련하고자 한다. 본 연구는 한국문학에서 소외되어 온 재외 한인에 대한 인식을 탈영토화적 관점에서 범위를 확대시키고, 더 나아가서는 민족문학의 세계사적 인식과 그 영역의 확대로 인해 '세계한민족문학'을 형성하는 데 초석이 될 수 있을 거라 생각한다.

---

8) 그러나 재외한인들의 이주사정과 관련하여 현 재외한민문학의 창작자가 이주민의 2~3세 이상이 된다는 점을 들자면, 세계한민족문학을 정의할 때 창작자, 창작공간, 창작언어라는 문학의 조건을 제고할 필요가 있을 것이다. 특히 자신의 내면세계를 정밀하고 섬세하게 다루어야 하는 문학창작에서 한국어의 사용이 과연 가능할까 하는 문제도 제기할 수 있다.

2 조선족 문학의 형성과 배경

재중 조선족 시문학의 연구사에 접근하기 위해 우선 조선족의 개념 및 범위를 정하고 그들의 시문학에 접근하는 것이 선행과제인 듯하다. 중국 조선족의 형성유형은 이주 시기별로 크게 세 가지로 분류·정리하고 있다.[9)]

첫째로, 초기부터 중국에 정착·거주하고 있어온 조선족을 뜻한다. 중국조선족천입사논쟁(中國朝鮮族遷入史論爭)[10)]에 의하면, 조선족의 선조는 고구려인으로 추정된다. 조선족은 중국의 토착민족이라는 '토착민족설(土着民族說)'을 비롯하여 '원말명초설(元末明初說)', '명말청초설(明末淸初說)', '19세기중엽설' 등으로 크게 나눌 수 있다. 연변을 중심으로 이루어진 조선족의 이주는 19세기 초부터 본격적으로 시작되었다고 한다. 이 때문에, 이들의 문학은 고려, 조선을 거치고, 민족의 큰 시련이라 할 수 있는 일제강점기, 한국전쟁을 겪으면서 생성된 민족문학이라기보다는 오히려 본국의 문화적 성격을 그대로 이어받은 개념과 사고로, 중국적인 모습이 강하게 드러나는 민족문학으로 표현하는

---

9) 정덕준·노철, 「중국 조선족 시문학 연구」, 『현대문학이론연구』 20집, 현대문학이론학회, 2003, p.341 참조.

10) '중국조선족천엽사논쟁'에 대해서는 연변대학민족연구소 편, 『朝鮮族研究論叢』 제1호(연변인민출판사, 1987); 연변조선족역사연구소 편, 『中國朝鮮族遷入史論文集』(흑룡강조선민족출판사, 1989)를 참조하면 된다. 이규태, 「중국조선족 사회의 형성과정」, 『재외한인연구』 10호, 2001. 참조.

것이 더 적절할 수도 있다.

둘째로, 자의 혹은 타의로 이주[11]하여 정착한 조선족을 뜻한다. 19세기 말엽부터 20세기 초엽에 시작된 그들의 이주는 근대 초기 기아(飢餓)를 벗어나기 위하여, 혹은 한일합방 전후 나라의 독립운동을 위하여, 일제강점기 외세의 힘에 대항하거나 그들의 강제에 의하여 진행되었다. 거기에 1932년 만주국 건립 후 만주로 이주하게 된 거대한 수의 개척이민들의 이동 행로 과정에서 정착하게 되는 이주자들까지 이곳에 포함시킬 수 있다. 자의든 타의든 간에 19세기 이후 격변하는 한국의 역사와 문화를 흡수한 상태에서 이루어진 이주이므로, 이들의 타 지역에서 정착과 독자적인 문화의 형성은, 조국의 사회적 상황과 긴밀하게 연결되어 있다. 특히 앞에서 언급한 바와 같이 독립운동과 해방, 한국전쟁 등과 관련되어, 그 시기에 발표된 문학작품은 보다 구체적으로 민족문학의 성격을 지니게 되었다.

셋째로, 해방 후 자의로 이주·정착한 조선족을 뜻한다. 중국의 국가 건설과 관련되어 목적에 의하여 이주가 진행되었는데, 이때의 조선족은 조국과 관련되었다기 보다는 그들이 접하게 되는 새로운 사회적·문화적 환경에 더 많은 영향을 받게 되었다. 그 외에도 목적에 따라 일본, 러시아 등지로도 한민족들의 이주는 계속 진행되었다. 사실상 이때부터 조선족은 그들의 능

11) 이규태는 앞의 논문에서 이주의 역사를 개관하면서, 그들의 문학을 연변지역에서의 독립운동, 1945년 이후 조선족의 움직임과 조선족 자치주의 성립과정을 중심으로 중국 사회적·역사적 상황과 연결시켜 분석·정리하였다.

동적인 선택에 의해 한국도, 중국도 아닌 그들만의 새로운 민족 문학[12]을 형성해 나가기 시작했다고 볼 수 있다. 이들의 독자적인 문학의 형성은 일본인과 중국인과는 다른 모습을 보이고 있다. 예를 들어, 만주에서는 일본인과 중국인이 〈일계(日系)문학〉, 〈만계(滿系)문학〉으로 서로 관계를 맺으면서 작품 활동을 한 것에 비해 한국인(조선족)은 타 민족을 미개로 생각하는 이른바 '이민족 인식의 특수성'[13]을 보여주고 있는 것이다. 그렇기 때문에 현재 조선족은 길림성 · 흑룡강성 · 료녕성 등 동북 3성에 집중되어 있지만, 중국 전역에 걸친 내몽골 자치구까지 넓게 퍼져 있으면서도 조선족만의 독자적인 언어와 문화를 유지할 수 있었다. 현재 대부분의 재중 조선족은 19세기 이후 이주하여 연변 일대를 중심으로 정착한 사람들로, 본 연구에서도 이들을 대상으로 초점이 맞추어져 있다.

이러한 조선족 이주에 따른 시기구분은 조선족의 문학연구에 접근하기 위한 기준이 되고 있다. 중화인민공화국이 창건된 1949년을 기준으로 조선족의 문학 성향은 그 전에 비해 상당히

12) 김준오(1995)의 「중국 사회주의 문화정책과 중국 조선족 시가전통의 변모 양상」(『한국문학논총』 16권)에서 이들이 가진 문화의 '이중성', 즉 민족고유의 전통과 문화의 계승 발전에 공산주의 사회체제의 적응과정이 더해지면서 형성되는 이중성을 조선족 문학이 중국 문학의 일부이면서 동시에 '백의동포문학'이라는 '정체성의 모호성'개념으로 설명하고 있다.

13) 사에구사 도시까스[三枝壽勝], 심원섭 역, 『사에구사 교수의 한국문학 연구』, 베틀북, 2000. p.511.; 나소정, 「조선족 소설 연구사 검토를 위한 시론」, 『아시아문학과 문화콘텐츠 III-국제학술포럼 발표자료집』, 단국대학교 한국문화기술연구소, 2008, p.32 재인용.

바뀌고 있다. 강제 이주나 독립운동을 위한 이주민들에서 목적에 의한 자발적인 이주민이 함께 정착하게 되면서, 그들은 두 나라 사이에서 생존할 수 있는 그들만의 문화를 형성하기에 이른다. 중화인민공화국 성립이후 중국정부에서 연변조선족자치구를 허용하면서 조선족은 조선말을 쓰면서 중공인민으로 살아갈 수 있도록 공식·승인[14]되어, 하나의 단일한 소수민족으로서의 입지를 굳히게 되었다. 엄격히 말하면 '조선족'이라는 명확한 호칭 역시 이즈음부터 시작되고 있다고 볼 수 있다.[15] 그들의 문학은 몇 개 지역을 중심으로 연구가 진행되었다. 연변대학과 길림대학을 중심으로 한 동북지역, 북경민족대학 조문학부와 북경대학의 동어계를 중심으로 한 북경지역, 그리고 장사호남사범대학 문사연구소, 상해대학, 복단대학을 중심으로 한 강소지역, 청도해양대학과 산동대학을 중심으로 한 산동반도 등이다. 그 중 2002년 연변대학의 조선언어문학학과가 국가급중점학과로 지점됨으로써 한국문학 연구에서의 중국학파의 중심위치를 확고히 수립하게 되었다.[16] 이때 중국 내에서 조선족들에게 조선말의 사용이 중국어와 함께 공용어로 허용되어, 초등교육부터 학교에서 정규교육을 받으며 그들의 모국어로 인정받게 되었다. 때문에 조선족자치구에서는 한국어 신문, 잡지, 방송 등이 가능하면

---

14) 이규태, 앞의 논문, 2001, p.205 참조.

15) 김경훈, 『중국 조선족 시문학 연구』, 한국학술정보, 2006, 머리말 참조.

16) 채미화, 「중국에서의 한국문학 연구 현황과 과제」, 『한국학연구』 15집, 인하대학교 한국학연구소, 2008, p.22.

서 한국도, 중국도 아닌 그들만의 조선족문화가 형성되기에 이른다. 이런 이유로 중국내 여러 지역 중에서도 조선족의 교육과 문화의 중심지인 연변조선자치주에 집중되어 있는데, 문화의 형성과 변화·발전이 타 지역 재외한인의 그것과는 다르게 그 우수성을 인정받고 있다.

재중 조선족문인들은 연변조선족자치구가 성립된 이후 자신들의 민족문화를 유지할 수 있는 발판을 만드는 작업으로 '작가협회'를 조직하여 조선족에 의한, 또는 조선족을 위한 문학을 활성화시키고자 했다. 이들 작가협회는 간도예문협회, 연길중소한문화협회, 연변문예연구회 등으로 나누어 형성되었다가, 연변조선족자치주문학예술계연합회(1953년)로 통합되었다가 다시 중국작가협회 연변작가분회(1956년)로 전환하여 오늘날에 이르게 되었다. 2006년 연변작가협회에 등록된 중국조선족 작가는 336명으로, 시가, 소설, 수필, 문학평론, 아동문학 등의 분야로 나누어져 창작위원회가 조직[17]되어, 재외한인문인회와 비교해서 그 규모가 상당하다.

3 조선족 시문학 연구 현황

1949년 공산당이 국민당 정부와의 내전에서 승리를 거두고

17) 최병우, 앞의 논문, p.7 참조.

중화인민공화국이 건국하자, 중국 내 소수민족에 대한 입장은 자연히 큰 변화가 생겼다. 공식적으로는 1952년 연변조선족자치주가 건립되고, 조선족 문인들이 주축이 되어 결성된 '작가협회'가 인정되었지만, 중국 최고지도자 마우쩌둥[毛澤東]에 의해 주도된 극좌사회주의운동인 문화대혁명[18]에 가려져 그들의 문학에 대한 연구는 늦춰져야만 했다. 그 때문에 1960~70년대에서 감히 언급조차 못했던 그들의 문학에 대한 연구는 1978년 12월 중앙위원회 제3차 회의를 기점으로 추진된 개혁 개방 정책으로 〈중국작가협회연변분회〉가 회복되면서 본격적으로 진행되기 시작했다고 볼 수 있다. 조선족 형성의 특수성에 의해 그들의 시문학에 대한 대부분의 연구는 사회역사적 상황에서 시문학의 '형성과 전개 과정을 중심으로'[19] 진행되어 왔다. 본 연구에서는 조선족 시문학에 접근하는 연구의 유형을 중국측 조선족 연구자들의 연구와 한국측 연구자들의 연구라는 두 가지로 나누어 정리 · 비교한다.

중국측 연구사에 대표 연구서적으로는 임범송과 권철이 편

---

18) 1966년부터 1976년 10월까지 진행되었던 문화혁명은 중국 조선족 문화에 있어서 수난기이자 암흑기로 기록된다. 임표와 4인 무리의 강압적인 통치로 모든 문예단체가 해산되고, 문예지들이 폐간되었으며 창작의 기회를 박탈당하기도 했다. 1976년 10월 문화혁명의 종식이라는 새로운 국면을 맞아 조선족의 문학은 문학의 본령을 본격적으로 회복되기 시작했다. 조명숙, 「중국 조선족 시에 나타난 민족의식 고찰」, 『한국문예비평연구』 21호, 2006, p.188.; 정덕준 · 노철, 앞의 논문, p.344 참조.

19) 윤의섭, 「중국 조선족 시 형성 과정의 탈식민지주의적 의미」, 『한중인문과학연구』 18호, 한중인문학회, 2006, p.55.

한 『중국조선족문학』[20]과 조성일과 권철 등 10여 명의 현지 학자들이 공동 집필한 『중국조선족문학통사』[21]를 들 수 있다. 이 문학연구서적에는 그들의 문학사를 조선족 천입에서 현재문학까지를 일곱 시기로 분류하여 그 특성과 함께 세밀하게 정리하였다. ①천입~1920년대의 문학, ②1920년~1931년대의 문학, ③1931년~1945년대의 문학, ④1945년~1949년대의 문학, ⑤1949년~1966년대의 문학, ⑥1966년~1976년대의 문학, ⑦1976년~현재의 문학으로 나누었고, ①은 근대문학으로, ②~④는 현대문학으로, ⑤~⑦은 당대문학으로 비교적 세 시기의 큰 단위로 묶어 정리하고 있다. 각 시기마다 문학과 정치의 관계, 사회역사적 상황에서의 문학의 형성과정 및 형태 등의 영향관계를 정리 · 분석하고 있다.

연변대학교 조선－한국학학원 교수이자 배재대학교 객원교수인 김경훈[22]은 해방 전과 해방 후로 나누어 김조규 · 송철리 · 심련 · 윤광주 등 작품세계를 여러 각도로 분석하고, 그들의 시적 형상화에서 주제와 기법적 측면을 분석하고 있다. 또한 1920년대에서 90년대에 이르기까지 시문학사 개괄과 더불어, '21세기를 향한 중국조선족 시문학의 현황과 자세'까지 전망하는 등 폭넓

20) 임범송 · 권철 편, 『중국조선족문학』, 흑룡강조선민족출판사, 1989.
21) 조성일 · 권철 외, 『중국조선족문학통사』, 연변인민출판사, 1990.
22) 김경훈, 앞의 책, 참조. 김경훈의 이러한 연구업적을 최선영(앞의 논문)은 '국내의 학계가 중국 동포 문학을 바라보는 시각'이라고 정리했지만, 엄밀히 말해 중국 길림성 연길시에서 태어나, 연변대학교 조선어문학과를 졸업한 그는 중국측 연구자라 보는 것이 더 타당할 듯하다.

은 조선족 시문학사를 개괄하였다.

연변문연 ≪예술세계≫ 주관인 김월성[23]은 조선족 시문학을 '중화민족고유의 전통을 밑받침하여 자립적인 문학관을 세웠다' 라고 하여, 세계에서 조선족 시문학은 곧 새로운 문학지평을 열어갈 것이라고 기대했다. 계간지 ≪시와시학≫에 재외국한국인 문학특집 중 중국교포편에 실린 김월성의 글에서는, 조선족을 '재중교포'가 아닌 '중국공민'으로 명확하게 한정하여 그들의 문학을 중국문학의 한 부분으로 인정받고 있는 현실을 밝혔다. 그들의 문학은 타향에서 획득하고자 하는 나라의 자주권과 그들이 유지해야 할 생존권이 함께 부각되고 있음을 직접적으로 제시하고 있다. 그러나 그가 간과한 사실은 문학, 특히 시문학은 시간과 공간의 영향을 받는다는 것이다. 따라서 시문학은 어디에 있던 본래 있었던 시간과 장소의 문화와 완벽하게 분리되어 존재할 수 없다는 것이다. 조선족 시문학의 전체배경은 중국문학의 영향 하에 있지만, 한국문학의 성향에서 완벽하게 자유로울 수 없다는 게 당연하다. 따라서 한국문학의 토양에서 중국문학의 영향을 받은 조선족 시문학으로 인식하는 것이 타당한 접근방법일 것이다.

한국측 연구자 연구의 흐름은 초기에는 개인적인 관심사에서 출발하여 지극히 개별적인 연구업적을 발표했지만, 이들의 노력이 꾸준히 이어져 현재에는 다수의 개인연구논문이 발표되고,

---

23) 김월성, 「중국 조선족 시문학 상황」, ≪시와시학≫, 1993.봄.

그들이 함께 연구서 단행본을 출간하는 형태로 좀 더 체계적이고 종합적인 연구결과물이 나오고 있다.[24] 일반적으로 조선족 시문학은 중국의 개혁개방을 기준으로 '전/후'로 나누고 있는데, 개인연구논문에서는 주로 개혁개방 전의 시문학작품을, 공동연구는 그 전/후를 아우르면서도 최근 문제작을 대상으로 분석한 연구가 주를 이룬다.

오양호[25]는 1940년대 중국 간도지역에서 간행된 『재만조선인시인집』을 체계적으로 연구한 대표적인 연구자로, 해방이전 한국문학사에 간도이민문학을 넣어야 보다 완벽한 한국문학사를 설명할 수 있다고 주장했다. 특히 1940년에서 1945년 사이 한국문학사의 주요 문학공간을 간도에 두고 그곳에서 창작된 작품에서 문학적 의의를 찾고 있다.

윤영춘[26]은 박사논문 「일제강점기 한국 유이민 시의 연구」로 일제강점기에 이주민들의 시적 형상화를 분석했고, 그 후 1949년부터 1960년대 전반기의 시문학의 형성과 전개과정을 분석 · 정

24) 조선족 문학에 대한 연구는 개인적인 연구에서 최근에는 한국학술진흥재단 등의 국고지원을 통해 연구팀에 의한 본격적인 연구로 전환하는 모습을 보이고 있다. 한림대학교의 정덕준 교수팀을 필두로, 아주대학교 인문과학연구소 등이 중국 조선족을 연구하였고, 경희대학교 김종회 교수팀은 재외한인문학을 아우르는 연구를 진행하여 단행본을 발표한 바 있다. 이런 변화를 통해 조선족 문학에 대한 연구가 몇몇 개인의 작품에 한정되어 있다가 더 다양하고 광범위한 문학을 대상으로 연구가 진행되고 있다.

25) 오양호, 『한국문학과 간도』, 문예출판사, 1995.

26) 윤영천, 「일제강점기 한국 유이민 시의 연구」, 서울대학교 박사학위논문, 1987; ______, 「중국 조선족 시문학의 형성과 전개」, 『민족문학사연구』 17집, 2000.

리하면서 해방 전과 후 이들에 대한 한국 정부의 무관심에 경고를 보내고 있다. 또한 오정혜[27]는 조선족 시문학의 성격을 조국해방, 한국전쟁, 근대화의 열망이라는 세 가지로 나누어 '조국해방'을 주제로 한 작품을 집중 · 분석하였다. 이 두 연구자의 연구는 시문학 작품을 통하여 반대로 그들의 시각 속에서 규정되는 해방과 전쟁과 근대화의 의미를 관련지어 설명하고 있다.

허형만[28]은 최근 1990년대 발표작까지 모두 아우르면서 시문학의 현황을 정리하는 등 점차 그 범위를 확대시켜 전체 시문학사적인 연구로 접근했고, 김순례[29] 역시 19세기 말부터 현재에 이르기까지 발표된 조선족 시문학사를 개괄했다. 이 두 연구자의 연구는 문학작품을 시대상황과 결부시켜 투철한 역사의식, 민족애 등을 작품의 주제로 드러내면서, 동시에 그들의 인생에 대한 깊은 사색, 자아성찰, 선지자로서의 사명감 등을 빼놓지 않고 찾아내고 있다.

중국 연변대학 객원교수로 있었던 황송문[30]은 중국의 정치경제적 상황과 조선족의 문학을 연계시킨 논문을 월간 ≪시문학≫ 연재하고, 그 결과물을 묶어 단행본으로 발간했다. 그는 조선족문학의 형성과 역사적 전개에서 중국조선족 시인의 위상

27) 오정혜, 「광복 후 중국 조선족 시의 성격」, 『국어국문학』 21집, 동아대학교 국어국문학과, 2002.

28) 허형만, 「중국 조선족 동포 시인들의 시세계」, 『현대문학이론연구』 21집, 현대문학이론학회, 2004.

29) 김순례, 「중국 조선족 시문학사 개관」, 김종회 편, 『한민족 문화권의 문학』, 국학자료원, 2003.

30) 황송문, 『중국 조선족 시문학의 변화양상 연구』, 국학자료원, 2003.

과 그 존재위치까지, 시문학뿐만 아니라 그들의 삶과 존재성에까지 접근하여 그들의 문학사적 특성을 담은 심도 있는 연구를 발표하였다. 또한 윤의섭[31]은 조선족의 한국 전쟁시를 남북한의 그것과 비교하면서 한국문학의 범주를 확장시키며 더욱 폭넓은 연구를 진행시켰다. 조명숙[32]과 김은영[33]은 개혁개방 이후의 시를 대상으로, 조선족으로서의 정체성 및 민족의식의 자각이라는 측면에서 접근했다. 특히 조명숙은 이전과 이후의 시적 경향과 변화를 개인의 내면 의식의 발현, 자아각성을 통한 주체성 강화, 민족의식의 자각이라는 세 가지 특성으로 분석·정리하였다.

이처럼 조선족 시문학에 대한 연구가 개인연구자 뿐만 아니라 연구팀으로도 점차 그 수가 늘고 있다는 건 고무적인 일이 아닐 수 없다. 한림대학교 정덕준 교수팀[34]은 연구물을 묶은 단행본에서 조선족의 시문학, 소설문학, 평론문학을 나누어 시기별로 구분하여 문학의 형성배경 및 발표된 문학의 특징을 아우르는 연구결과를 정리하였다. 이전에는 정덕준은 김정훈[35]과 함께 1910년에서 1949년까지의 시문학 전개양상을 연구한 바

31) 윤의섭, 「남북한과 중국 조선족의 한국 전쟁시 비교」, 『한중인문과학연구』 21호, 한중인문학회, 2007.

32) 조명숙, 앞의 논문.

33) 김은영, 「중국 조선족 시 작품에 나타난 '고향'의 의미」, 『한중인문학회-국제학술대회발표집』 16호, 한중인문학회, 2003.

34) 정덕준, 『중국 조선족 문학의 어제와 오늘』, 푸른사상, 2006.

35) 정덕준·김정훈, 「일제 강점기 재중 조선인 시문학 연구」, 『현대문학이론연구』 23집, 현대문학이론학회, 2004.

있고, 노철[36]과 함께 1949년부터 1990년대까지의 시문학을 연구한 바 있는데, 정덕준 연구팀의 결과물은 이들 소연구의 연장선에 위치하고 있는 듯하다. 이 결과물은 다른 연구에 비해 명확한 시기구분과 그 시기와 연결하여 분석한 시작품들을 소개함으로써 우리 문학에서 빠질 수 없는 역사성을 강조하였다. 최근에는 아주대학교 인문과학연구소 중국조선족 문학연구팀[37]에서 연구자들의 발표논문을 묶은 단행본을 발표하였다. 이 연구 결과물은 한민족 문학의 디아스포라적 특성을 밝히는 데 이론적 토대로서 탈식민주의 연구방법을 선택하여, 시와 소설을 나누어 검토 · 분석하였다.[38]

중국과 한국에서 진행한 조선족 문학의 연구사를 간략하게 정리할 때, 각 나라별 연구사에는 비교되는 특징을 도출할 수 있었다.

중국측 연구자들의 연구 방향은 중국문학의 한 지류로 재중 조선족문학에 접근하고 있다. 그들의 시문학 형성기를 1949년 중화인민공화국이 성립된 때부터라고 보는 것이 일반적이고, 이

---

36) 정덕준 · 노철, 앞의 논문.

37) 송현호 · 최병우 외, 『중국 조선족 문학의 탈식민주의 연구 1』, 국학자료원, 2008.

38) 이러한 연구는 2007년부터 한국학중앙연구원의 재원으로 단국대학교 부설 한국문화기술연구소가 그 명맥을 이어나가고 있다. '아시아 내 디아스포라'를 핵심논제로 하여 각 국에서 재외한인 연구자들과 함께 개최하는 〈아시아문학과 문학콘텐츠〉 포럼으로, '세계한민족문학' 형성에 박차를 가하고 있다.

후 시문학 전개의 시기 구분도 중국의 시기구분과 무관하지 않았다. 조선족 연구자인 김월성은 중국 조선족 시문학의 시기 구분을, 첫 단계는 1949년부터 1966년 5월까지 17년을 '반우파투쟁시기'로, 두 번째 단계는 1966년 6월부터 1976년 9월까지 10년을 '문화대혁명시기'로, 세 번째 단계는 1976년부터 오늘에 이르는 '새로운 역사시기'로 나누면서, 그들의 시문학은 중국의 사회 변화와 맞물려 경유하여 지금에 이르렀다[39]고 정리하였다. 그들의 시문학은 특수한 사회문화 배경 하에서 발전되었기 때문에 '정치공리주의가 뒷받침된 선전고동성'[40]이 가장 큰 특징으로 분석해내고 있다. 즉, 조선족 시문학에서 나타난 시어(詩語)의 의미가 단순히 대상에 대한 일차적 의미에 국한된 것이 아니라, 이들의 정체성과 문학적 특수성, 그리고 시문학의 창작목적인 '선명한 정치경향성과 강열한 선전고동성'을 함유할 수밖에 없다는 것이다. 특히 문학은 사회의 산물이기도 하지만, 특정한 사회 속에서 생성된 문학은 더욱 그 특성이 강조될 수 있다는 점을 들어, 그들의 시문학을 이해하는 데엔 문학사 기술의 기준을 중국문학사에 바탕을 두고 있다. 사회적 배경과 밀접하게 연관하여 이 1세대들이 이루어낸 초기 조선족문학연구는 그 시기에 한국에서 석 · 박사과정을 수학하고 돌아간 2, 3세 연구자들의 연구에 직 · 간접적인 영향을 주고 있음을 확인할 수 있다.

그에 비해 한국측 연구자들의 연구의 방향은 한국문학의 한

39) 김월성, 앞의 논문, p.188 참조.
40) 위의 논문, p.191.

지류로 중국 조선족문학에 접근하고 있다. 서론에서 거론한 바와 같이 과계민족(跨界民族)이라는 특수성을 내세워 모국문학(母國文學)과의 관계를 앞세우면서 문화적 공동체로 묶고 있다. 동일한 창작언어의 사용과 문화, 전통 및 풍습의 전래를 통해 얻어지는 유사한 감정과 이해력 등은 민족 정체성을 유지할 수 있는 기술적 수단으로 작용한다는 점을 들고 있다. 물론 그 연구과정에서 그들의 시문학사를 중국사회에서 완전하게 독립하여 시기를 구분하지는 않지만, 두 국가사이에서 이주와 정착, 그리고 자체발전의 단계를 거친 그들의 문화는 한국사회의 역사적 배경과도 함께 결부되어 이해될 수 있음을 강조하고 있다. 그러면서도 조선족의 시문학은 오롯이 중국문학도 아니고, 또한 한국문학도 아닌 그들 자체의 시문학적 성격을 가진 '중국 조선족 시문학의 독자적 성격'을 가지고 있다고 부언하면서, 이것을 조선족 시문학의 '탈식민주의적 성격'[41]으로 규정지으며 보다 활발한 연구로 진행하고 있다.

---

41) 탈식민주의(postcolonialism)은 서구의 식민지였던 여러 국가들의 정치, 경제, 사회, 문화, 예술 등의 다방면에 걸쳐 형성된 민족과 인종 사이의 지배와 종속관계를 비판하고 재구성하려는 이론으로, 본 연구에서 제시하고 있는 '중국 조선족 시문학의 독자적 성격'과 연결하여 논의될 수 있을 것이다. 최수웅, 「디아스포라문학의 문화콘텐츠적 활용 가능성」, 『아시아문학과 문화콘텐츠-국제학술포럼 발표집』, 2008, p.22.; 윤의섭, 「탈식민주의적 관점에 의한 중국 조선족 시의 전개 양상 연구」, 『현대문학이론연구』 30호, 현대문학이론학회, 2007.; 정수자, 「문화대혁명기 조선족 시의 탈식민주의적 성격」, 『한중인문과학연구』 18호, 한중인문학회, 2006. 등.

4 조선족 시문학을 바라보는 탈영토적 시각

'세계한민족문학'으로 포괄시키려는 데, 재외한인문학의 범주를 설정하고자 하는 이 논의는 현대문학의 기점을 거론하는 것만큼 상당히 난해하고 복잡한 문제임에 틀림없다. 따라서 성급한 범위 규정보다는 그들의 언어와 한민족의 고난과 투쟁의 역사, 해당지역의 문화와 전통, 삶의 고뇌와 정체성의 문제 등을 거주국의 조건과 연결하여 재외한인문학을 이해하는 방법을 심도있게 논의해볼 필요가 있다.[42]

앞 장에서 비교한 바와 같이, 하나의 시문학을 바라보는 시각이 한국과 중국의 입장에 따라 달리 나누어질 수 있다. 이것은 조선족이 이주·정착을 하는 과정에서 그들이 가진 시문학의 형성시기와 문학적 배경에 따라 그 형태가 '굴절'을 했기 때문이고, 한국과 중국의 입장은 그들의 굴절을 인식하지 않은 범위에서 해석하고자 했기 때문이다. 한 국가의 문화가 다른 국가의 그것에 이입될 때 굴절되는 것은 당연하다. 특히 문화를 직접 묘사·형성하는 문학의 굴절은 확연하게 확인할 수 있다. 어느 시대에든 마찬가지겠지만, 조국을 떠나서 타 국가에 정착한 이주민이 하나의 소수민족을 만들며 살아가는 과정에서, 당연히 그들의 문학은 자신들의 존재에 대한 '확인 혹은 정의'가 강하게 드러날 수밖에 없다. 이는 21세기의 고도화된 자본주의의 사회

42) 최병우, 앞의 논문, 참조.

속에서 탈영토화[43]가 오히려 정체성을 정의하는 키워드가 되고 있는 것과 같다. 여기서 말하는 탈영토화란, 단순히 장소의 이동만을 의미하는 것이 아니라 다른 공간으로 이주하면서 공간에 대한 적극적인 인식작용까지 포함하고 있다. 즉 공간의 이동에 따른 자신과 조국, 그리고 현 거주국 사이에서의 혼란과 새로운 공간에 다시 적응하는 양상 등이 작품에 나타나면서, 오히려 '자아 정체성의 탐색'이라는 사유를 더 강하게 포함하게 된다는 것이다. 여기서 굴절이란, 공간의 이동에 따라 자아 정체성에 대한 주변이 변화하고 개별화된다는 것이다. 그들의 문화에는 그들이 몸담고 있는 사회에서, 그리고 그들이 그리는 전통이 더해지고 현 국가의 현실이 가진 여러 문제들을 함께 포괄해야 하기 때문에 그 굴절은 어쩌면 필연적이다. 굴절의 방향에 따라 그들의 문학은 본국(本國) 혹은 거주국 중 어느 한쪽을 닮을 수도 있다. 그러나 재중 조선족의 시문학은 이 굴절을 통해지면서 어찌 보면 한국의 문학도 중국의 문학도 아니면서, 한국의 것이기도 중국의 것이기도 한다는 점이다. 정확한 것은 굴절의 각이

43) 들뢰즈와 가타리에게서 소개된 탈영토화는, 욕망의 생산이 끊임없이 새로운 접속, 새로운 환경을 향해 뻗어나가는 경향이 있어서 주어진 영토의 경계를 항상 벗어나려고 하는 운동을 뜻한다. 이는 다른 한편에서 새로운 영토의 형성이라는 재영토화에 의해 보완된다고 볼 수 있다.(김필호, 「욕망의 사회이론」, 『탈주의 공간을 위하여』, 푸른숲, 1997, p.70.) 그렇다면 이주 후 정착을 하고 형성된 재외한인들의 문학은 개별적으로 접근할 때 재영토화의 개념에서 접근하는 것이 수월할 수도 있지만, 본 연구에서는 전 세계의 재외한인문학을 한 곳으로 아우른다는 공동체적 입장에서 '탈영토화적 관점'으로 논지를 이어나간다.

크면 클수록 양 축의 어디에도 닿지 않는 그들의 문학은 어느 나라에도 속하지 않은 그들만의 고유한 문학으로 정립될 수 있는 것이다. 이러한 시문학의 굴절형태를 조선족이 가진 이중성으로 정의하여, 조선족 연구자인 리혜영은 조선족의 특성을 확인하고 있다.

> 그러므로 조선족은 한민족의 일원인 것은 틀림없으나 중국이란 주권국가의 국민이다. 즉 조선족은 중국 내의 평등하면서도 구별되는 특수한 문화공동체일 뿐만 아니라 한국(조선)인들과도 혈연적인 유대가 있으면서도 구별되는 특수한 문화공동체라고 할 수 있다. 바꾸어 말하면, "두 가지 정체성을 가지고 있는 것이 오늘날의 중국 조선족"이다.(밑줄 - 인용자)[44]

중국 조선족의 시문학이란 그들의 굴절을 인정하는 범위에서 중국 국적을 취득하고 중국의 소수민족으로 살아가면서 그들에 의해 한글로 창작된 시라고 정의할 수 있다. 같은 맥락으로 재외한인들의 문학 역시 그들만의 독자적인 굴절을 인정한다면 궁극적으로 한국문학이 추구하고자 하는 탈영토화적 '세계한민족문학'의 범주를 규정짓는 데는 어렵지 않을 것이다.

이상에서 살펴본 것처럼 조선족의 시문학은 모든 재외한인문학도 마찬가지겠지만, 정서적 측면이 강하게 반영되는 그들의 문학에 포함되어있는 독창적인 '굴절'의 형태를 분석 · 정리하다

44) 리해영, 『중국 조선족 사회사와 장편소설』, 역락, 2006, p.283.

보면 그들의 개인적·사회적 탈영토화를 아우르는 '세계한민족문학'을 형성할 수 있는 중요한 단서로 활용될 수 있을 것이다. 이런 점에서 재외한인들의 (시)문학에 대한 관심을 통해 '세계한민족문학'으로 흡수할 수 있도록 체계적이고 전략적인 접근방법을 찾아내는 것이 선행되어야 할 것이다. 그러기 위해서는 그들이 가진 독자성과 특수성에 대한 접근·이해의 폭을 넓힐 필요가 있다. 특히 해방과 한국전쟁 이후 남한에 한정된 한국문학에서, 북한문학을 포함하고, 전 세계에 흩어진 문학을 아우를 수 있다면, '세계한민족문학'의 폭과 깊이를 더해갈 수 있을 것이다.

5 결론을 대신하여

본 연구에서는 탈영토화적 관점에서 '세계한민족문학'을 정립하기 위한 전제조건으로, 재외한인 중 현재까지 가장 활발한 문학활동을 하고 있는 조선족의 시문학 연구사를 검토해 보았다. 이 때 연구사 검토는 중국측과 한국측으로 나누어 연구진행의 시각에 따라 각기 나라별로 연구자들의 다른 해석을 찾을 수 있었다.

조선족 시문학은 어느 한쪽의 절대적인 영향만으로 해석하기엔 곤란할 정도로, 그들은 이주와 정착하는 과정에서 양 문화를 흡수하여 독자적인 민족문화를 형성·발전시켰다. 그러한 상황에서도 한국은 급변하는(어쩔 수 없다는) 사회상을 내세우고, 중국은 중화인민공화국의 성립, 문호개방 등을 내세워 각 국가의 사회분위기에 한정하여 그들의 시문학을 해석하려고 했다. 결국 중국은 재중 조선족을 56개의 다민족으로 이루어진 자신의 문화 안에 일부로 복속시키려 하고, 한국은 끊임없이 그들에게 민족의 혈연성을 강요하면서 한국으로 이입시키려는 독단적인 상황을 야기하게 되었다. 국내 상황도 다를 게 없지만, 국외에 있으면서 본국으로부터 어느 하나 지원받지 못한 상황에서, 피의 동질성, 문화적 공동체로 끝까지 그들의 정체성을 지켜내기엔 역부족이었을 것이다.

현재 중국에서의 한인들은 한민족이라는 민족적 정체성과 중국이 주고 있는 국적의 정체성 사이에서 혼란한 상태로 놓여있다. 이러한 재외한인들이 겪는 정체성의 혼란은 비단 중국 조선족 뿐만은 아닐 것이다. 이주 1세대가 아닌 2, 3세로 내려오면서 점차 한국어를 잊어버리고 언어적 동화가 시작된 재일교포, 재미교포, 러시아지역의 고려인 등은 조선족과 비교가 안 될 정도로 그들이 가진 민족적 정체성의 혼란은 더 클지도 모를 일이다. 이러한 현실에서 '세계한민족문학'이라는 안정된 울타리는 그들을 흔들리는 혼란에서 멈추게 하고 자리를 찾게 해 줄 수 있는 힘을 가지고 있다고 생각한다. 이러한 세계한민족문학이 정착되기 위해서는 첫째, 차세대 한국사회의 주역이 될 현 사회 구성원들에게 재외한인에 대한 문제의식을 인지시키고, 둘째,

역사에 대한 능동적인 재해석과 발전의 가능성을 부여함으로써, 국내인 뿐만 아니라 재외한인들에게 새로운 역사관과 민족관의 확립을 유도해야 할 것이다.

중국 조선족의 시문학은 중국이라는 다민족국가가 가진 큰 문학의 테두리 안에서 한 소수민족이 향유하고 있는 부분일 따름이다. 중국이 내세운 사회주의 문화정책과 조선족 문화의 형성은 긴밀한 관계를 가지고 있다는 것도 부인할 수 없다. 하지만 그들이 끊임없이 한국과 중국 사이에서 그들의 다름을 인정하고 그들의 정체성을 찾고자 노력한다면, 그 노력이 문학을 통해 서로 소통하고 이해하는 과정으로 진행된다면, 그리고 그런 그들의 노력을 한국문학에서 인정하고 흡수할 수 있다면, 보다 쉽게 그들의 혼란을 멈추게 해 줄 수 있고, 더는 '세계한민족문학'의 큰 울타리에 힘을 실어줄 수 있을 것이다.

참고문헌

연변대학민족연구소 편, 『朝鮮族硏究論叢』 제1호, 연변인민출판사, 1987.

연변조선족역사연구소 편, 『中國朝鮮族遷入史論文集』, 흑룡강조선민족출판사, 1989.

김경훈, 『중국 조선족 시문학 연구』, 한국학술정보, 2006.

김종회 편, 『한민족 문화권의 문학』, 국학자료원, 2003.

리혜영, 『중국 조선족 사회사와 장편소설』, 역락, 2006.

송현호 · 최병우 외, 『중국 조선족 문학의 탈식민주의 연구1』, 국학자료원, 2008.

오양호, 『한국문학과 간도』, 문예출판사, 1995.

임범송 · 권철 편, 『중국조선족문학』, 흑룡강조선민족출판사, 1989.

정덕준, 『중국 조선족 문학의 어제와 오늘』, 푸른사상, 2006.

조성일 · 권철 외, 『중국조선족문학통사』, 연변인민출판사, 1990.

황송문, 『중국 조선족 시문학의 변화양상 연구』, 국학자료원, 2003.

사에구사 도시까스(三枝壽勝) 저, 심원섭 역, 『사에구사 교수의 한국문학 연구』, 베틀북, 2000.

김월성, 「중국 조선족 시문학 상황」, ≪시와시학≫ 1993.봄.

김은중, 「세계화, 정체성, 다문화주의」, 『라틴아메리카연구』 18집,

한국라틴아메리카학회, 2008. 5.

김준오, 「중국 사회주의 문화정책과 중국 조선족 시가전통의 변모 양상」, 『한국문학논총』 16권, 한국문학회, 1995.

나소정, 「조선족 소설 연구사 검토를 위한 시론」, 『아시아문학과 문화콘텐츠II - 국제학술포럼 자료집』, 단국대학교 한국문화기술연구소, 2008.

양영수, 「노마디즘적 세계화 시대와 외국어 공용정책」, 『동아시아연구논총』 14호, 제주대학교 동아시아연구소, 2003.

오정혜, 「광복 후 중국 조선족 시의 성격」, 『국어국문학』 21집, 동아대학교 국어국문학과, 2002.

윤영천, 「일제강점기 한국 유이민 시의 연구」, 서울대학교 대학원 박사학위논문, 1987.

______, 「중국 조선족 시문학의 형성과 전개」, 『민족문학사연구』 17집, 민족문학사학회, 2000.

윤의섭, 「남북한과 중국 조선족의 한국 전쟁시 비교」, 『한중인문과학연구』 21호, 한중인문학회, 2007.

______, 「중국 조선족 시형성과정의 탈식민지주의적 의미」, 『한중인문과학연구』 18호, 한중인문학회, 2006.

______, 「탈식민주의적 관점에 의한 중국 조선족 시의 전개 양상 연구」, 『현대문학이론연구』 30호, 현대문학이론학회, 2007.

이규태, 「중국 조선족 사회의 형성과정」, 『재외한인연구』 10호, 재외한인학회, 2001.

이종훈, 「한민족공동체와 한국정부의 역할」, 『재외한인연구』 12집, 재외한인학회, 2002.

이진령, 「조선인에서 조선족으로」, 『중소연구』 96권, 한양대학교 아태지역연구센타, 2002.

정덕준 · 김정훈, 「일제강점기 재중 조선인 시문학 연구」, 『현대문학이론연구』 23집, 현대문학이론학회, 2004.

정덕준 · 노철, 「중국 조선족 시문학 연구」, 『현대문학이론연구』 20집, 현대문학이론학회, 2003.

정수자, 「문화대혁명기 조선족 시의 탈식민주의적 성격」, 『한중인문과학연구』 18호, 한중인문학회, 2006.

조명숙, 「중국 조선족 시에 나타난 민족의식 고찰」, 『한국문예비평연구』 21호, 한중인문학회, 2006.

채미화, 「중국에서의 한국문학 연구의 현황과 과제」, 『한국학연구』 15집, 인하대학교 한국학연구소, 2008.

최병우, 「중국 조선족 문학연구의 필요성과 방향」, 『한중인문과학연구』 20호, 한중인문학회, 2007.

최수웅, 「디아스포라문학의 문화콘텐츠적 활용 가능성」, 『아시아문학과 문화콘텐츠II - 국제학술포럼 자료집』, 단국대학교 한국문화연구소, 2008.

허형만, 「중국 조선족 동포 시인들의 시세계」, 『현대문학이론연구』 21집, 현대문학이론학회, 2004.

제 2 장

아시아 문학의 문화콘텐츠화 문제

아시안(Asian) 문화콘텐츠 개발방안 모색

김 영 재

1 서 론

2004년~2008년 기간 중 한국 문화산업은 연평균 4.2%의 성장률을 보이며 성장해왔다. 2004년부터 2008년 기간 중 만화가 9.3%, 게임이 6.8%, 음악이 5.1%, 애니메이션이 11.2%의 성장률을 보였으며, 영화산업은 2004년 이후 5년간 연평균 성장률

* 이 논문은 『한국문화기술』 제9호(한국문화기술연구소, 2010.6)에 발표된 것임.

-0.6%로 정체 상태를 보였다.[1] 해외수출을 살펴보면 2005년~2008년 기간 중 한국 문화산업 수출액은 연평균 15.1%의 고성장의 기록하였는데, 이는 현재 한국 문화산업의 성장 동력이 해외시장에 기반을 두고 있음을 시사한다. 한국 문화산업의 수출 증가 추세는 지속되어 2009년에는 30억 달러로 전년대비 25%의 고성장을 기록했으며, 2010년 수출액은 38억 달러로 예상 되는 등 한국 문화산업의 해외시장 진출이 본 궤도에 오르고 있음을 보여준다.[2]

하지만, 해외 수출액 급성장의 내면을 살펴보면 해외시장 진출을 기반으로 한 한국 문화산업의 지속적 성장을 낙관할 수는 없는 문제점이 발견된다. 2005년~2008년 기간 연평균 15.1%라는 수출액 증가율은 전체 수출액의 58%를 차지하는 게임수출액의 증가에 의존한 것이기 때문이다. 같은 기간 중 게임 수출액은 연평균 24.7%의 성장률을 보인 반면에 만화, 음악, 영화, 애니메이션, 캐릭터, 방송 등 다른 문화콘텐츠 산업의 수출액은 전체 문화산업 성장률 15.1%에 미치지 못하고 영화와 음악의 수출액은 〈표 1〉에서 보는 바와 같이 오히려 대폭 감소하였다. 2009년~2010년 추정되는 해외수출액의 급성장 역시 게임 분야의 수출 급증에 따른 것으로서(2008년 10억 9386만 달러, 2010년 20억 달러)[3], 결국 게임 산업을 제외하고는 전체적으로 한국

---

1) 문화체육관광부, 「2009 문화산업통계」, 2010, p.60.

2) 한국콘텐츠진흥원, 「2010년 한국콘텐츠산업 10대 전망 및 해외콘텐츠 산업 6대 전망」, 2010, p.5.

3) 위의 글, p.5.

문화콘텐츠 산업의 해외시장 진출성과는 기대에 미치지 못하고 있다는 것을 알 수 있다.

〈표 1〉 한국문화산업 수출액 (단위 : 천달러, %)4)

산업구분	수출액						
	2005	2006	2007	2008	구성비	전년대비 증감율	연평균 증감율
출판	191,346	184,867	213,100	260,010	13.8	22.0	10.8
만화	3,268	3,917	3,986	4,135	0.2	3.7	8.2
음악	22,278	16,666	13,885	16,468	0.9	18.6	△9.6
게임	564,660	671,994	781,004	1,093,865	58.0	40.1	24.7
영화	75,995	24,515	24,396	21,037	1.1	△13.8	△34.8
애니메이션	78,429	66,834	72,770	80,583	4.3	10.7	0.9
방송	121,763	133,917	150,953	160,120	8.5	6.1	9.6
광고	9,359	75,981	93,859	14,212	0.8	△84.9	14.9
캐릭터	163,666	189,451	202,889	228,250	12.1	12.5	11.7
에듀테인먼트	5,203	5,016	5,021	5,736	0.3	10.3	3.3
합계	1,235,967	1,373,158	1,562,043	1,884,416	100.0	20.6	15.1

이와 같은 한국 문화콘텐츠 산업의 해외 진출 정체현상은 한국문화콘텐츠 산업이 심각한 문제 상황에 놓여있다는 것을 의미한다. 해외시장 진출을 통한 매출의 증대는 내수시장 성장의 한계에 직면한 한국 문화콘텐츠 산업의 생존 문제와 직결되어 있기 때문이다.

---

4) 문화체육관광부, 「2009 문화산업통계」, 2010, p.60.

영화산업의 경우, 2007년 위기를 맞았던 2009년에 사상 최대 매출을 기록하며 회복세를 보이고 있다. 하지만 이는 극장 관람료의 인상에 기인한 것이며, 국내 영화 시장은 영화 관람객 수 기준으로 1억 5천만 명 수준에서 2006년 이후 정체상태에 있다.[5] 한국영화시장은 19~34세 연령집단에의 의존도가 심한 시장으로(연간 평균 관람회수 13.1회)[6], 특히 19~29세 여성관객에 의존도가 심하다.(연간 평균 관람회수 17.2회)[7] 이들 젊은 여성 관객들이 영화를 관람하러 소비할 수 있는 현실적 가용(可用)시간을 고려할 때, 현재 월 1.43회에 이르는 이들의 영화 관람 횟수가 단기간에 대폭적으로 성장하리라고 기대하기는 어렵다. 결국 한국 영화가 20대 여성관객 의존에서 벗어나 다양한 연령층으로 관객층을 확산시키기 전에는 한국영화 내수시장은 포화상태에 이르렀다고 보는 것이 타당하며, 해외 수출이 성장하지 못할 경우 한국영화 산업의 정체는 지속될 것이다.

내수시장의 한계에 따른 해외시장 진출의 필요성은 애니메이션이나 아시아 시장의 '한류' 발원지였던 TV 드라마 산업에 있어서도 마찬가지로 절실하다. 지상파 TV를 통한 노출에 의존하고 있는 한국 애니메이션은 현재 1% 이하의 TV 시청률을 보이며 한국 창작 애니메이션 산업의 심각한 위기를 초래하고 있다.

---

5) 2006년 15,341만 명, 2009년 15,679만 명(자료원 : 영화진흥위원회, 「2009년 한국영화산업결산」, 2010, p.4.)

6) 영화산업정책연구소 조사연구팀, 「1999-2008년 한국영화관객성향분석」, 2009, p.8.

7) 위의 글, p.9.

낮은 시청률로 소비자 인지도를 확보하지 못한 한국 창작 애니메이션은 국내시장에서 캐릭터 사업기회를 상실하였고, 낮은 시청률에 따른 광고수익 감소로 방송국은 제작사에 지불하는 TV 애니메이션 방영료를 편당 1,500만 원에서 950만 원 수준으로 삭감하였다. 캐릭터 사업수익 부재와 방영료 수익 삭감은 한국 창작 애니메이션의 국내시장 수익구조 붕괴를 의미하는 것으로, 결국 해외 시장에서 수익이 창출되지 못한다면 한국 창작 애니메이션의 제작 자체가 불가능하다. TV 드라마 산업도 마찬가지다. 지상파 3사에 의존하는 한국 TV 드라마는 제한된 TV 유통채널을 확보하기 위해 제작비를 증가시켰고, 주연 배우들의 출연료도 급상승함에 따라 방송국으로부터의 TV 방영료 수익으로서는 드라마 제작비 회수가 불가능한 상황이다.

이처럼 여러 한국 문화콘텐츠 산업은 국내시장의 협소한 규모, 제한된 국내 유통기회로 인한 산업구조적인 한계로 인해 내수시장 수익만으로는 산업의 생존 자체를 위협받고 있는 상황이다. 이처럼 한국 문화콘텐츠 산업의 해외시장으로의 진출은 절대적으로 필요한 과제이지만, 최근 몇 년간의 한국 문화콘텐츠 산업의 해외진출 성과는 기대에 미치지 못한다. 산업의 생존을 위해서 한국 문화콘텐츠 해외시장 진출 활성화를 위한 방안이 적극적으로 모색되어야 하는 상황이다.

본고는 한국 문화콘텐츠 산업의 해외시장 진출 활성화를 위해서 소위 '한류 붐'을 통해 시장에서의 성공가능성의 검증된 된 아시아 시장으로의 효과적인 진출 방안을 모색함에 그 목적을 두고 있다. 이를 위해 지난 수년간 아시아 시장 공략방안으로 주목받았던 아시아 공동제작의 현황과 한계를 파악하고, 그 대안으로 아시아 시장을 위한 '아시안(Asian) 콘텐츠'의 개발 가능성과 방안을 모색해보고자 한다.

2 아시아 공동제작의 장점

내수시장의 한계와 해외시장의 중요성을 인식한 한국 문화콘텐츠 산업은 그동안 적극적으로 해외 시장 진출을 시도하여왔다. 그 중에서도 유통 네트워크를 통해 해외시장 접근성을 보유한 해외 기업과의 국제 공동제작은, 1) 해외 시장에서의 문화적 할인율 극복, 2) 공동 제작 파트너의 네트워크를 활용한 유통장벽 극복, 3) 파트너 간 자본 합작과 제작역할 분담을 통한 투자 리스크 감소와 작품 경쟁력의 제고 등의 장점을 지니고 있다. 특히, 일본과 중국으로 대표되는 아시아 지역 파트너와의 공동제작을 통한 아시아 시장 공략은 한국 문화콘텐츠 산업의 효과적인 해외시장 진출방안으로 꾸준히 추진되어 왔다. 한국, 일본, 중국시장을 함께 공략할 수 있는 아시아 공동제작은 한국의 입장에서 볼 때 국제공동제작이 제공하는 여러 가지 장점을 극대화할 수 있는 방식으로 평가되고 있고 있는데 그 이유는 다음과 같다.

1. 거대한 시장규모

일본은 2007년 기준으로 미국에 이어 세계 2위 규모의 거대 엔터테인먼트 및 미디어 시장이다.[8] 일본은 이러한 거대 내수 시장을 기반으로 이미 애니메이션, 게임, 만화산업을 세계 최고 수준으로 성장시켜왔다. 또한 중국은 현재 세계에서 가장 빠른 속도로 성장하고 있는 시장으로, 2010년에는 일본을 제치고 세계 2위의 콘텐츠 산업 강국으로 도약할 전망이다. 2010년 중국 영화 시장은 2009년 대비 25%의 성장세를 보이면서 해마다 극장 흥행 기록을 갱신하고 있으며 5억 명의 애니메이션 소비인구를 기반으로 한 중국 애니메이션 시장은 영상, 음반, 도서 등의 관련시장을 모두 포함할 때 7,000억 위안(약 85조원)의 세계 최대 시장규모를 형성할 것으로 전망되고 있다.[9] 한국과 거대 일본, 중국시장을 중심으로 한 아시아 문화콘텐츠 시장은 북미나 유럽에 결코 뒤지지 않은 규모를 갖추고 있으며 2010년 이후 아시아 시장은 서구 시장보다 훨씬 빠른 속도로 성장하면서 세계 콘텐츠 산업의 신흥시장으로 세계 콘텐츠 기업들의 각축장이 될 것으로 전망된다.[10]

---

8) PWC, 「Global Entertainment & Media Outlook : 2008-2012」, 2008.

9) 한국문화콘텐츠진흥원, 「중국 - 앞으로 10년 내 중국 동만작품의 천하가 올 것」, ≪해외사무소 뉴스≫, 2007.3.19.

10) 한국콘텐츠진흥원, 「2010년 한국콘텐츠산업 10대 전망 및 해외콘텐츠 산업 6대 전망」, 2010, p.75.

2. 시장 유사성

아시아 국가들은 서구문화와 구별되는 동양 문화적 공통분모를 지니고 있으며 지역적 근접성과 활발한 문화교류의 결과로 시장의 유사성은 강화되고 있다. 이러한 지리적·문화적 근접성과 아시아의 인종적 유사성으로 인해 아시아 공동제작 콘텐츠는 서양문화권 국가와의 공동제작 작품에 비해 상대국 시장에서의 문화적 할인율이 상대적으로 낮으며, 그에 따라 국제공동제작에 따른 시장 확대 효과도 상대적으로 크다고 할 수 있다.

3. 협력 경험의 축적

아시아 국가들은 문화산 분야 협업을 통한 협력 관계를 오랜 기간 유지해왔다. 애니메이션 산업을 예로 들면, 한국은 오랜 기간 일본 애니메이션의 하청생산기지 역할을 수행하면서 일본과의 공동작업 경험을 축적해왔다. 중국 역시 일본과 한국의 하청 기지로서의 역할을 수행하면서 구축된 네트워크와 경험을 보유하고 있어, 한국, 일본, 중국 인력의 공동 작업이 상대적으로 용이하다. 이러한 아시아 국가 간 문화산업 분야 협력 경험은 파트너간의 원활한 의사소통이 제작 결과물의 경쟁력에 절대적으로 중요한 문화콘텐츠 공동제작에 있어 소중한 자산이며, 이는 아시아 공동제작의 성공 가능성이 다른 지역에 비해 상대적으로 높다는 것을 의미한다.

4. 생산투입 요소의 비교우위 경쟁력

국제공동제작은 참가국들이 상대적으로 비교우위의 경쟁력을 보유한 생산 요소를 투입함으로써 공동제작 생산물의 경쟁력이 제고된다는 장점을 지닌다. 그러므로 국제공동제작 참여 국가들이 비교우위 경쟁력을 지닌 서로 다른 생산요소를 보유하고, 각각의 경쟁 우위 요소를 공동 제작물에 투입할 때 경쟁력 제고효과는 극대화된다. 문화산업에 있어서 아시아 국가들, 특히 한국, 일본, 중국은 서로 다른 비교우위의 경쟁력의 생산요소를 보유하고 있다. 문화산업이 성숙단계에 이른 일본은 문화콘텐츠 창작, 기획력 및 프리 프로덕션 역량에서 비교우위를 지니고 있으며, 중국은 가격경쟁력을 지닌 노동력과 거대 내수시장을 바탕으로 한 자본력에서 한국보다 비교우위를 보유하고 있다. 그러므로 아시아 공동제작을 통해 일본의 창작 기획력과 중국의 생산력, 자본력이 투입될 경우, 다른 지역 국가와의 공동제작보다 경쟁력 제고효과가 더욱 클 것으로 기대할 수 있다.

5. 창작소재 확장 가능성

국제 공동제작은 문화콘텐츠 창작소재 발굴원(源)의 다변화라는 차원에서도 의의를 갖는다. 문화콘텐츠는 언제나 새로운 창작소재를 필요로 하며, 자국 안에서 새로운 창작소재 개발이 어려워진 세계 각국은 창작소재 발굴원(源)을 해외로 넓히고 있다. 영화 〈올드보이〉, 〈미녀는 괴로워〉, TV 드라마 〈공부의 신〉은 일본 만화가 한국 시장에서 충분히 가치 있는 창작소재가 될 수 있다는 것을 증명하였다. 그리고 단순히 해외 창작소재를 발굴하여 자국문화콘텐츠로 제작하는 경우에 비해, 국제공동제작은 상대국 기업도 자본을 투입할 정도로 상대 국가에서 시장성을 검증받았다는 측면에서 전체 시장에서 경쟁력 있는 창작소재를 활용하게 될 가능성이 높다. 마찬가지로 아시아 공동제작에 활용되는 다른 아시아 국가의 창작소재는 한국 시장에서의 성공 가능성도 상대적으로 높다고 할 수 있다.

3 아시아 공동제작 현황과 한계

1. 아시아 공동제작 현황

내수시장의 한계 및 아시아 공동제작의 장점을 인식한 한국 문화콘텐츠 산업은 다양한 분야에서 아시아 공동제작을 추진하여 왔다. 국제공동제작이 가장 활발한 분야인 애니메이션 산업의 경우 2003년부터 2009년의 기간 동안 총 43개의 국제공동제작이 이루어졌는데, 이중 일본 기업이 참여한 작품이 17편, 중국 기업이 참여한 작품은 6편, 싱가폴과 말레이시아가 각 1편씩 한국과의 공동제작에 참여하였다.[11)]

영화의 경우, 2006년부터 2008년까지 3년간 총 36편의 국제공동제작 영화가 제작되었는데, 이중 일본과의 공동제작이 15편, 중국과 8편, 그리고 홍콩, 베트남, 싱가폴 등과도 공동제작이 이루어져 아시아 공동제작은 전체 공동제작 영화의 80.6%에 달하며, 미국, 프랑스와 같은 서구 국가들과의 공동제작은 7편으로 전체의 19.4%에 불과했다.[12)]

TV 드라마의 경우에는, 2002년 한일월드컵과 2004년 중국수교 10주년을 계기로 중국, 일본과의 공동제작이 활성화되기 시작했는데, 2002년 한일월드컵 개최기념으로 일본과 공동 제작한 〈프렌즈〉, 〈소나기. 비갠 오후〉, 2004년 한중수교 10주년 기념으로 제작된 한중 공동제작 드라마 〈북경 내 사랑〉을 필두로 하여, 한국, 중국, 일본, 홍콩, 말레이시아, 몽골이 함께 참여한 '아태방송연맹(ABU)' 공동제작 어린이 드라마도 2009년 5월 방영된 바 있다. 2010년 상반기에도 〈풀하우스〉의 작가 원수연의 만화 〈매리는 외박중〉을 원작으로 한 KBS-NHK의 한일공동제작 드라마 및 일본 NHK 자회사 ACC와의 공동제작 미니시리즈 〈나쁜 남자〉 등 여러 편의 아시아 공동제작 드라마가 제작, 방

---

11) 한국콘텐츠진흥원, 「애니메이션 국제공동제작 활성화방안연구」, 2009. 6, pp.10-12.

12) 영화진흥위원회, 「한국영화의 국제화사례연구집」, 2008.9, pp.12-13.

영예정으로 있어 드라마 아시아 공동제작도 활발히 진행되고 있음을 알 수 있다.

아시아 공동제작은 한일 월드컵이나 한중수교 10주년 기념과 같은 일회성 공동제작이나 한·일, 한·중 간 로케이션 지원, 또는 단순한 제작역할 분담을 통해 공동 제작의 가능성을 테스트하는 수준에서 시작되었다. 그러나 아시아 공동제작의 가능성과 장점이 점차 부각됨에 따라 아시아 3개국 이상이 참여하거나 대규모 자본이 투입되고 각국의 대표기업, 대표 배우, 감독이 참여하는 대규모 범아시아 프로젝트로 본격화되었다. 이러한 대형 프로젝트들은 아시아 국가들의 역량을 총동원함으로써 아시아 시장뿐 아니라 전 세계시장을 공략할 것으로 기대되었다.

2. 아시아 공동제작의 한계

그런데 대규모 자본이 투입되고, 출연진이나 제작참여 기업의 역량에 있어서 아시아 전역에서의 큰 성공을 기대할 만한 대형 프로젝트일수록, 안정적인 사업 구조에도 불구하고, 결과물의 완성도에 있어 실망스러운 작품들이 많았다는 것은 특기할 만하다. 특히 이들 공동제작 작품들은 한국 시장에서의 흥행에 실패한 경우가 많았는데 그 사례를 살펴보면 다음과 같다.

1) 아시아 공동제작 사례

① 영화 〈무극〉(2005)

영화 〈무극〉은, 영화 〈패왕별희〉의 거장 첸카이거 감독이 각본과 연출을 맡은 환타지물이다. 한국의 장동건, 일본의 국민배우 사나다 히로유키, 중국의 장백지가 출연하였고 한국, 중국, 미국이 제작비 3천만 달러를 투입한 국제적 프로젝트로서 제작 당시 '각국의 대표배우가 함께 출연하는 아시아 영화 사상 초유의 거대한 스케일'로 많은 화제를 불러 모은 작품이다. 중국 영화 100년 역사상 최고의 작품이라 하며, 중국 정부의 전폭적인 지지를 받으며 2005년 12월 15일 아시아 동시 개봉한 영화 〈무극〉은 중국 470개 극장에서 중국 역대 최다 스크린에서 개봉했으며, 중국에서 개봉 첫날에 영화 〈타이타닉〉이 세운 1,800만 위안의 기록을 깨고 역대 최고 기록인 2,115만 위안(한화 약 31억 원)을 수립했다. 개봉 첫주에 벌어들인 흥행 수입만도 7,452만 위안(한화 약 111억 원)에 이르러 100년 중국 영화 역사의 흥행 기록을 다시 썼다는 영화이다.

우리나라에서도 장동건이 세계적인 감독의 대형 영화에 출연함으로써 세계적인 배우로 거듭나는 계기를 마련하게 될 것으로 기대를 모았던 이 작품은, 중국에서의 흥행성공에도 불구하고 중국 현지 언론으로부터도 '무국적 대작, 지나친 특수효과'의 영화로 비난받았으며 시각적 효과에만 의존한 '중국식 블록버스터'로 평가 절하되며 한국 관객의 공감을 불러일으키는 데 실패하고 전국관객 70만 명을 동원하는 데 그쳤다.[13)]

② 영화 〈묵공〉(2007)

영화 〈묵공〉(2007)은 일본의 유명만화를 원작으로, 한국의 보람영화사와 아카데미, 베를린 영화제 등 세계 4대 영화제 수상작품을 다수 제작한 일본의 세계적인 프로듀서 사토루 이세키가 함께 제작한 대형 역사물이다.

〈묵공〉은 한국의 국민배우 안성기, 홍콩의 세계적인 스타 유덕화가 주연하였고 홍콩의 차세대 주역으로 주목받는 장지량 감독이 연출을 맡았으며, 한국의 아이돌그룹 슈퍼주니어의 최시원이 출연, 제작 당시 아시아 시장에서 많은 화제를 모았다. 한국과 일본이 함께 기획하고 한국, 일본, 중국, 홍콩의 아시아 4개국이 공동투자(순제작비 160억원)한 글로벌 프로젝트로 춘추전국시대를 배경 삼아 방어술에 능한 묵가의 제자가 피비린내 나는 세월을 헤쳐가는 이야기를 그린 이 영화는 '큰 스케일의 영화를 만들면서 리스크를 줄이고 기대 수익을 최대화할 수 있는 아시아 공동제작 방식을 통해 아시아의 재능있는 영화인들의 힘을 한데 모을 수 있는 시너지'를 극대화하고자 제작되었다.

〈묵공〉은 한국에서도 인지도가 높은 일본의 유명 만화 원작, 아시아를 대표하는 배우들의 출연, 일본의 세계적 프로듀서의 기획, 제작이라는 측면에서 아시아 각국이 보유하고 있는 경쟁력을 결집시켰고 이를 통한 아시아 영화의 세계시장 공략이라는 차원에서 큰 기대를 모았다. 하지만 한국에서는 전국 관객

13) 「2007년간 박스오피스」, 영화진흥위원회 영화관입장권 통합전산망 참고.

299,691명을 동원, 2007년 개봉영화 흥행순위 103위라는 초라한 흥행 성적을 내고 말았다.[14]

③ TV 애니메이션 〈접지전사〉(2005)

애니메이션 〈접지전사〉는 한국을 비롯한 아시아 전역에서 인기를 모은 대만의 만화 〈접지전사〉를 원작으로 하여, 한국, 중국, 일본, 홍콩, 대만, 미국이 공동 제작한 TV 애니메이션이다. 이 작품은 아시아 전역에서 인기를 모은 검증된 대만의 만화 원작과 세계 최고의 제작역량을 보유한 한국의 동우애니메이션의 제작, 중국의 거대 미디어 기업인 상하이미디어 그룹(SMG)의 투자 참여, 세계적인 히트 완구 '디지몬'을 기획한 일본의 완구 기획사 위즈(Wiz)의 캐릭터 상품기획, 일본 주요 애니메이션의 아시아 배급을 총괄하는 홍콩 기업 애니메이션 인터내셔널(Animation International)의 아시아 배급, 중국 SMG 관련 미국 기업인 퍼펙트미디어 (Perfect Media)의 미국시장 배급 등 아시아 각국이 보유한 최고의 역량이 결집되었다는 점과 SMG의 투자·방영으로 본격적인 중국 배급이 기대되는 작품이라는 점에서 큰 기대를 모았다. 총 59억원을 투입하여 아시아 5개국이 참여하는 범아시아 대형 프로젝트로 제작된 〈접지전사〉는 제작기업 간의 의사소통 실패로 인해 실망스러운 작품 품질로 한국시장에서 외면당했으며(SBS 방영 평균 시청률 1%)[15], 중국 광

---

14) 「2007년간 박스오피스」, 영화진흥위원회 영화관입장권 통합전산망 참고

15) 자료 : TNS Media Korea, 대상 : 전국 가구

전총국의 방영불가 조치로 기대를 모았던 중국 시장 배급에도 실패하고 말았다.

이상에서 살펴본 아시아 각국의 역량이 집결된 '대형 아시아 공동제작 프로젝트'들은 앞서 논의한 아시아 공동제작의 장점을 최대한 활용해다는 점에서 프로젝트 성공에 대한 기대를 한껏 모았던 작품들이다. 아시아 전역에서 검증된 소재(〈묵공〉, 〈접지전사〉), 각국의 대표적인 인력 투입(〈무극〉, 〈묵공〉), 각국 대표 배급기업의 참여로 시장 확장 가능성의 극대화(〈접지전사〉), 그리고 세계적으로 인정받은 아시아 창작 역량의 투입으로 세계시장 공략 가능성의 극대화(〈묵공〉, 〈접지전사〉)를 통해 아시아 공동제작의 장점을 최대한 활용하면서 위험을 최소화시킨 사업구도를 갖춘 프로젝트임에도 불구하고 그 결과는 실망스러웠다.

2) 아시아 공동제작의 한계

결국 아시아 공동제작은 분명히 많은 장점을 가지고 있는 제작방식이며 한국 문화콘텐츠 산업의 내수시장 한계를 극복할 수 있는 좋은 방안이기는 하지만, 그에 따르는 위험과 한계가 존재하며 최고 역량의 투입되었다고 해도 그것이 곧바로 최고 수준의 작품을 보장하지 못한다는 것을 의미한다. 사례에서 확인한 아시아 공동제작의 한계는 다음과 같다.

① 무시할 수 없는 시장 이질성

아시아 공동제작의 중심축이 되는 한국, 중국, 일본의 3국 시장에는 서구시장과 비교할 때 공통적인 문화적 특성과 시장 유사성이 존재하는 것은 사실이다. 하지만 실제로는 결코 간과할 수 없는 시장의 이질성이 존재한다.

예를 들어 일본의 영화, 드라마의 특징은 한국과 다른데, 이는 양국 시장의 이질성을 보여주는 것이다. 한류 드라마가 일본에서 성공한 것은 양국 드라마 시장의 유사성이 있어서이기보다는 일본의 주류 드라마 시장에서 소외되었던 중년여성들이 한국 드라마에 공감했기 때문으로 보는 분석이 타당하다. 즉, 한국드라마 시장과 일본 중년여성 시장에 유사점이 있으나 주류시장을 놓고 볼 때 한국과 일본의 드라마 시장의 특성은 분명 다르다는 것이다. 한국, 중국, 일본의 문화콘텐츠 시장과 취향은 서구시장에 비해 상대적으로 유사점이 존재하는 것을 사실이다. 다만 시장 유사성에 기반을 둔 시장 확산은 한류드라마가 일본 중년여성들에게 공감을 불러일으켰던 것처럼 각국의 시장을 면밀히 검토하고 그 공통점을 찾아내어 이를 효과적으로 공략할 경우에 한해서만 가능하다.

아시아 시장의 공통점과 차이를 간과한 채 모든 아시아 문화콘텐츠 시장이 유사하다는 전제에서 작품을 제작할 경우 각국 시장의 이질성으로 인해 특정 국가에서 흥행에 성공하더라도 다른 국가에서는 실패할 가능성이 높다. 이는 유사한 성격의 해외시장으로의 확산이라는 아시아 공동제작의 장점을 현실화시키지 못한다는 것으로 결국 모든 아시아 시장이 동일할 것이라는 안이한 접근에서 기인하는 것이다.

② 문화콘텐츠의 특성에 따른 품질경쟁력 제고의 한계

문화콘텐츠는 창의력과 문화적 요소를 투입하여 경제적 부가가치를 창출하는 상품이다. 여기서 '문화적 요소'는 일반 상품과 구별되는 문화콘텐츠의 '경제적 특성'을 규정하는 요인으로 작용한다. 대표적인 특성중 하나가 '표준화시킬 수 있는 구체적 상품 효용의 부재'이다. 문화콘텐츠 효용은 다른 제품과 달리 구체화, 객관화, 표준화될 수 없는데, 이 표준화의 어려움은 생산요소 표준화와 분업에 기초한 과학적 생산 관리를 통해 생산요소 투입 대비 생산성을 극대화시킬 수 있다는 경영학적 논리가 적용되지 않는다는 것을 의미한다. 그러므로 다른 산업과는 달리 문화콘텐츠의 국제공동제작은 제작참여국이 상대적으로 비교우위에 있는 스토리 창작 능력, 기획력, 제작역량 등의 생산요소를 투입되더라도 이것이 곧바로 생산되는 문화콘텐츠의 경쟁력 제고를 보장하지 못한다. 이러한 중대한 차이를 간과한 채 참여국 각자가 비교우위의 생산요소를 작품에 투입하는 것만으로도 콘텐츠의 경쟁력이 제고될 것이라는 단순한 기대로 공동제작에 임했기 때문에 제작된 작품의 품질 경쟁력이 기대에 미치지 못했던 것이다.

4 아시안 문화콘텐츠 개발방안 모색

아시아 공동제작은 앞서 논의한 많은 장점을 지니고 있는 제작방식이다. 그러나 실패사례에서 확인하는 바와 같이 아시아 공동제작이 아시아 시장을 공략하는 절대적인 방안은 아니라는 것이 경험으로 판명되었다. 그렇다면 어떻게 하면 아시아 시장 소비자들 모두가 좋아할 수 있는 경쟁력 있는 콘텐츠를 개발할 것인가? 이는 '아시아 공동제작 사업구도'가 아니라 콘텐츠 자체에 초점을 둔 '아시안 콘텐츠 개발'을 통해 아시아 시장 진출방안이 모색되어야 한다는 것을 의미한다.

1. 문화의 보편성과 콘텐츠

문화권을 막론하고 방영되는 모든 나라에서 대성공을 거둔 드라마 〈대장금〉은 잘 만들어진 '영웅 이야기'가 시장에서도 성공할 가능성이 얼마나 높은 지를 증명하는 사례일 것이다. 〈대장금〉은 아프리카를 제외한 전 세계에서 방영되었고, 홍콩, 베트남, 이란 등에서 방송사상 역대 최고시청률을 경신하는 등, 방영된 모든 나라에서 폭발적인 반응을 얻었다. 한국 문화와 음식을 소재로 하고 있지만, 〈대장금〉의 성공이 한국문화의 우수성과 매력에 기인한다고 보기는 어렵다. 그보다는 이 드라마가 세계적으로 보편적인 이야기로 받아들여지는 '영웅 이야기' 방식을 따르고 있으며 또한 이를 아주 잘 만들어내었기 때문에 성공했다고 보는 것이 타당하다. 이러한 영웅설화와 신화의 범세계적인 시장 가치 때문에 많은 영화, 드라마는 그러한 소재와 이야기 방식을 따르고 있고 그 작품이 잘 만들어졌을 때 글로벌 시장에서의 성공 가능성은 매우 높았다.

신화와 영웅설화는 원시사회부터 지금까지 모든 인간사회에서 나타나는 보편적인 이야기다. 모든 문화에는 적어도 하나 이상의 기원신화가 있으며, 이는 인간의 가장 기본적인 질문인 자신의 존재에 관한 의문과 정체성에 대한 의미 부여에서 기인한다. 또한 인간의 존재와 도전, 신과의 관계 설정, 인간의 타락과 구원, 그리고 성장과 변신을 주제로 하는 영웅 설화 역시 세계 모든 문화권에서 공통적으로 발견되는 보편적인 이야기다.

많은 선행연구들이 지구상에는 수많은 사회가 존재하고 사회마다 나름대로의 문화가 존재하지만, 집단 간 사회 간 서로 다른 문화적 특성 속에서도 그 문화권의 심층적인 수준에서는 신화와 영웅설화와 같이 전 세계 문화권을 관통하는 공통점이 있다는 것을 발견하였다. 도널드 브라운(Donald Brown)은 세계 모든 문화권에서 발견되는 수많은 공통점에서 대해 열거하였는데, 그중 몇 개를 인용하면 다음과 같다.

> 은유 사용, 지위와 역할의 체계 존재, 성과 나이에 따른 노동 분업, 감정표현 통제, 초자연적 힘에 대한 믿음, 외부세력의

모방과 그에 대한 저항, 초자연적인 사건 인식, 선물주기, 의식과 음악의 연계, 성역할에 대한 차별적인 인식, 어느 정도의 불평등함과 우월함, 음담패설, 농담, 여성을 배제하는 은밀한 남성 활동, 전쟁놀이, 신화와 전설, 젊은 사람의 반항에 대한 전통적인 규제, 탄생과 죽음에 대한 의식, 우주에 질서 부여하기, 성적인 질투심, 특별한 행사에 정장 착용, 머리카락에 대한 상징적 의미부여, 나중을 위한 현재의 쾌락 연기, 가족과 타인의 구별[16)]

세계 모든 문화권을 막론하고 이처럼 많은 공통점이 존재한다는 것은 글로벌 시장을 공략하기 위한 문화콘텐츠 개발에 중요한 시사점을 제시한다. 이러한 '인간과 문화의 보편성'을 이해하고, 파악하여 그에 적절히 소구하는 콘텐츠가 개발될 수 있다면, 문화권에 상관없이 전 세계 시장에서 소비자들의 공감을 불러일으키고 성공할 수 있는 글로벌 콘텐츠의 개발이 가능하다는 것이다.

2. 소비자의 심층은유

기업들은 언제나 소비자의 마음 속 깊은 곳을 이해하려는 노력을 경주해왔다. 소비자의 심층적인 내면을 이해할 수 있다면

16) 도날드 E. 브라운(Donald E. Brown), 『Human Universals』, McGraw-Hill, 1991, pp.157-201.

소비자들이 진정으로 원하는 상품을 제조·판매할 수 있으며, 소비자들이 사랑하는 브랜드를 창조하고 소비자들이 깊이 공감하는 광고도 만들어낼 수 있기 때문이다. 소비자를 깊이 이해하기 위해서 수많은 마케팅 조사방법이 착안되고 활용되어 왔는데, 그중 하나가 1995년 하버드 대학의 마케팅 교수 제럴드 잘트만(Gerald Zaltman)이 개발한 '은유추출기법'인 ZMET(Zaltman Metaphor Elicitation Technique)이다.

이 은유추출기법은 사람의 생각은 겉으로 나타날 수 있는 것도 있지만 깊은 감정이나 무의식적인 생각, 동기 등은 개인이 의도적으로는 물론 스스로도 말하기 힘든 부분이 있기 때문에 소비자 스스로도 인식하지 못하는 심층적인 은유를 조사를 통해 추출하고자 하는 소비자 조사기법이다.

예를 들어, 양말에 대한 여성들의 심층적인 은유를 추출해봤더니 설문조사에서는 발견할 수 없었던 성적(性的) 욕구와 관련된 미묘한 감정이 발견되었고, 그에 따라 양말 광고에 '섹시하고 매력적인 캐리어 우먼의 이미지'를 투영하여 성공을 거둘 수 있었다는 것이다. 이러한 소비자 심층은유에 대한 관심은 여성 TV 시청자가 자신의 일상생활에 대해 '황량한 벌판에 외롭게 서있는 나무'를 그려왔고, 그 나무는 자신의 어머니로서의 어려움을 아무도 알아주지 않는다는 상징이며, 또한 어려움이 있어도 당당히 버티겠다는 용기의 심층 은유로 해석되어 '외롭지만 강한 여성'을 주제로 한 드라마를 제작하였다는 미국 라이프타임네트워크(Lifetime Network)의 사례처럼 방송 프로그램의 제작에도 활용될 수 있다.[17] 또한, 소비자의 마음 깊은 곳을 파고들면 들수록 표면적으로 아주 다양해 보이던 소비자들이 동일한 주제에 대해 중요한 것을 공유하고 있다는 것을 발견할 수 있으며, 이는 문화권이 다른 소비사들도 심층적인 수준에서는 많은 공통점이 있다는 것을 발견할 수 있었다는 것이다.[18]

3. 아시안 콘텐츠 개발 가능성

소비자 심층은유추출기법에서 주장하는 바와 같이 소비자의 마음속에는 특정 주제에 대한 심층적 은유가 존재한다. 이 심층은유는 소비자에게 중요한 의미를 지니며, 문화권이 다른 소비자들 사이에도 함께 공유되고 있다는 사실은 전 세계 시장 소비자들이 모두 선호할 수 있는 '글로벌' 문화콘텐츠의 개발에도 중요한 시사점을 제시한다. 문화권을 막론하고 소비자들이 특정 주제, 특정 장르에 대해 공유하고 있는 심층은유를 추출하여 이를 콘텐츠에 반영할 수 있다면 세계시장에서의 성공가능성이 큰 문화콘텐츠를 만들어낼 수 있다는 의미인 것이다.

라이프타임네트워크가 여성 시청자들이 지니고 있는 자신의 일상에 대한 은유를 드라마의 주제로 반영했듯이 세계 여성 TV 시청자들이 공유하고 있는 심층은유를 발견하여 이를 토대로

---

17) 제럴드 잘트먼(Gerald Zaltman) 저, 노규형 역, 『How Customers Think』, 21세기 북스, 2009, pp.142-143.

18) 위의 글, pp.226-227.

TV 드라마를 제한다면 혹은, '일과 사랑'에 대해 세계 20대 여성들이 공통적으로 갖고 있는 심층은유를 찾아내어 이를 반영하는 영화나 드라마를 제작할 수 있다면 글로벌 시장에서의 성공 가능성은 높아 질 것이다. 이러한 접근법은 아시아 시장을 대상으로 '아시안(Asian) 콘텐츠'를 개발하는데 활용한다면 큰 효과를 기대할 수 있을 것이다. 문화적 공통점으로 인해 아시아 지역 소비자들이 공통적으로 지니고 있는 심층 은유는 더 많고, 강력하며, 추출한 심층은유를 콘텐츠 주제나 소재로 활용하는 작업이 상대적으로 더욱 수월할 것이기 때문이다.

한국 문화콘텐츠 산업이 답보상태에 있는 해외시장 진출을 확대하기 위해서는 공동제작 사업 구도보다는 콘텐츠 자체에 대한 관심이 더욱 커져야 한다. 그리고 아시아 시장 소비자에 대한 심층적 조사를 통해 그들이 마음속으로 원하고 좋아할 수 있는 콘텐츠의 주제 및 소재를 추출하여 이를 콘텐츠 제작에 반영해야 한다. 선행 연구들에서 확인되었듯이 문화권을 막론하고 사람들은 마음 속 깊은 곳에 핵심적인 심층은유를 공통적으로 보유하고 있다. 그리고 이를 추출하여 콘텐츠 개발 · 제작에 반영하는 것은 한국 문화콘텐츠 산업의 해외시장 진출과 그를 통한 지속적 성장을 위해서 반드시 필요한 일이다.

5 결 론

한국 문화콘텐츠 산업에 있어서 효과적인 해외시장 진출방안 모색은 산업의 생존과 관련된 중요한 일이다. 한국 문화콘텐츠 산업은 그동안 아시아 공동제작의 장점에 주목하고, 다양한 아시아 공동제작 프로젝트를 통해 내수시장의 한계를 극복하고자 노력해왔다. 그러나 아시아 공동제작은 많은 장점에도 불구하고 사업구조에 대한 지나친 집착과 콘텐츠 경쟁력 자체에 대한 안이한 접근, 그리고 공동제작에 따른 어려움 등으로 인해 기대한 만큼의 성과를 내지 못하고 있다. 물론 아시아 공동제작은 효과적인 아시아 시장 진출방안으로서 지속적으로 추진, 발전시켜야 한다. 그러나 결국 중요한 것은 아시아 국가 간의 사업적 결합과 같은 사업구조가 아니라 아시아 시장 소비자 모두에게 사랑받을 수 있는 콘텐츠를 개발하는 일이다.

소비자의 심층적 니즈(Needs) 파악을 가장 중요한 과제로 삼고 있는 마케팅 분야, 그리고 문화권 간의 차이와 공통점을 연구하는 비교문화, 문화인류학 분야의 많은 연구들은 사회집단이나 문화권을 막론하고 모든 인간에게는 공통적인 보편성이 있으며 사람들의 마음 깊은 곳에는 특정 주제에 대해서 보편적으로 가지고 있는 공통점이 존재한다는 것을 주장하고 있다. 그리고 마케팅 분야에서는 소비자들 스스로도 인식하지 못하고 표현하지도 못하지만 소비자 마음 깊은 곳에 내재된 심층은유를 추출해내는 기법을 고안해왔다.

이러한 마케팅 분야에서 개발된 소비자 분석기법을 문화콘텐츠라는 상품과 관련 세계 각 문화권의 소비자들을 대상으로 적용하여, 문화권을 관통하는 소비자들의 보편적인 심층은유를 추출할 수 있다면, 이는 세계 시장에서 통용될 수 있는 '글로벌' 콘텐츠의 개발 방향을 제시하는 중요한 자료가 될 수 있을 것이다. 그리고 이러한 방법론이 우선적으로 문화 할인률이 낮은 아시아 소비자에 초점을 맞추어 적용된다면, 보다 수월한 심층은유의 추출이 가능할 것이고 그에 따라 아시아 시장에서 성공할 수 있는 '아시안' 콘텐츠 개발의 가능성은 더욱 커질 것이다. 아시아 시장에 대한 면밀한 분석과 소비자 조사가 필요한 시점이며, 이는 한국 문화콘텐츠 산업의 성장을 위해서 절실히 필요한 작업이다.

참고문헌

PWC, 「Global Entertainment & Media Outlook : 2008~2012」, 2008.

문화체육관광부, 「2009 문화산업통계」, 2010.

영화산업정책연구소 조사연구팀, 「1999~2008년 한국영화관객성향 분석」, 2009.

영화진흥위원회, 「2009년 한국영화산업결산」, 2010.

영화진흥위원회, 『한국영화의 국제화사례연구집』, 2008.9.

영화진흥위원회, 「2007년간 박스오피스」, 2008.

한국콘텐츠진흥원, 「2010년 한국콘텐츠산업 10대 전망 및 해외콘텐츠 산업 6대 전망」, 2010.

한국콘텐츠진흥원, 「애니메이션 국제공동제작 활성화방안연구」, 2009.6.

도날드 E. 브라운(Donald E. Brown), 『Human Universals』, McGraw-Hill, 1991.

제럴드 잘트먼(Gerald Zaltman) 저, 노규형 역, 『How Customers Think』, 21세기북스, 2009.

한국문화콘텐츠진흥원, 「중국－앞으로 10년 내 중국 동만작품의 천하가 올 것」, ≪해외사무소 뉴스≫, 2007.3.19.

디아스포라문학 대중화를 위한 UCC 활용 방안

강 상 대

1 머리말

문학은 태생적으로 소외되기를 원치 않으며 소통하기를 원한다. 문학작품의 질료가 언어적 소통을 전제로 하는 문자라는 측면에서 그렇고, 문자는 의미의 표상과 상징이라고 하는 기호적 속성에 의해 끊임없이 씨니피앙과 씨니피에의 소통을 추구하기

* 이 논문은 『한국문예창작』 제14호(한국문예창작학회, 2008.12)에 발표된 것임.

때문이다. 또한 문학의 창작 주체인 작가, 그리고 수용자인 독자에게 있어서도 문학작품은 자아와 세계와의 소통 기제이다. 문학은 세계를 향한 작가의 소통 욕망이 기호화된 것임과 아울러 작가의 언어를 매개로 하여 세계와 소통하고자 하는 독자의 욕망이 만나는 지점이다. 즉 문학작품은 세계와 소통케 한다는 점으로써 작가와 독자와의 만남을 가능하게 해주는 것이다.

이와 같은 문학의 태생적 성격은 대중에게 많이 알려지고 많은 사랑을 받는 문학작품에 대한 동경을 가져오기 마련이다. 이 글에서 문학 대중화와 관련된 해묵은 논의를 덧붙이는 것은 적절하지 않으므로 자세하게 짚을 수는 없지만, 문학작품이 독자들에게 널리 알려지고 널리 읽혀져야 한다는 명제는 부정될 수 없다. 문학은 소통하기 위해 태어난 것이므로, 세계와의 만남과 타인과의 교유를 위한 마당을 넓게 펼쳐가는 것이 마땅하다. 그러나 대중성을 지닌 문학작품이란 작품 자체의 창작기법, 작가의 창작의식, 독자의 수용심리, 문단 환경과 문학 시장의 생리 등 전방위적 국면과 연관되어 있기 때문에 손쉽게 구현되기가 어려운 것이 현실이다. 그래서 안타깝게도 그 태생적 성격을 거부당하고 소외된 채로 대중과의 소통 기회를 갖지 못한 작품들이 무수하며, 그렇게 잊혀져가는 작가들도 허다하다. 작품 창작에 혼신을 다한 작가, 그리고 창작의 산고를 거쳐 어렵게 태어난 작품이 독자들에게 소외당하는 것은 불행한 일이다. 문학의 풍요로운 소통을 위해서는 이러한 문학 자산의 유실을 가능한한 막아야만 한다. 문학 대중화를 위한 관심과 노력, 그리고 방법론의 모색이 적극적으로 이루어져야 하는 필요성이 여기에 있다.

그런데 우리 문학에 있어 대중과 소통하지 못하는 문학의 현실이란 측면에서 특히 주목되어야 할 것으로 '디아스포라(diaspora, 離散) 문학'이 있다. 주지하다시피 한민족 디아스포라는 "한민족의 혈통을 가진 사람들이 모국을 떠나 세계 여러 지역으로 이주하여 살아가는 한민족 분산"[1)]이며, 한국문학에서 디아스포라문학은 이러한 한민족 디아스포라의 이산 체험에서 비롯되는 정체성과 존재의식의 문제를 다루고 있다. 한민족 디아스포라문학은 조국을 떠난 이산자 또는 이주자의 문학임으로 해서 한국문학의 중심에서 벗어난 변방의 문학일 수밖에 없고, 그런만큼 조국의 독자 대중에게 쉽게 다가서지 못하는 것이 일반적이다. 근년에 러시아, 중국, 일본, 미국 등지의 해외 동포문학에 대한 연구가 활발해짐으로써 한민족 디아스포라문학의 현상과 본질에 대한 탐구는 다양하게 이루어지고 있으나, 디아스포라 작품이 문학 시장에서 독자 대중에게 수용되는 측면은 아직도 미흡한 상태인 것으로 판단된다. 한민족 디아스포라문학 역시 한국문학의 한 자산이며, 대중과의 소통이란 점에서 디아스포라문학작품도 예외가 될 수 없다. 비록 한국문학의 본류에서는 멀리 떨어져 있지만 해외 동포작가와 그들의 작품도 마땅히 우리의 독자들에게 널리 알려지고 널리 읽혀져야 하며, 이를 위해 본 연구는 디아스포라 작가 및 작품이 대중에게 폭넓게 수용될 수 있는 방안으로서 UCC(User Created Content, 사용자

---

1) 윤인진, 『코리안 디아스포라』, 고려대학교출판부, 2004, p.8.

제작 콘텐츠)의 활용을 제시하고자 한다.

디지털 시대인 오늘날의 문화 환경은 인터넷상의 사이버 공간으로 대거 펼쳐져 있다. 그렇기 때문에 인터넷 사용자들에게 보편적으로 공유되고 있는 UCC는 사이버 문화 환경의 핵심적인 실체이다. 정보화 사회의 패러다임은 문학 자체에 대한 인식과 문학의 소통 양상에 큰 변화를 가져왔으며, 사회 전반이 정보통신기술의 발달에 따른 체질 변화와 구조 개편을 겪고 있으므로 문학도 이와 같은 시대의 변화를 적극 수용하는 과정에 있다.[2] 따라서 UCC의 활용은 디아스포라 작가와 작품을 독자 대중과 소통시키는 일임과 아울러 문학을 인터넷 세상과 소통하게 함으로써 디지털 시대에 있어 대중의 문화적 수용 양태에 부응하여 새로운 문학적 전망을 여는 일이 될 것으로 본다.

2 UCC의 개념과 제작 방법

1. UCC의 유형과 함의

인터넷 환경이 '웹 2.0'[3] 시대로 변화함에 따라 일반인이 이

2) 강상대, 「디지털 스토리텔링 창작 연구」, 『한국문예창작』 6권 1호, 한국문예창작학회, 2007.6, p.7.

전보다 더욱 쉽게 정보를 생산하고 전파하는 주체가 될 수 있으며, 정보를 자유롭게 공유하고 활용하는 것이 보편화되었다. 이제 우리가 흔히 경험하는 인터넷은 블로그, 미니홈피, 클럽·카페, 네이버 지식iN과 위키백과(Wikipedia) 등의 예에서 보듯 생산자와 사용자가 분리된 일방향의 정보 유통 공간이 아니라 프로슈머(prosumer)에 의해 쌍방향의 정보 공유가 이루어지는 곳이다. 웹 2.0은 소수의 생산자가 만들어낸 값비싼 정보를 제한적으로 유통시키는 공간이 아닌, 다수의 사용자가 정보를 손쉽게 생성시키고 공유할 수 있는 참여적·개방적 공간을 구축함으로써 값싼 비용으로 풍부한 정보가 생산·유통될 수 있는 거대한 웹 플랫폼을 구현하고 있다.

> 웹 2.0은 '개방·참여·공유'라는 단어로 요약된다. 기존의 인터넷 환경이 이용자와 생산자가 분리된 상황에서 개별적 생산자가 구축한 환경을 이용자들이 이용하는 개념이었다면, 웹 2.0은 네티즌의 참여와 네티즌이 생산하는 콘텐츠를 활용하는

---

3) '웹 2.0'은 2003년 오라일리 미디어(O'reilly Media, Inc.)와 미디어라이브 인터내셔널(Media-Live International)의 IT 관련 컨퍼런스 개최를 위한 브레인스토밍 과정에서 오라일리 미디어의 부사장인 데일 도허티(Dale Dougherty)가 창안한 개념이다. 2001년 닷컴 버블이 붕괴된 이후에도 성장을 지속하고 있는 구글, 아마존, 이베이 같은 인터넷 서비스에서 공통적으로 발견되는 차별적 특성을 지적하는 맥락에서 사용되었으며, 웹 자체가 하나의 플랫폼으로서 인터넷만 연결되어 있다면 언제 어디서나 누구이든 정보를 생산·공유·저장·소비하는 데 참여할 수 있는 인터넷 환경을 뜻한다. 마케팅사관학교·김영한, 『You! UCC』, 랜덤하우스, 2007, p.26 참조.

> 것은 물론이고 제작자가 자신이 가지고 있는 응용프로그램 프로그래밍 인터페이스(API : Application Programming Interface)까지 일반 이용자에게 제공하여, 일반 이용자가 응용 프로그램을 사용할 수 있도록 지원하는 것을 의미한다.[4)]

이와 같이 웹 2.0은 개방 · 참여 · 공유를 중요한 특징으로 해서 일반 사용자들이 주체가 되는 정보의 생산 · 소비를 가능하게 하였다. 기존에는 생산자가 독점했던 응용 프로그램 프로그래밍 인터페이스를 개방하여 사용자들이 접근 · 사용할 수 있게 됨으로써 사용자가 웹상에서 직접 정보를 생성하고 자유롭게 공유 · 저장할 수 있게 되었고, 이것이 사용자의 참여를 유인함과 아울러 사용자와 사용자간의 연결을 통하여 연계성이 더욱 넓고 강한 네트워킹을 형성하는 것이다. 이런 특징을 바탕으로 해서 1인 미디어인 블로그와 미니홈피, 집단지성을 이루는 지식 iN이나 위키백과, 동영상 전문 사이트인 유투브(YouTube) 등의 예처럼 웹 2.0 서비스가 크게 활성화될 수 있었다.

일반 사용자가 상업적인 이익을 염두에 두지 않고 직접 제작하여 인터넷상에 올려 자유롭게 공유되는 콘텐츠인 UCC도 이러한 웹 2.0의 인터넷 환경을 배경으로 하여 웹상의 오락과 정보 전달, 그리고 비즈니스 모델로서 급부상한 정보 형태이다. 요즘 인터넷에서 흔하게 볼 수 있는 UCC는 사용자들이 직접 찍어 올린 동영상들을 가리킨다. 그러나 사용자가 직접 제작(생

---

4) 최민재, 『동영상 UCC와 저널리즘』, 한국언론재단, 2007, p.25.

산 및 가공)한 콘텐츠를 모두 지칭한다는 측면으로 넓게 보면 게시판 댓글, 기사형 댓글, 블로그, 미니홈피, 사진 및 동영상, 파드캐스팅(podcasting) 등 우리가 웹에서 볼 수 있는 모든 형태의 개인 창작물을 망라한다. 이를 매체별, 내용별, 형태별로 분류하면 UCC의 유형은 〈표 1〉과 같이 정리된다.

〈표 1〉 UCC의 유형

분류	유형	성격	예	
매체	텍스트 UCC	text	지식iN, 오마이뉴스	
	오디오 UCC	audio	사용자 제작 컬러링	
	이미지 UCC	image	조삼모사, 솔로부대, 읕룡타	
	동영상 UCC	video	꼭지점댄스, 아드봉 일레븐, 안의 귀환	
	UPC	Packaged	비디오 + 텍스트 메타데이터 + 이미지 메타데이터 등의 복합 콘텐츠	
내용	I-UCC	Information	- 댓글 - 이용 후기 - 사용자 노하우 - 1인 교육방송	- 만점토익강사의 무료강의
	E-UCC	Entertainment	- 사용자 제작 컬러링 - 패러디 - 1인 방송 - 오락	- 밀림닷컴 - 조삼모사, 읕룡타, 굴욕시리즈 - 아마추어 월드컵 중계방송 - 꼭지점댄스, 아드봉 일레븐
	B-UCC	Business	- 1인 홈쇼핑 - 1인 교육방송	- 주인장닷컴 - 수능강사의 과외강의

분류	유형	성격	예	
형태	UGC	Generated	A	A가 고유한 창작에 의한 콘텐츠
	UMC	Modified	A + α = A'	소스콘텐츠 A에 사용자의 아이디어 α를 덧붙인 A'는 A와 제작의도가 동일함
	URC	Recreated	A + B = C	서로 다른 콘텐츠 A, B를 조합하여 새로운 콘텐츠 C가 생성되었지만 제작의도는 A, B와 다른 고유한 아이디어로 이루어짐

※ 출처 : 김문형 · 남제호 · 홍진우, 「UCC의 동향 및 전망」, 『주간기술동향』 1262호(정보통신연구진흥원, 2006.9.6), p.5.

〈표 1〉에서 보듯 UCC는 우리가 웹을 통해 쉽게 그리고 자주 만나는 콘텐츠 형태를 대부분 포함하고 있다. 한 조사통계를 보면,[5] 우리나라의 경우 만 12~49세 인터넷 이용자의 79.5%가 최근 6개월 이내에 인터넷 멀티미디어 UCC를 보거나 이용한 적이 있고, 주평균 이용 시간은 4.4시간이었다. 또 블로그 · 미니홈피(72.4%), 포털 사이트 등의 UCC 전용 게시판(71.1%), 카페 · 커뮤니티(57.9%), UCC 전용 사이트(48.3%) 등을 통해 UCC를 이용하였으며, 이용자의 45.2%는 최근 6개월 이내에 UCC를 직접 제작하거나 가공 · 변형 · 편집하여 인터넷에 게시한 적이 있는 것으로 조사되었다. 이러한 통계는 UCC가 인터넷 사용자

5) 한국인터넷진흥원, 『인터넷 멀티미디어 UCC 제작 및 이용실태조사』, 2007.12, pp.7-17 참조.

들에게 매우 친숙한 콘텐츠이자 파급력이 큰 문화 현상임을 말해 준다.

그런데 UCC는 인터넷 사용자가 자신이 직접 만든 콘텐츠를 웹에 올려 다른 사용자와 공유하며 즐긴다고 하는 문화적 함의와 더불어 다음과 같은 경제적 · 사회적 함의도 지니고 있다. 우선 UCC는 웹 2.0 환경에 의해 인터넷 업체들이 사업자 참여형 서비스를 확대하는 과정에서 비즈니스 모델로서의 가능성을 지닌 콘텐츠로 받아들여지게 되었다는 점이 지적되어야 한다. 즉, 사용자의 참여는 사용자간의 네트워킹에 의해 다른 사용자의 참여를 이끌어 내며, 이들에 의해 생산 · 공유되는 콘텐츠는 새로운 경험의 오락과 정보를 제공함으로써 몰입을 유도하고, 이것은 다시 사용자의 참여로 확산되는 선순환 구조에 의해 서비스 가치가 창출된다. "UCC는 인터넷 정보공유 시대를 맞이한 기업의 차세대 마케팅 채널로써 다양한 범주에서 활용이 가능하며 그 잠재 가능성 또한 매우 뛰어나다"[6)]는 점이 UCC의 경제적 함의인 것이다. 또한 UCC는 사용자의 비상업적 · 비직업적 활동에 의해 제작된 콘텐츠로서 사용자 개인의 정치적인 견해나 사회 현상에 대한 의견을 담는 미디어 기능을 수행할 수도 있다. 그런데 UCC를 통한 개인 미디어 구현은 "신문사나 방송사와 같은 전통적 대중매체에서 생산된 콘텐츠와 대립되는 의미가 내포되어 있어서 미디어 콘텐츠 생산의 민주화를 반영하

6) 오세근, 「웹 2.0 경제와 동영상 기반의 UCC 패러다임」, ≪주간기술동향≫ 1285호, 정보통신연구진흥원, 2007.2.28, p.27.

는"[7] 점에서 사회적 함의를 지니고 있으며, 이것은 곧 UCC가 민주 정치와 여론 형성의 관건이 됨을 의미한다.

이러한 UCC의 다양한 함의를 볼 때 이제 UCC는 웹에 머물러 있는 사물로서의 콘텐츠이기를 벗어나서 우리의 삶을 관류하는 사회문화적 현상이자 경제적 가치창출의 기회 요소임을 알 수 있다. 물론 UCC에는 부정적인 측면도 있다. 사용자 중심의 개인적인 제작과 게이트키핑(gate keeping)을 허락하지 않는 공유는 인격권·저작권의 침해, 유해 정보와 유언비어의 확산, 정보 조작, 저급한 오락성 등과 같은 해로운 현상을 낳을 가능성이 높다. 그러므로 우리는 UCC 문화에 대한 바른 인식을 가져야 할 필요가 있고, UCC의 제작과 공유에 있어서도 UCC의 함의를 훼손시키지 않는 양질의 콘텐츠를 지향해야 한다. 이 점에 있어 문화예술의 창작 분야와 연관된 UCC 연구 및 콘텐츠 생성은 매우 바람직한 일이 될 것으로 본다.

2. UCC 제작 방법

UCC는 사용자 제작 콘텐츠라는 말 그대로 사용자가 직접 만들어야 한다는 의미와 함께 인터넷 사용자라면 누구나 접근해서 가져갈 수 있으며, 가공·변형해서 다른 새로운 콘텐츠로 만

---

7) 황용석, 「UCC와 미디어 환경의 변화」, 『국회도서관보』 44권 3호, 국회도서관, 2007.3, p.14.

들어낼 수 있다는 의미도 포함하고 있다. 그렇기 때문에 UCC는 사용자가 만들기 쉽고, 나누기 쉬운 형태로 제작되어야 한다는 것이 기본 전제가 된다.[8] 그러나 이런 전제에도 불구하고 UCC 유형, 제작 목적과 내용, 제작 작업에 사용되는 기기 및 프로그램의 종류, 사용자의 개인 취향에 따른 표현 방법의 다양성 등 많은 변수가 있기 때문에 UCC 제작 방법을 구체화하기는 어려울 수밖에 없다. 따라서 아래에서는 UCC 제작을 위한 일반적인 공정을 이해함과 아울러 사용자의 창작의식이 강화된 고품질의 UCC 제작 방법을 확인한다는 의미에서 텍스트, 오디오, 이미지, 동영상으로 구성되는 UPC(User Packaged Content) 제작 방법을 살펴보기로 한다. 우선, UCC 제작과 관련하여 일반화되어 있는 디지털 기기 및 프로그램의 예를 들어보면 〈표 2〉와 같다.

요즘처럼 UCC가 활성화된 이유 중에는 이러한 기본 전제를 충족시키는 다양한 디지털 촬영·편집 기기 및 프로그램의 보급, 그리고 앞서 살펴본바 인터넷 비지니즈 모델로서 각종 포털사이트나 UCC 전문 사이트가 공개·제공하는 UCC 제작 툴과 사용자 참여·공유의 웹공간 확대가 견인차가 되었다. 그런만큼

---

8) 이희은에 따르면, UCC가 되기 위해서는 다음과 같은 세 가지 요소가 갖추어져야 한다. 첫째, 형식적으로는 직업적 미디어 전문가가 아닌 평범한 사람이 직접 만든 것이어야 한다. 둘째, 내용면으로는 기존의 미디어에서는 다룰 수 없거나 다루지 않았던 내용으로, 제작자의 특수하고 고유한 경험이 담겨 있는 것이어야 한다. 셋째, 이렇게 만들어진 내용은 네트워크를 통해 보통 사람들도 쉽게 접근할 수 있도록 개방된 공간에 보관되어 있어야 한다. 이희은, 「놀이의 노동과 일상의 참여 : UCC의 문화적 함의」, 『UCC와 커뮤니케이션 연구』, 한국언론학회 학술세미나 자료집, 2007.3, pp.32-33.

〈표 2〉 UCC 제작에 사용되는 기기 / 프로그램

작업단계	기기 / 프로그램
촬영	- 핸드폰 카메라 - 디지털 카메라 - 디지털 캠코더
편집	- 윈도우 무비 메이커(Windows Movie Maker) - 싸이월드 스튜디오 - 매직원(Magic One) - 프리미어
기타	- 보정 : 포토샵 - 캡처 : 캠타시아 스튜디오(Camtasia Studio) - 파일변환 : Amor SWF to Video Converter

UCC 제작은 매우 간편하게 이루어진다. 가령, 핸드폰의 카메라 기능을 통해 사진을 찍고, 이를 컴퓨터로 옮겨 윈도우에 탑재되어 있는 편집 프로그램인 '무비 메이커'를 통해 텍스트 · 오디오를 넣고 장면 전환 효과를 주면 어느 정도 수준있는 UCC 파일이 생성된다. 이 파일을 판도라TV나 싸이월드 같은 사이트에 등재하면 그 UCC가 인터넷 세상으로 퍼져나가고, 사용자는 자신이 올린 UCC가 네티즌들에게 어떤 반응을 얻고 있는지 조회수를 통해 실시간으로 확인할 수가 있다.

그러나 UCC 제작에서 간편성을 지향한다는 점이 작업 공정이나 표현 기법에 아무런 고려를 하지 않고 무턱대고 제작해도 된다는 것으로 오해되어서는 안된다. 모든 콘텐츠 제작물이 그러하듯이, 면밀한 계획과 준비에 따라 창의적이고 진지하게 내용을 표현해낼 때 완성도 높은 콘텐츠로 평가받을 수 있는 것이다. 문화관광부 통계에 의하면,[9] 인터넷에 업로드되는 콘텐츠의 경우에 있어 다른 사람의 창작물을 퍼온 것이 51.1%이고 음악·방송·영상 등 상업용 저작물을 편집한 것이 24.4%, 사용자가 직접 창작한 것이 25.3%로 조사되었다. 이런 결과로 볼 때, UCC 열풍에도 불구하고 순수 창작 UCC가 부족한 상황에서 네티즌이 의도적인 창작의식을 갖고 창의적인 기법으로 표현한 UCC의 제작과 공유가 절대적으로 요청된다고 하겠다.

이러한 필요성에 따라 본 연구에서는 '디지털 스토리텔링' 창작 방법을 UCC 제작 방법으로 원용하고자 한다.[10] 즉 UCC 제작 과정을 하나의 프로젝트로 보고, 계획-준비-실행-평가로 작업 단계를 구분하여 순차적인 제작 내용을 갖추는 것이다. 교육 분야에서는 "학습자들이 스스로 질의응답을 통하여 현안 과제에 대한 문제를 찾아낸 뒤, 토론과정을 통하여 아이디어를 교환하고, 과제해결을 위한 예측, 문제의 핵심 부분을 설계, 정보수집, 정보 분석, 해결책 제시 등 활발한 커뮤니케이션을 통하여 과제를 해결하는"[11] 것을 프로젝트 중심 학습이라 부르고

9) 문화관광부, 「누리꾼 저작물 이용실태 및 저작권 인식조사」, 2006. 12, 참조.

10) 강상대, 앞의 글, pp.29-33 참조. 본 연구자는 디지털 스토리텔링 창작 방법에 의거해서 2007학년도 2학기의 대학 교양강좌로서 「UCC 스토리텔링창작」 교과목을 운영한 바 있다. 아직은 잠정적인 평가 결과이기는 하지만, 디지털 스토리텔링 창작 방법에 따라 체계적인 UCC 제작 과정을 지도하였을 때 이를 적극 실천한 프로젝트 팀에 의해 완성도 높은 콘텐츠가 생성됨을 확인할 수 있었다. 이에 대한 자세한 논의는 차후의 과제로 남긴다.

있다. 이러한 방법은 학습자가 자신의 수준에 적합한 학습 내용을 자율적으로 도출하여 자기주도적인 방식으로 이끌어 감으로써 자신의 학습 내용을 명확하고 정교하게 이해하며, 다른 학생과 상호작용함으로써 자신의 관점과 다른 학습 내용에 대해서도 경험하고 반영할 수 있다. 이런 장점에 의하여 프로젝트형 학습은 비판적이고 창의적인 사고 및 행동을 함양하는 교육에 적합한 방식으로 인정되고 있는데, 이것은 창의적인 UCC 제작을 위해서도 유용한 접근 방식으로 볼 수 있다. 즉 학습자는 곧 UCC 제작 주체인 사용자이며, 학습 내용은 UCC 제작 실습으로 환치할 수 있겠다. 이에 따라서 프로젝트형 UCC 제작 과정을 구체적으로 살펴보면 다음과 같다.

① **계획** : UCC의 테마를 설정하고 사전 조사를 실시하는 단계이다. 여기에서 테마는 콘텐츠를 통해 드러내고자 하는 표상이나 의미이다. 이 단계에서는 테마를 탐색하고 그 테마를 구현할 수 있는 관점 또는 표현 기법의 도출, 테마와 관련된 사건이나 현상 또는 사물에 대한 기초자료 조사 등이 포함된다.

② **준비** : 설정된 테마를 구현할 수 있는 구체적인 방법과 경로 탐색의 단계이다. 사진 및 영상 자료의 확보, 텍스트

11) 권성호 · 서윤경, 『교육공학적 관점에 따른 미디어교육의 이론과 실제』, 한울, 2005, p.156.

자료에 대한 분석 등을 통한 기본 지식의 확보, 디지털 기기나 프로그램 환경 구축 등을 통해 실제 UCC 촬영·편집 작업을 수행하는 단계로 진입할 수 있는 조건을 갖추어 놓는다.

③ **실행** : UCC 제작 실제를 수행하는 단계이다. 이 단계에서는 미디어 사용 능력, 창조적인 상상력, 표현 기법, 지적 능력 등이 통합되어 스토리보드 작성, 사진·영상 촬영, 편집 작업을 실행하게 된다. 이 단계의 작업 과정 속에 이전 단계인 계획-준비 작업 내용이 모두 수렴되며, 그것이 콘텐츠의 표상으로 구현되는 지점이라는 점에서 UCC 제작의 핵심 부분이다.

④ **평가 및 활용** : 프로젝트 결과물에 대한 가치 판단과 활용 단계이다. 생성된 콘텐츠에 대하여 자체 평가를 거쳐 수정·보완하고, 웹상에 등재하여 다른 사용자에게 공개·제공함으로써 사용자들의 평판과 주목을 받게 된다. 이 콘텐츠는 오락이나 정보 매체로서 웹콘텐츠로 기능하며, 다른 사용자들에 의해 가공·변형되어 새로운 콘텐츠로 탄생하기도 한다.

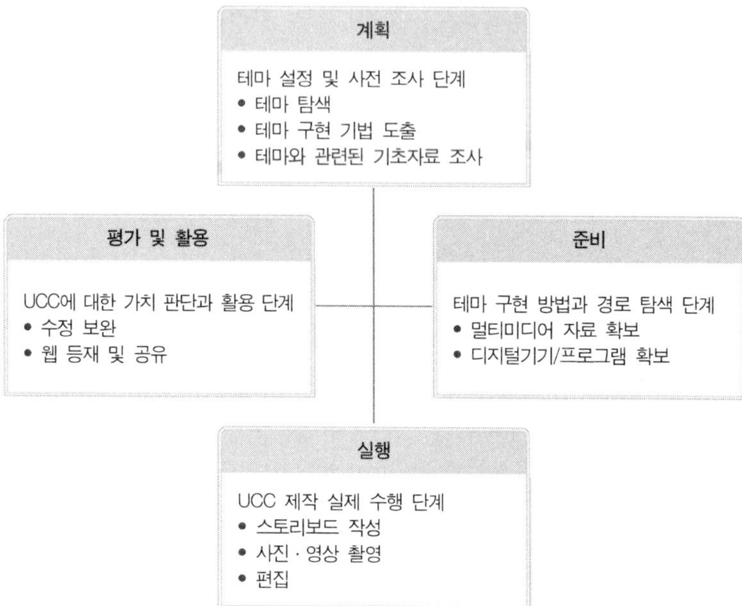

〈그림 1〉 UCC 제작 과정

이상과 같은 UCC의 제작 방법은 표면상으로는 단계 구분이 명확하게 드러나 있지만, 실제 제작 과정에서는 연계 · 순환 방식으로 진행될 가능성이 크다. 가령 계획-준비 단계를 거쳐 실행 단계에 이르렀다고 할지라도 UCC 편집 과정에서 사진 · 영상 자료와 관련된 새로운 정보와 데이터가 필요하게 되며, 이때 다시 계획-준비 단계로 돌아가서 작업이 진행될 수가 있는 것이다. 또 평가 및 활용 단계에 이르러서도 계획-준비 단계, 실행 단계로 되돌아가야 하는 경우도 예상된다. 이것은 UCC가 결코 즉흥적 · 즉시적 작업의 산물이 되어서는 안된다는 점을 시사하는 내용이다. 즉 UCC가 비록 누구나 손쉽게 제작할 수 있는 가능성과 장점을 지니고는 있지만, 네티즌들에게 바람직한 웹콘텐츠로 기능할 수 있는 완성도 높은 UCC를 생성시키기 위해서는 제작 방법상의 면밀한 작업이 필요하다.

3 UCC를 활용한 디아스포라문학 대중화 방안

1. 디아스포라문학 UCC의 구성

'디아스포라문학 UCC'란 디아스포라 작가 및 작품을 테마로 하여 생성된 UCC를 가리킨다. 다시 말하면, 일반적인 UCC 형태로 제작되고 웹상에서 공유되지만 디아스포라문학이라는 특정한 테마를 구현한다는 점에서 디아스포라문학 UCC라는 명칭을 사용하는 것이다. 서두에서 밝혔듯이, 비록 지리적으로 우리나라를 벗어나 있기는 하지만 디아스포라문학도 우리나라 대중과 소통해야 마땅한 한국문학의 소중한 자산이다. 특히 디아스포라문학은 대부분의 한국인이 경험하지 못한 국외로의 이산·이주 체험을 통하여 한민족으로서의 정체성에 대한 성찰을 담기 마련이므로, 한국문학의 또다른 양상과 전망을 보여줄 수 있다. 이러한 디아스포라문학의 의의는 작가의 창작 영역이나 연구자의 학술 영역에서만 찾을 것이 아니라 독자 대중과의 소통에서도 찾을 필요가 있다. 디아스포라문학의 대중적 소통을 위해 UCC를 활용하는 일의 의미를 여기에서 보게 된다.

독자 대중과의 소통을 유도한다는 점에서 디아스포라문학 UCC의 내용은 우선 디아스포라문학에 대한 정보를 담고, 그 정보는 텍스트 · 오디오 · 비디오 등 멀티미디어 데이터로 구성되어 공감각적 감성에 호소함으로써 사용자의 관심과 흥미를 이끌어야 한다. 따라서 디아스포라문학 UCC는 매체별 유형으로 보자면 앞서 UCC 제작 방법의 예로 든 UPC 형태가 적절한 것으로 판단된다. 또 목적별 유형으로 볼 때는 정보 제공을 주목적으로 하는 I-UCC(Information UCC)가 될 것이며, 형태별 유형으로 볼 때는 사용자의 창의적인 아이디어가 기반이 되는 UGC 또는 URC의 성격을 갖는다(〈표 1〉 참조). 즉 디아스포라문학 UCC의 유형적 성격은 멀티미디어 콘텐츠로서 문학예술을 기반으로 하는 양질의 정보를 담고 있으며, 그 정보는 사용자의 창의적인 표현 기법에 의해 구현되는 콘텐츠를 지향하고 있는 것이다.

현재 웹상에 공유되고 있는 UCC는 텍스트 기반 UCC로부터 동영상 기반 UCC로 변화된 상태이며, UPC는 동영상 UCC가 좀 더 멀티미디어적으로 강화된 성격을 지닌다고 할 수 있다. 그러므로 디아스포라문학 UCC를 UPC 형태로 제작하는 것은 I-UCC의 목적을 더욱 적극적으로 실현하고, 사용자의 창의성을 더욱 적극적으로 반영할 필요가 있다는 점을 시사한다. 이러한 지향점을 갖고 디아스포라문학 UCC는 다음과 같은 구체적인 내용으로 구성될 수 있으리라 본다.

첫째, 작가 중심 콘텐츠이다. 역사주의적인 관점에서 작가의 삶, 문학적 연대기, 작품 세계나 경향, 대표작품 소개, 작가의 문학사적 위상, 작가와 관련된 사회적 사건 등을 사진과 영상, 텍스트로 구성한다. 콘텐츠의 중심에 작가가 놓이므로 작가와 관련된 사진 · 영상 자료의 확보, 작가의 전기적 측면에 대한 정확한 이해, 사용자의 흥미를 끌 수 있는 인상적인 텍스트 작성이 좋은 콘텐츠 구성의 관건이 된다.

둘째, 작품 중심 콘텐츠이다. 하나의 작품이나 작품집을 대상으로 집중적인 조명을 하는 내용이 여기에 포함된다. 작품의 배경, 스토리, 인물, 명구 및 명문장, 작품 창작의 뒷이야기, 작품의 문학사적 위상, 작품과 관련된 사회적 사건 등 작품(작품집)을 소개하고 이해를 넓힘으로써 사용자들의 관심을 유도하는 내용이 되겠다. 이 역시 작품의 내용과 주변 이야기를 사용자에게 흥미진진하게 전달해 줄 수 있는 사진 · 영상 자료의 확보와 텍스트 작성이 중요한 요소이며, 필요한 경우 작품의 내용을 표현할 수 있는 사진 · 영상을 연출하여 촬영하는 방법도 쓸 수 있다.

셋째, 작가 · 작품 중심 콘텐츠로서 작가와 작품을 아울러 중심에 놓는 구성이다. 작가 중심 내용과 작품 중심 내용을 모두 포함시킬 수 있기 때문에 자료적인 풍부함이 장점이 될 수 있지만, 구성이 산만해질 수 있는 단점도 있다. 그러므로 작가와 작품의 연결고리를 잘 설정해서 집중력을 잃지 않도록 할 필요가 있다.

그리고 이상의 세 가지 방식 외에 문단사나 문학사를 배경으로 하여 하나의 사건·일화 속에 작가 또는 작품을 부각시키는 구성, 역사적·사회적 사건을 배경으로 하거나 여행·답사의 과정 속에 작가 또는 작품을 조명하는 구성 등 다양한 방식이 상정된다. 이와 같은 콘텐츠 구성 방식으로 볼 때, 디아스포라문학 UCC를 제작하기 위해서는 계획 및 준비 단계에서부터 미리 그 구성 방식을 고려한 작가 및 작품 조사와 멀티미디어 자료 확보가 수행되어야 함을 알 수 있다. 이것은 제작상의 불필요한 시간과 노력을 줄이는 방법인 동시에 콘텐츠 자체의 완성도를 높이기 위해서도 전제되어야 할 점이다. 디아스포라문학 UCC는 사용자가 의도하고 있는 특정한 테마를 선명하게 드러내기 위한 기법과 표현을 담는 하나의 창작품으로 받아들여져야 한다. 즉 디아스포라문학 UCC가 UPC, I-UCC, UGC/URC의 성격을 충분히 확보하여 수준 높은 콘텐츠로 생성되기 위해서는 제작 과정의 전 영역에서 창작인으로서의 의식과 노력이 필요하다.

UCC 제작 내용을 조사한 통계에 따르면, '가족·친구·연인 등(51.0%)'을 내용으로 한 것이 가장 많고, 그 다음으로 '연예인·방송연예 등 엔터테인먼트(35.6%)' '영화·애니메이션(35.6%)' '음악(33.5%)' 순이었으며, '업무·학습'은 28.5%에 머물렀다(복수응답에 의한 통계임).[12] 이것은 현재 사용자들의 UCC 제작 내용이 전반적으로 흥미 위주에 머물러 있음을 확인시켜 준다. 이런

12) 한국인터넷진흥원, 앞의 책, p.18.

실태가 지속된다면 "우리나라의 UCC 문화는 질보다는 양이, 넷 세상을 비옥하게 해줄 콘텐츠보다는 단순 신변잡기 식의 콘텐츠가 주종을 이루는 실정이다. 결과적으로 동영상 UCC가 인터넷 문화의 질을 끌어 올리는 데에는 실패했다"[13]는 비판에서 벗어나기가 어렵다. 디아스포라문학 UCC의 성격과 내용은 이러한 문제에 대한 하나의 해답이 될 수 있으리라 본다. 문학적 정보 내용과 사용자의 창작 의식이 풍부하게 반영되는 디아스포라문학 UCC는 '건전한 UCC 활성화를 위한 정책 방향'[14]과도 부합하는 매우 긍정정인 측면을 지니고 있는 것이다.

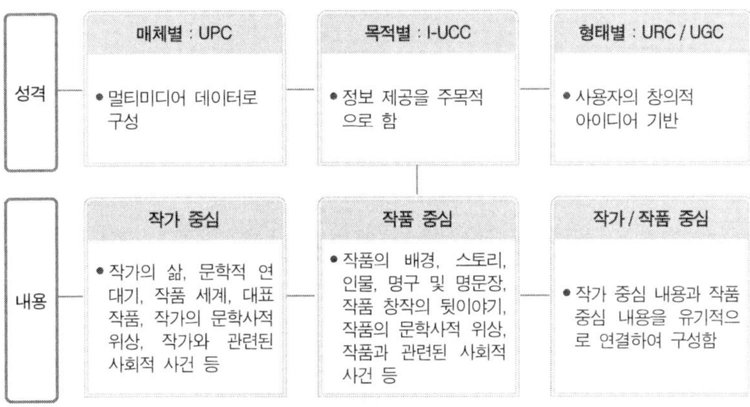

〈그림 2〉 디아스포라문학 UCC의 구성

13) 이설영, 「UCC 열풍은 '속빈 강정'?」, ≪아이뉴스24≫, 2008.3.20.

14) 주용완 · 류석상, 「건전한 UCC 활성화를 위한 정책 방향」, 한국인터넷진흥원 인터넷이슈리포트, 2008.5, 참조.

2. 디아스포라문학 대중화를 위한 UCC의 활용

디아스포라문학이 독자 대중과의 소통에 어려움을 지닐 수밖에 없는 이유를 들어보면, 우선 문학 외적인 국면에서는 지역적인 문제가 대두된다. 국외의 문학이 국내의 문학보다 소외될 가능성이 크다는 점은 문학 시장의 생리에 따른 것이다. 작가에 대한 인지, 작품 출판·보급의 기회, 언론에의 노출 등은 문학이 대중화하는 기본적인 요소들이기 때문에 디아스포라문학이 지닌 지역적인 거리상의 문제는 넘기 힘든 벽이 되는 것이다. 그리고 문학 내적인 국면에서는 디아스포라문학 자체가 우리의 독자 대중에게 선뜻 다가서기 힘든 문화적 경험이라는 점을 들 수 있다. 다른 지역에서 다른 경험으로 살아온 재외 동포 작가들의 문학이 우리 독자 대중에게 쉽게 익숙해지기는 어려운 일이다. 물론 낯선 경험이 주는 유인점도 있겠으나, 오랫동안 국내의 문화적·문학적 풍토에 길들여진 독자 대중을 흡입하기에는 디아스포라문학의 '낯섬'이 너무 강하게 다가오는 듯하다. 그렇기 때문에 디아스포라문학의 대중화는 지역적·문화적 낯섬을 떨쳐내는 것부터 시작되어야 할 것이며, 디아스포라문학 UCC가 일정 부분 그 역할을 할 수 있을 것으로 기대된다.

앞서 살펴보았듯이 UCC는 우리나라 대중이 가장 널리 접하고 있는 인터넷 공간의 문화 매체로서, 우리에게 매우 친숙하고 파급력이 강한 정보 소통의 매개물이자 오락물이다. 이것은 누구나 만들 수 있고, 누구나 가져가서 나눌 수 있는 UCC의 특징에 의해 가능한 일이었다. 이러한 일반적인 UCC의 특징을 디아스포라문학 UCC도 동일하게 지니게 될 것이므로, 인터넷을 통하여 대중에게 더욱 가깝게 다가설 수 있는 가능성을 지니는 것이다. 즉 디아스포라문학 UCC도 누구나 쉽게 만들어서 넓게 나눌 수 있으므로, 디아스포라문학이 지닌 지역적 · 문화적 한계점을 극복할 수 있게 된다. 이러한 측면에서 디아스포라문학 대중화를 위한 UCC의 가능성을 정리하면 다음과 같다.

첫째, 제작 주체의 다양성이다. 디아스포라문학 UCC는 작가, 독자, 비평가(연구자), 출판업자 등 누구나가 UCC를 제작해서 웹상에 올려놓을 수가 있다. 자신이 가지고 있는 간단한 디지털 기기를 사용하거나 인터넷 서핑을 통하여 데이터를 확보하고, 주변에서 쉽게 구할 수 있는 프로그램으로 편집해서 콘텐츠를 만들고, 누구에게나 개방되어 있는 UCC 관련 사이트에 올려서 공유가 가능한 것이다.

둘째, 제작 방법의 용이성이다. 제작 방법에 있어 손쉽게 UCC를 제작할 수 있다는 용이성이 큰 강점이다. 인터페이스가 잘 만들어진 편집 프로그램이 무상으로 많이 제공되고 있어 편집 작업에 그다지 어려움이 없고 여타의 작업 과정을 수행하는 데도 제작비 부담이 거의 없다. 또 UCC를 웹에 올리고 공유하는 데도 비용이 들지 않는다. 이것은 홍보비 또는 광고비 부담이 전혀 없이 작가 또는 작품(작품집)을 인터넷 세상의 독자에게 널리 알리는 것이 가능함을 뜻한다.

셋째, 소통의 용이성과 파급성이다. 웹에 올린 UCC는 대중과

즉시적으로 소통하며, 그 소통을 제한하거나 통제하는 것은 거의 불가능하다. 사용자가 웹에 올린 UCC는 사용자 자신이 스스로 삭제하지 않는 한 그대로 남아 있으며, 다른 사용자의 손에 의해 사이트를 옮겨가서 새로운 집을 짓고 머물게 된다. 그런 과정 속에서 어떤 UCC가 대중의 관심을 불러일으키게 되는 경우, 디지털 콘텐츠의 속성상 엄청난 파급성을 보이며 웹공간으로 퍼져나간다.

넷째, 활용의 다양성이다. 디아스포라문학 UCC는 웹상에 올려 네티즌에게 정보와 오락으로 제공되는 기본적인 활용 방식 이외에 다양하게 활용될 수 있다. 가령, 작가의 홈페이지에 올려 독자와 상호작용을 할 수 있는 디지털 스토리텔링 데이터로 사용할 수 있으며, 문학관이 있는 작가라면 전시실 내에서 상영하는 디지털 콘텐츠로도 활용이 가능하다. 또 작가의 기념사업을 추진하는 경우라면 공모전 같은 이벤트나 각종 행사 프로그램과 연관하여 사용할 수 있겠고, 교육 현장에서는 수업용 멀티미디어 자료로 활용할 수도 있으리라 본다. 또한 작가와 관련된 사회운동, 문화사업의 홍보 자료로도 활용이 가능하리라 생각된다.

이와 같이 디아스포라문학을 대중화함에 있어 UCC가 기여할 수 있는 측면은 매우 다양하다. UCC를 활용할 경우 작가 또는 작품(작품집)에 대한 광고 및 홍보 가능성은 더 이상 제작비나 매체, 시간이나 공간의 제한을 받지 않는다. 언제 어느 때, 그 누구라도 디아스포라 작가 또는 작품에 대한 UCC를 제작 · 공유함으로써 그 정보 접근성은 이전과는 비교할 수 없이 확장되며, 이에 따라 우리의 문학 대중은 디아스포라문학에 대한 낯섬을 극복하고 한국문학의 또다른 영역을 수용할 수 있는 기회를 갖게 되는 것이다.

4 맺음말

이상에서 한국문학의 변방에 머물러 있는 한민족 디아스포라문학의 작가 및 작품을 독자 대중에게 널리 소통시키기 위해 UCC를 활용하는 방안을 제안하고 그와 관련된 논의를 전개하였다. 기존의 신문·방송이나 잡지·출판 같은 전통 미디어를 기반으로 하는 정보 소통 체계가 생산자에 의해 생성된 정보를 사용자가 일방적으로 받아들이는 형태였다면, 인터넷을 기반으로 하는 웹 2.0의 미디어 환경은 사용자가 직접 정보를 생산하고 유통시킬 수 있게 되었다. UCC는 인터넷 세상의 주체가 바로 사용자임을 표상하는 정보 형태로서, 사회문화나 산업경제 등 각 분야에서의 함의가 논의되고 있다. 그러나 UCC에 대한 학문적 연구는 초기 단계라고 할 수 있으며, 특히 문학 분야와 UCC가 연계된 학술적 탐구는 본 연구에 의해 처음 시도되는 것으로 아직 미답의 상태라고 하겠다. 따라서 본 연구에서의 논의는 후속 연구에 의해 보완되고 확장되어야 할 것인바, 본 연구를 통해 디아스포라문학이 인터넷 세상의 화두로 떠올라 있는 UCC와 만남으로써 우리 독자 대중에게 좀더 다가설 수 있는 가능성을 보게 되었으면 한다.

한민족 디아스포라문학은 "그 삶의 터전에서 솟아오른 문학적 산출"15)이므로 러시아, 중국, 일본, 미국 등 한민족이 분포되어 있는 세계 각국으로 한국문학의 영역을 넓히는 방법이 된다. 그렇지만 이와 같은 한국문학의 영역 확대는 학문적 논의로 그칠 것이 아니라 우리의 독자 대중에게 그 작가와 작품이 수용될 때에 진정한 의미를 갖게 된다. UCC는 전문적인 기술이나 자본을 가지지 않고도 쉽게 만들어서 널리 공유할 수 있는, 인터넷 사용자들이 아주 친숙하게 받아들이고 파급 효과가 큰 정보 콘텐츠이다. 디아스포라문학과 관련된 정보를 담은 UCC가 웹상에서 사용자에게 널리 수용될 경우 기존에 디아스포라문학이 지녔던 지역적·문화적 제한점은 충분히 극복될 수 있으리라 본다. 시공간의 한계를 넘는 사이버 공간의 특성상, UCC에 담긴 디아스포라문학은 더 이상 국경 너머의 변방에 존재하는 낯선 한국문학이 아닌 것이다.

본 연구는 UCC를 활용하여 디아스포라문학을 대중화하는 방안을 탐색하는 데 논점을 두고 있으므로 디아스포라문학 UCC의 구체적인 콘텐츠 제작 및 활용 사례에 대한 고찰은 후속 연구과제로 남겨 두었다. 이미 언급하였듯이, 문학 분야와 관련하

15) 김종회 편, 『한민족 문화권의 문학』, 국학자료원, 2003, p.399.

여 UCC를 다룬 학술적 연구가 희소하기 때문에 이론적인 고찰과 실천적인 사례에 대한 연구는 앞으로 다양하게 수행되어야 할 필요가 있다. 문학 분야에서의 UCC 활용은 이미 정전화되어 있는 문학, 권력화되어 있는 문학 제도를 넘어 독자들과 새로운 소통을 추구하는 문학의 새로운 가능성으로 열려 있기 때문이다.

참고문헌

문화관광부, 「누리꾼 저작물 이용실태 및 저작권 인식조사」, 2006.12.

한국인터넷진흥원, 「인터넷 멀티미디어 UCC 제작 및 이용실태조사」, 2007.12.

권성호·서윤경, 『교육공학적 관점에 따른 미디어교육의 이론과 실제』, 한울, 2005.

김종회 편, 『한민족 문화권의 문학』, 국학자료원, 2003.

윤인진, 『코리안 디아스포라』, 고려대학교출판부, 2004.

최민재, 『동영상 UCC와 저널리즘』, 한국언론재단, 2007.

강상대, 「디지털 스토리텔링 창작 연구」, 『한국문예창작』 6권1호, 한국문예창작학회, 2007.6.

오세근, 「웹 2.0 경제와 동영상 기반의 UCC 패러다임」, ≪주간기술동향≫ 1285호, 정보통신연구진흥원, 2007.2.28.

이설영, 「UCC 열풍은 '속빈 강정'?」, ≪아이뉴스24≫, 2008.3.20.

이희은, 「놀이의 노동과 일상의 참여」, 『UCC와 커뮤니케이션 연구-학술세미나자료집』, 한국언론학회, 2007.3.

주용완·류석상, 「건전한 UCC 활성화를 위한 정책 방향-인터넷 이슈리포트」, 한국인터넷진흥원, 2008.5.

황용석, 「UCC와 미디어 환경의 변화」, 『국회도서관보』 44권3호, 국회도서관, 2007.3.

재일한민족문학의 이야기가치와 문화콘텐츠적 활용양상 연구
- 가네시로 가즈키의 소설 「GO」를 중심으로

최 수 웅

1 재일한민족문학의 현재적 의미

그동안 '재일한민족문학(在日韓民族文學)'[1]은 한국과 일본, 두

* 이 논문은 『한국문예창작』 제16호(한국문예창작학회, 2009.12)에 발표된 것임.

1) 이 용어는 아직 일반적으로 사용되는 것은 아니다. 초창기의 국적을 따라서 '재일조선인(在日朝鮮人)'이란 명칭이 통용되다가, 북한과 구분하여 남한 국적을 소유했다는 의미에서 '재일한국인(在日韓國人)'이

나라에서 모두 '비주류' 혹은 '변방'의 문학으로 인식되어 왔다. 물론 지금까지 재일한민족 작가들이 일본 문단에서 거둔 성과는 결코 적은 편이라 할 수 없다.[2] 또한 그 성과들 대부분이 한국에 번역·소개되어 독자들의 관심을 끌기도 했다. 그럼에도 불구하고 일본의 여타 작가들과 비교하자면, 재일한민족 작가와 작가들이 가지는 현실적 위상과 지위는 그리 높은 편이라고 할 수 없다.

지금까지 진행되었던 논의들은 이런 현상을 재일한민족에게 가해진 차별의 하나라고 추론했는데, 이는 일정 부분 타당하다. 비록 드러나지 않았다 하더라도, 암암리에 혹은 무의식적으로 차별과 따돌림이 진행되었던 것은 분명한 사실이기 때문이다. 그러나 민족 차별만을 온당한 평가가 이루어지지 못했던 원인으로 부각시키는 태도 역시 타당하지 않다. 단지 차별 때문이라

라는 용어가 사용되었다. 그러나 대상자들 중에는 여전히 조선국적을 유지하는 경우도 많고, 일본에 귀화하는 경우 또한 늘고 있기 때문에, 이들 명칭은 모두 적합하다고 보기 어렵다.
이러한 한계를 극복하기 위해서는 '국적'이라는 정치적 기준보다는 '민족'이라는 문화적 기준이 제기되어야 할 것이다. 이러한 관점에서 이 논문에서는 '재일한민족문학'이라는 용어를 사용하고자 한다.

2) 1973년 이회성(李恢成)이 단편소설 「다듬이질하는 여인(砧をらつ女)」으로 제66회 아쿠타가와상[芥川賞]을 수상한 이후, 1989년 이양지(李良枝)가 「유희(由熙)」로, 1997년 유미리(柳美里)가 「가족시네마(家族シネマ)」로, 2000년에는 현월(玄月)이 「그늘의 집(蔭の棲みか)」으로 같은 상을 수상하여 작품성을 인정받았다. 대중적인 측면에서는 1998년 양석일(梁石日)이 「피와 뼈(血と骨)」로 야마모토슈고로상(山本周五郎賞)을 수상했으며, 2000년 가네시로 가즈키(金城一紀)가 「고(GO)」로 "대중문예의 신진작가"에게 수여되는 나오키상[直木賞]을 수상하기도 했다.

면, 재일한민족의 모국(母國)인 한국에서도 이들의 작품보다 여타 일본작가들의 작품이 보다 주목받는 이유를 설명할 수 없기 때문이다.

이러한 한계를 극복하기 위해서는, 앞으로의 재일한민족문학에 대한 논의가 특수성보다 보편성을, 집단서사보다 개인서사를, 정치적 이데올로기보다 정서적 동질성을 강조하는 방향으로 진행되어야 한다는 주장이 재기되고 있다.[3)]

이와 같은 논의는 최근 주목받고 있는 '다문화사회'의 문제와 결합될 때 보다 중요한 의미를 형성한다. 1990년대 이후 한국과 일본은 다문화사회로 접어들었다. 이는 세계 각국에서 동시다발적으로 진행되고 있는 '세계화' 경향, 즉 월경(越境)과 이동을 통한 민족과 문화의 혼합에 영향을 받은 것이다. 다문화사회에서는 "지금까지의 '단일민족=단일문화=단일국가'라는 일원적 정체성의 존재방식"으로는 설명할 수 없는 사회문제가 도출되기 마련이며, 그를 설명하는 과정에서 '혼혈(creole)'과 '디아스포라(diaspora)' 등을 주요 개념으로 하는 다원적 정체성이 주목받게 된다.[4)]

---

3) 이러한 주장은 2000년대에 접어들면서 본격적으로 제시 되었는데, 대표적인 것만을 언급하면 다음과 같다. : 유숙자, 「1945년 이후 재일한민족 소설에 나타난 민족적 정체성 연구」, 『재일한민족 문학연구』, 월인, 2000.; 김환기, 「재일 코리언 문학의 계보」, 김환기 편, 『재일 디아스포라문학』, 새미, 2006.; 이소가이 지로(磯貝治良), 「변모와 계승－'재일'문학 60년」, 전북대학교 재일동포연구소 편, 『재일동포문학과 디아스포라 1』, 제이앤씨, 2008.

4) 김태영(金泰泳) 저, 강석진 역, 『저항과 극복의 갈림길에서－재일동포의 정체성, 그 역사와 현재 그리고 미래(アイデソティティ・ポリティ

바로 여기에서 재일한민족문학의 현재적 의미를 확인할 수 있다. 한국과 일본 간의 문화예술 교류가 활발해지면서 재일한민족을 다룬 문화콘텐츠 작품들이 활발하게 발표되고 있는데,5) 이는 그들의 이야기에 내포된 중간자적 성격, 즉 한국과 일본 사이의 '문화적 교량' 역할을 담당할 수 있다는 특성 때문이다. 이러한 관점에서 보자면, 재일한민족은 '중요한 소수자집단'이라고 할 수 있으며, 이들의 정서와 입장을 반영하고 표현했다는 점에서 재일한민족문학은 중요한 의미를 가진다.

이는 문학 분야에만 한정된 논의가 아니다. 오히려 문화콘텐츠의 원작으로 활용될 때 재일한민족문학의 가치는 더욱 고양될 수 있다. 바로 이것이 지금까지의 연구에서 간과되었던 부분이다. 이 논문은 이러한 한계를 극복하기 위해서 원작 소설이 가진 이야기가치와 문화콘텐츠로의 활용양상을 함께 검토하고자 한다.

대상으로 선정한 작가는 "엔터테인먼트 재일문학의 창시자"라

クスを超えて－在日朝鮮人のエスニシティ)』, 지식산업사, 2005, p.89 참고.

5) 거의 모든 문화예술 분야에서 예를 찾을 수 있지만, 영화 분야만으로 범위를 한정시켜보면 다음과 같다. 한국영화 중에는 프로레슬러 역도산(力道山)을 다룬 송해성 감독의 〈역도산〉(2004)과 극진가라테의 창시자 최영의(崔永宜)를 다룬 양윤호 감독의 〈바람의 파이터〉(2004) 등이 대표적이고, 일본영화 중에는 가네시로 가즈키의 소설을 원작으로 한 유카사다 이사오(行定勳) 감독의 〈GO〉(2001)와 양석일의 소설을 원작으로 한 최양일(崔洋一) 감독의 〈피와 뼈〉(2004), 이즈츠 카즈유키(井筒和幸) 감독의 〈박치기!(パッチギ!)〉(2004)와 후속편 〈박치기!－러브&피스(パッチギ!－Love & Peace)〉(2007) 등이 대표적이다.

고 평가되는 가네시로 가즈키이다. 그는 재일한민족문학의 전통을 계승하면서도, 영상예술을 비롯한 문화콘텐츠적인 요소를 작품 속에 적극적으로 도입했다는 점에서 이야기가치와 활용 가능성 및 양상을 확인하는데 적합한 대상이라고 판단되었다. 특히 나오키상 수상작이자 그의 대표작인 「GO」에 이러한 특징이 두드러지게 표출되었기에, 이 작품을 텍스트로 하여 논의를 진행하고자 한다.

2 이야기가치 분석

문학작품은 문화산업의 각 분야에서 원천소스로 활용할 수 있는 이야기를 제공한다는 점에서 문화콘텐츠와 연관된다. 그러나 모든 문학작품이 문화콘텐츠로 활용되는 것은 아니다. 문화콘텐츠의 창작자들은 대부분 작품성보다는 '이야기가치(story value)'를 원작 선정의 기준으로 삼고자 한다.

이는 문학과 문화콘텐츠의 창작 활동이 가지는 본질적인 차이 때문이다. 문학작품 창작이 예술 활동인데 비해서, 문화콘텐츠 창작은 산업 활동에 속한다. 산업 활동은 이윤 혹은 가치를 창출하는 데 목적이 있다. 특히 문화콘텐츠는 대표적인 '고위험 고부가가치(high risk high return)' 산업이기 때문에, 위험요소를 제거하는 작업이 중요하게 다루어질 수밖에 없다. 그러므로 문화콘텐츠 분야에서 '이야기가치'는 작품의 독창성과 의미를 바탕으로, 상업적 흥미요소, 대중적 인지도, 각색의 용이성 등등을 함께 고려하는 다소 포괄적인 개념이라 하겠다.

그러므로 '이야기가치'에 대한 분석은 기존의 연구 성과와 차별되는 새로운 해석을 도출하는 데 목적을 두지 않는다. 오히려 지금까지의 논의를 종합하고 정리하여, 그것을 문화산업 현장에 적용할 수 있는지 여부를 확인하는 작업에 보다 주력한다. 물론 그 과정에서 전혀 새로운 가치가 제시될 수도 있지만, 그것은 어디까지나 결과이지 목적이 될 수 없다. 앞서 설명했던 것처럼, 이야기가치에 대한 검토는 산업적인 위험요소를 제거하는 작업이기 때문이다.

이런 측면에서 보면, 문화콘텐츠의 원작으로 활용되는 것은 지극히 일반적이고 보편적인 일이지, 재일한민족문학만의 특수한 상황이라 하기는 어렵다. 오히려 흥행을 고려하면 소수집단의 문학보다야 다수가 즐기는 문학이 더욱 높은 이야기가치를 가진다는 지적도 가능할 것이다. 그러나 문화예술을 발전시키는 에너지는 언제나 소수자집단의 이야기와 표현기법을 적극적으로 수용할 때 형성되었다는 사실을 간과해서는 안 된다.[6] 더구나 문화콘텐츠의 시장은 자국에 한정되는 것이 아니라 세계를 대상으로 확대되고 있으며, 이에 따라서 "각 지역의 취향과 특

6) 마르코 마르티니엘로(Marco Martiniello) 저, 윤진 역, 『현대사회와 다문화주의(*Sortir des Ghettos Culturels*)』, 한울, 2002, pp.92-93 참고.

징을 고려"하는 이른바 '글로컬리즘(glocalism)' 개념 및 마케팅 전략이 도입되고 있다는 사실 역시 주목되어야 할 부분이다.[7]

재일한민족문학은 소수자집단의 발전적 에너지를 태생적으로 내포하고 있다는 점에서 고려의 대상이 된다. 특히 「Go」는 "재일한민족문학에 대한 일반 관념을 혁명적으로 바꾸어놓았다"[8]는 평가를 받고 있기 때문에, 재일한국인문학의 가진 이야기가치를 설명하는데 매우 적합한 예시가 된다.

1. 보편적 이야기구조의 구현

가네시로 가즈키는 "재일 조선인이라는 '정체성'을 지우는 대신, 오히려 그 마이너리티와 차별적인 현실에 대해 당당히 '발언'하고, 이를 통해 작품의 극적 구성과 흥미를 배가"[9]시키는 창작방법을 활용해 왔다.

이는 소설 「GO」에도 그대로 적용된다. 재일한민족 3세 남자 고등학생 '스기하라(杉原)'를 화자이자 주인공으로 내세워, 민족

7) 2001년부터 사용되었던 '글로컬리즘'이란 용어는 이제 정치·경제·사회·문화 등에서 두루 쓰이고 있는데, 특히 일본의 문화예술 분야에서 진행되고 있는 클로컬리즘 전략에 대해서는 다음 논의를 참고할 수 있다. : 이와부치 고이치(岩渕功一)·히라타 유키에(平田由紀江) 저, 전오경 역, 『아시아를 잇는 대중문화－일본, 그 초국가적 욕망(トランスナツヨナル·ジヤパン)』, 또 하나의 문화, 2004, pp.130-162 참고.

8) 윤상인, 「전환기의 재일한민족문학」, 홍기삼 편, 『재일한민족문학』, 솔출판사, 2001, p.96.

9) 정은경, 『디아스포라문학』, 이룸, 2007, p.157.

차별 문제를 직접적으로 언급하고 있기 때문이다. 그러나 이런 설정 때문에 작품의 독창성이 획득되는 것은 아니다. 이러한 인물 유형이야 여타의 재일한민족문학에서 일반적으로 발견되는 것이고, 그런 측면에서 이 작품은 오히려 재일한민족문학의 전통을 계승하고 있다고 할 수 있다.

무엇보다 주인공 스기하라의 아버지에 대한 인물설정이 그러하다. 그는 조선적(朝鮮籍)을 유지하는 마르크스 신봉자이자 열렬한 정치 활동가면서 프로 권투선수였으나, 지금은 은퇴하여 파칭코의 경품 교환소를 운영하면서 자식에게 무차별적 폭력을 휘두르는 인물로 그려진다. 이러한 설정은 앞선 세대의 재일한민족문학 작품들과 크게 다르지 않다.[10] 그러나 이 인물이 다음과 같은 말을 하는 순간, 그는 전형성을 파괴하고 독창적인 인물로 거듭나게 된다.

> 한참 동안 아버지는 나의 작업을 묵묵히 지켜보았다. 살기는 느껴지지 않았다. 어째 등골이 으스스해서 동작을 멈추고 아버지 쪽을 보니 아버지의 눈빛이 심각했다. 눈이 마주쳤다. 아버지가 말했다.
>
> "노 소이 코레아노, 니 소이 하포네스, 요 소이 데사라이가

---

10) 이한창은 가네시로 가즈키보다 앞선 세대인 김태생, 김학영, 고사명, 양석일 등의 생애와 작품을 분석하여, 재일한민족문학에 나타난 '아버지'는 "집안의 권력자로서 폭력으로서 동굴의 황제처럼 가정 안에 군림"하는 모습으로 제시되었다고 설명했다(이한창, 「재일 동포문학에 나타난 부자간의 갈등과 화해」, 전북대학교 재일동포연구소 편, 『재일 동포문학과 디아스포라 3』, 제이앤씨, 2008, p.71.).

도(No soy coreano, ni soy Japanés, yo soy desarraigado)."

"어?"

"스페인 말이야. 나는 스페인 사람이 되려고 했다."

"……."

"하지만 소용없었어. 언어의 문제가 아니었나구."

"그렇지 않아. 언어는 그 사람의 아이덴티티 그 자체고……."

아버지가 내 말을 가로막았다.

"물론 이론적으로는 그럴지도 모르지만 인간은 이론으로는 다 해명되지 않는 삶을 살고 있는 거야. 뭐, 너도 언젠가는 알게 되겠지."[11]

「GO」는 스기하라의 아버지가 그동안 지켜왔던 조선 국적을 포기하고 한국 국적을 취득했다는 사실에 대한 언급에서부터 시작된다. 그만큼 작품의 등장인물들에게 '국적 변경'이라는 사건은 중요한 의미를 가진다고 하겠는데, 이에 대해 아버지는 "하와이 여행을 가고 싶다"는 장난스러운 설명을 제시할 뿐이다. 스기하라는 이런 진술에 동감하지 못한다. 그러자 아버지는 아들에게 바다를 보여주며 "넓은 세상을 보라"고 말한다. 이런 과정을 통해 아들은 선택권을 얻지만,[12] 무엇을 어떻게 선택해

11) 가네시로 가즈키(金城一紀) 저, 김난주 역, 『GO』, 북폴리오, 2006(개정판), p.107.

12) 작품의 관련된 부분은 다음과 같다. : "줄곧 선택의 여지가 없는 환경에 갇혀 있었던 내게 아버지의 그 말은 처음으로 주어진 선택권이었다. 북조선이냐 한국이냐. 끔찍하도록 좁은 범위의 선택이기는 했지만 내게는 선택할 권리가 있었다. 나는 비로소 번듯하게 인간대접을 받은 듯한 기분이 들었다."(위의 작품, p.18.)

야 하는지는 알지 못한다.

이후 이 작품은 올바른 선택을 하기 위한 스기하라의 고민과 방황을 주된 내용으로 다루면서 진행된다. 그런 점에서 그는 '자신을 찾아가는 여행'을 수행하는 '문제적 개인'이라 하겠다.[13] 이처럼 재일한민족이라는 소수자집단의 특수한 문제는 '자아정체성 찾기'라는 보편적인 이야기로 치환되었다. 바로 이것이 가네시로 가즈키 소설이 가진 독창성이자, 「GO」에 내포된 첫 번째 이야기가치이다.

너무나 당연하게도 스기하라의 여행은 힘들고 고단하다. 세상 누구에게라도 자신을 찾아가는 여행이 수월할 수는 없기 때문이다. 재일한민족처럼 이방인으로 취급당하는 사람들일 경우는 더욱 그렇다. 아버지는 자신의 과거를 고백하면서 여행에 지친 아들을 위로한다. 이전까지 강압적 위치에 있던 인물이 동지적 위치로 내려온 것이다. 비록 여전히 표현 방법은 서툴지만 속마음을 내보이는 아버지를 더 이상 극복의 대상으로 볼 수는 없다. 이제 그는 조언자이자 조력자로 인식된다. 이러한 위치 변화야말로 「GO」가 기존의 재일한민족문학과 변별되는 지점이다.

2. 문화예술을 통한 감성의 교류

그동안 재일한민족문학에 비해 「GO」의 주인공은 보다 유연

---

13) 게오르그 루카치(Georg Lukacs) 저, 반성완 역, 『소설의 이론(*Die Theorie des Romans*)』, 심설당, 1998, p.86.

한 자세로 현실문제에 대처한다. 그가 논쟁과 토로가 아니라 이해와 공감을 바탕으로 세상과 소통하려 하기 때문이다. 이는 그의 연애 방식을 통해서도 확인할 수 있다. 스기하라는 문화예술 작품에 대한 감상을 교환하면서 여자 친구인 사쿠라이와 공감대를 형성한다.

> 우리는 쉬는 날을 거의 서로를 위해서 투자했다. 그리고 만날 때마다 우리 사이에는 공통인식이 생겨났다. 그것은 '멋있는 것 발굴해내기'였다.
>
> 우리는 서로에게 여러 가지 책과 CD와 영화를 추천하면서 '멋이 있느냐, 없느냐'는 두 가지 기준만 가지고 하나하나 선별해나갔다.
>
> 사쿠라이는 내가 추천해준 대부분을 '멋있다'고 말해주었다. 부르스 스프링스턴, 루 리드, 지미 핸드릭스, 밥 딜런, 톰 웨이츠, 존 레논, 에릭 클립튼, 매디 워터스, 보디 가이……. 그러나 닐 영만은 사쿠라이의 취향에 맞지 않았다. 이유를 물었다.
>
> "참 내, 노래 잘 못하잖아."
>
> 나 역시 사쿠라이가 추천해준 대부분을 멋있다고 생각했다. 마일스 데이비스, 빌 에반스, 오스카 피터슨, 세실 테일러, 덱스터 고든, 밀트 잭슨, 엘라 피츠제럴드, 모차르트, 리하르트 슈트라우스, 드뷔시……. 하지만 존 콜트레인만큼은 내 취향에 맞지 않았다. 사쿠라이가 이유를 물었다.
>
> "너무 음침하잖아."[14]

---

14) 가네시로 가즈키, 앞의 작품, pp.128-129.

문화예술은 "국적과 혈통을 뛰어넘어 서로를 잇는 인류 공용어"[15]이자, 누구나 보편적으로 즐길 수 있는, 혹은 즐길 수 있도록 허락된 유일한 분야이다. '누가' 그것을 향유하느냐에 따라 구분이 이루어지는 것이 아니라, 그것을 향유하면서 '어떻게' 느꼈느냐에 따라 분류가 이루어지기 때문이다. 인용에 제시된 "멋이 있느냐, 없느냐"라는 기준은 그 자체로 문화예술의 특징을 분명하게 표현하고 있는 것이다.

이러한 측면에서 문화예술은 '언어'와 분명하게 변별된다. 앞선 인용에서 주인공과 아버지가 논의했던 '언어'는 이데올로기와 정체성을 표현하는 도구로 제시되었지만, 여기에 제시된 '문화예술'은 감성을 촉진하여 교류를 이루어지게 하는 도구로 활용된다.

위의 인용에 제시된 음악가들을 좋아한다는 사실만으로도 스기와라와 사쿠라이의 취향을 파악할 수 있다. 물론 이는 논리적으로 설명될 수 없는 부분이고, 이 음악들을 접해보지 못한 사람들은 알아차릴 수 없는 지극히 개인적인 체험이지만, 소통의 한 방식인 것은 분명한 사실이다. 이처럼 논리를 뛰어넘는 감성의 교류 방식을 제시했다는 사실이야말로 「GO」가 보편성을 획득할 수 있었던 요소 중의 하나라고 하겠다.[16]

---

15) 윤상인, 앞의 글, p.99. : 윤상인은 위에 인용된 구절을 '대중문화'라고 규정했으나, 이는 오류이다. 인용에 제시된 모차르트 · 슈트라우스 · 드뷔시의 경우처럼, 스기하라와 사쿠라이가 주고받는 문화예술 작품들은 대중문화의 범주를 뛰어넘는 것들도 포함되어 있다. 그러므로 이 논문에서는 이를 포괄할 수 있는 용어로 '문화예술'이라는 용어를 사용하였다.

그리고 이러한 문화예술 작품의 제시는 그대로 영상예술적인 속성으로 연결된다. 문학예술은 '문자'라는 단일한 표현수단만을 활용하지만, 영상예술은 '영상'을 기본으로 '음악(음향)'과 '문자(언어)' 등이 결합된 복합적인 표현수단(multimedia)을 활용한다. 그런데 위의 인용처럼, 문학예술 작품에 음악이나 효과 음향이 제시되는 경우는, 마치 영화의 배경음악과 같은 효과를 형성하여 공감각체험을 유도하게 된다. 그만큼 「GO」는 문화콘텐츠, 특히 영상예술콘텐츠와 친밀한 관계를 형성하고 있는 것이며,[17] 이러한 특징은 그대로 문화콘텐츠로의 전환을 용이하게

---

16) '문화예술을 통한 감성의 교류방식'은 가네시로 가즈키의 독창적인 창작방법은 아니다. 일본에서는 1980년대 후반부터 사용되었는데, 무라카미 하루키(村上春樹)가 대표적인 예이다. 하루키 소설에 제시되는 수많은 음악과 문화예술 작품들은 그 자체로 감성 교류의 한 수단이 된다. 이러한 창작방법은 우리나라 작가들에게도 영향을 주었는데, 특히 1990년대 이후의 작품에서 널리 활용되고 있다. 가네시로 가즈키는 이러한 방법을 재일한민족문학에 적용했다는 점에서 가치를 가진다.
무라카미 하루키의 문화예술을 활용한 창작방법은 여러 연구자들에 의해 논의되었는데, 대표적인 예로 미국 하버드대학교 일본문학 교수인 제이 루빈(Jay Rubin)의 다음 저술을 들 수 있다. : 제이 루빈, 이나경 역, 『하루키 문학은 언어의 음악이다(*Haruki Murakami and the Music of Words*)』, 문학사상사, 2003.

17) 가네시로 가즈키는 여러 인터뷰를 통해서 영상예술에 친근감을 가지고 있다고 밝힌 바 있다. 또한 그는 2005년 개봉된 영화 〈플라이, 대디, 플라이(フライ, ダディ, フライ)〉의 원작과 각색을 담당했고, 2007년 11월 3일부터 2008년 1월 26일까지 후지TV에서 방영된 드라마 〈SP〉의 오리지널 시나리오를 담당했다. 또한 2007년에는 영화와 관련된 단편 소설 모음집 『영화처럼(映畵篇)』을 발표하기도 했다. 이 역시 영상예술에 대한 친밀성을 증명하는 예이다.

만드는 요인으로 작용한다. 이것이 「Go」가 가진 두 번째 이야기가치이다.

3. 일상을 통해 환기되는 주제의식

「GO」가 가지고 있는 또 다른 이야기가치는, 작품 전반을 아우르는 주제의식이 일상을 통해 환기되고 발현된다는 점이다. 사실 재일한민족에 대한 차별은 사회적이고 시스템적인 문제에 해당한다. 그렇기 때문에 기존의 재일한민족문학은 참여문학 혹은 폭로문학적인 성향이 강하여 주제의식이 노골적으로 제시되는 경우가 많았고, 거시담론에 기반을 둔 창작방법이 주로 활용되었다. 이른바 '제1세대'에 속하는 김사량 · 김달수 · 김석범 등이 제시했던 "조국의 사회 역사적 현실을 주제로 다루면서 민족의식을 고취하는" 기법은 물론이고, '제2세대'인 이회성 · 김학영의 "재일로 살아가는 한국인들의 차별적 현실과 정체성 문제"에 대한 천착 등이 여기에 해당한다.[18]

그러나 가네시로 가즈키의 접근방식은 앞선 세대들과는 사뭇 다르다. 물론 「GO」의 여러 부분에는 부조리한 시스템에 대한 불만이 토로되어 있다. 그러나 이는 고발이라기보다는 푸념에 가까웠을 뿐이다. 스기하라가 재일조선인 차별이라는 문제를 진지하게 인식하게 되는 것은 아래 인용된 부분부터이다.

18) 정은경, 앞의 책, p.31 참고.

나는 새 담배에 불을 붙이고 연기를 깊이 빨아들였다가 토해내고서 말했다.

"난 지금까지 차별을 당하고서도 태연했어요. 차별을 하는 놈은 대체로 무슨 말을 해도 알아듣지 못하는 놈이니까, 한 대 쳐주면 그만이고, 싸움은 자신이 있었으니까 전혀 아무렇지도 않았어요. 앞으로도 그런 놈들한테는 아무리 차별당해도 태연할 수 있을 거예요."

나는 또 담배 연기를 빨아들이고 토했다.

"그런데 그녀를 만나고부터는 차별이 두려워졌어요. 그런 기분은 처음이었어요. 나는 지금까지 정말 소중하게 여길 만한 일본 사람을 만난 적이 없거든요. 그것도 내 취향에 딱 맞는 여자애는. 그래서 처음부터 어떤 식으로 사귀면 좋을지도 몰랐고, 게다가 내 정체를 밝혔다가 싫다고 하면 어쩌나 하고 내심 걱정스러워서 줄곧 털어놓을 수가 없었어요. 그녀는 차별 같은 거 할 여자가 아니라고 생각하면서도. 하지만 난, 결국은 그녀를 믿고 있지 않았었나 봐요. 가끔 내 피부가 녹색이나 뭐 그런 색이면 좋겠다고 생각해요. 그러면 다가올 놈은 다가오고 다가오지 않을 놈은 다가오지 않을 테니까 알기 쉽잖아요……."[19)]

작품의 주제의식을 분명하게 드러내고 있는 이 장면을 이해하기 위해서는 앞서 제시된 몇 가지 장면들과의 연속성을 파악해야 한다. 먼저 사쿠라이와 관계를 맺기 직전에 스기하라가 국적 문제를 고백하는 장면이 제시되고, 이어 당황하는 사쿠라이를 남겨두고 스기하라가 혼자 호텔에서 나와 밤거리를 걷는 장

19) 가네시로 가즈키, 앞의 작품, p.214.

면, 경찰이 검문을 하자 스기하라가 그를 가격하여 기절시키는 장면, 도망치려던 스기하라가 경찰에게 응급조치를 취해주고 그가 깨어나자 대화를 나누는 장면, 그리고 마지막으로 위에 인용된 장면으로 이어진다. 이처럼 소설 「GO」의 스토리텔링은 여러 장면들이 묶여 하나의 의미단위를 만들어내는 방식으로 이루어지는데, 이는 여러 신(scene)들이 결합하여 하나의 시퀀스(sequence)를 형성하는 영상예술의 방식과 매우 유사하다. 이러한 스토리텔링적 유사성은 매체 변환을 용이하게 만드는 요소 중 하나로 가치를 가진다.

결국 스기하라가 차별을 인식하게 된 것은 애인에게 거절당했기 때문이다. 앞선 세대의 작가들처럼 역사, 민족, 사회시스템과 같은 관념적이고도 거창한 계기 때문이 아니다. 지극히 소소하기 짝이 없는 일상의 문제로 인해 인식의 전환이 일어나는 것이다.

그러나 바로 그러하기 때문에 주인공의 깨달음은 가치를 가진다. 연애는 인간의 감성과 행동을 구성하는 핵심적인 요인이고, 바로 그렇기 때문에 문화콘텐츠 작품들이 즐겨 사용하는 소재이다. 더구나 이 작품의 주인공이 혈기왕성한 남자 고등학생이라는 사실을 염두에 두면 그 중요성은 더욱 배가된다. 이러한 측면에서 「GO」의 설정은 타당성을 가진다. 그리고 이는 독자의 동감을 유도할 수 있는 요인으로 작용한다.

한편 이러한 설정은 작품에 성장소설적인 면모를 부여하게 된다. 성장은 이행 혹은 통합의 방향으로만 진행되는 것이 아니다. 성장의 면모는 보다 복잡하다. "기성 사회에 대한 반항과 타협, 거부와 수용"을 모두 포함하기 때문이다.[20] 이런 관점에서 보면 「GO」의 주인공 스기하라는 분명히 성장했고, 그러한 과정을 통해 자신의 상황을 뚜렷하게 인식하게 되었다. 그는 사랑이 거절당할 수도 있다는 사실을 알게 되었고, 감정보다 중요한 가치도 있다는 사실을 알게 되었으며, 자존심을 굽히고 살아남거나 자존심을 지키기 위해 적잖은 희생을 감당해야 한다는 사실을 받아들이게 되었기 때문이다.

이제 자신을 찾아가는 여행의 마지막 관문에 이르렀다. 현상을 인식했으니 남은 것은 대결방식을 찾는 것뿐이다. 그 과정에서 주인공은 삼촌의 죽음과 아버지와의 결투를 경험한다. 북한으로 건너갔던 삼촌의 죽음은 이데올로기와의 결별을 의미한다. 그리고 삼촌의 죽음을 대하는 태도에서 비롯된 아버지와의 결투를 통해서 스기하라는 새로운 세대의 정체성과 그 나름의 대결방식이 가진 가치를 인정받게 된다.

> 아버지가 불쑥 말했다.
> "어쩌면, 네 말이 맞는지도 모르겠구나."
> "뭐가?"
> 나는 말했다.
> "이제 우리들 시대가 아니라는 뜻이다."
> 나는 아버지의 옆얼굴을 보았다. 아래턱 언저리에 생긴, 아

---

20) 최현주, 「한국 현대 성장소설에 드러난 '성장'의 함의와 문화적 양면성」, 『현대소설연구』 제13호, 한국현대소설학회, 2000, p.345.

> 까까지는 불그스름했던 멍이 파랗게 변해가고 있었다. 아랫입술에는 이빨자국이 뚜렷하게 남아 있고 조그만 피딱지가 군데군데 오돌오돌 들러붙어 있었다.
>
> "이 나라도 점차 변해가고 있다. 앞으로는 더 많이 변하겠지. 재일이니 일본인이니 하는 것, 앞으로는 없어질 거야. 장담한다. 그러니까 너희들 세대는 밖으로 눈을 돌려야 해. 그렇게 살아가야 돼."[21)]

아버지는 자신의 시대가 끝났다고 말한다. 이는 기성의 재일한민족들이 유지했던 현실과의 대결방식, 즉 수단과 방법을 가리지 않고 생존을 지켜내야 했던 방식에서 탈피할 필요가 있다는 의미가 된다.[22)] 여기에 삼촌의 죽음을 연결시키면, 정치나 이념적 접근방법은 새로운 시대에 적합하지 않다는 의견으로까지 이어질 수 있다.

그렇다면 가네시로 가즈키가 제시하는 새로운 대응방식은 무

---

21) 가네시로 가즈키, 앞의 작품, p.242.

22) 작가는 인용된 부분의 앞에 아버지 세대의 대결방식을 제시함으로써, 새로운 방식의 가치를 보다 분명히 드러내고자 했다. 작품에서 관련 내용을 찾으면 다음과 같다. : 아버지의 방어벽이 순간에 활짝 열렸다. 그때까지 보이지 않았던 두 눈이 할로겐 불빛을 반사하며 번쩍하고 빛나는 순간 아버지의 입이 피를 내뿜었다. 아버지의 눈빛에 정신을 파는 바람에 눈을 감는 순간을 놓쳤다. 승부는 항상 순간에 결정난다. 피가 눈에 튀어 나는 그만 시력을 잃고 말았다. / 아버지의 펀치가 얼굴로 세 방 잇달아 날아들었다. (……) 나는 입 안에 고여 있는 피를 뱉어낸 후 겨우겨우 말을 쥐어짜냈다. / "치사하군……." / 아버지의 가차없는 목소리가 몸을 때렸다. / "미안하군. 우리들은 이런 식으로 해서 겨우겨우 승리를 거머쥐었다. 새삼스럽게 방법을 바꿀 수는 없어."(위의 작품, pp.240-241.)

엇인가? 지금까지 논의되었던 「GO」의 이야기가치 그 자체가 대답이 된다. 특수성보다 보편성을 지향하고, 문화예술에 바탕을 둔 감성의 교류를 촉진하며, 거대담론보다는 미시담론을 통해 일상성을 부각시키는 것이다. 그를 통해서 소수자집단이 각자 고유의 문화를 유지하면서 전체 사회에 참여하는 '문화적 다원주의(cultural pluralism)'를 형성하는 것이다. 그리고 이러한 인식은 자연스럽게 문화콘텐츠로 연결된다.

3 문화콘텐츠적 활용양상 검토

이상의 논의를 통해 가네시로 가즈키의 소설 「Go」가 가진 이야기가치를 확인할 수 있었다. 하나의 문학작품이 이야기가치를 가진다는 것은 곧 문화콘텐츠의 원천소스로 활용될 수 있는 가능성을 내포하고 있다는 의미이기도 하다.

그동안 소설 「GO」를 원작으로 제작되었던 문화콘텐츠는 2001년 제작된 유카사다 이사오 감독의 영화와 2002년 제작된 콘도 요시후미(近藤佳文) 그림의 만화 등이 있었다. 그러나 이들 작품에 대한 반응은 사뭇 다르게 나타났다. 이에 본 논문은 원작을 각색한 영화와 만화의 특징을 살펴보고 이를 통해서 문화콘텐츠의 활용양상 및 방안을 살펴보도록 하겠다.

1. 속도감을 이용한 이야기가치의 증폭

영화 〈GO〉는 한국의 '스타맥스'와 일본의 '도에이영화사'가 공동으로 제작에 참여하여, 2001년 부산영화제를 통해 한국에 처음 소개된 작품이다. 일본에서는 흥행에 성공했으며, 일본아카데미영화상의 여러 부문에서 수상을 했고, 이외에도 각종 영화제에 초청되어 일정한 성과를 거두는 등 작품성을 인정받기도 했다. 이에 비해서 한국에서는 별다른 주목을 받지 못했다.[23)]

그러나 이 작품의 성과를 흥행 성적만으로 평가해서는 안 된다. 〈GO〉가 개봉될 당시만 하더라도 한국의 영화시장에서 일본 영화가 차지하는 위상은 그리 높지 못했고, 문화적 거리감과 거부감이 채 사라지지 않았던 것이 사실이다. 그런 상황에도 불구하고 이 영화는 당시 한국에 소개되었던 일본 영화들 중에서 최다 예매기록을 갱신했다는 사실에 주목할 필요가 있다. 이는 이 작품이 일반 관객보다는 마니아층의 지지를 받았다는 것이

---

23) 영화 〈GO〉는 2002년 일본아카데미영화상에서 감독상, 남우주연상, 남우조연상, 여우조연상, 촬영상, 조명상, 편집상, 각본상 등의 8개 부문에서 수상했다. 또한 같은 해 베를린영화제의 파노라마 부문에 초정되었고, 호치영화상에서 작품상 · 남우주연상 · 여우조연상 등을 수상했으며, 니칸스포츠 영화대상에서는 감독상을, 팜스프링스영화제에서는 국제영화평론가협회상을 수상하기도 했다.
그에 비해서 한국에서는 총 14개 스크린에서 개봉했으나 5만 1천 1백 명의 관객을 동원하는 데 그쳤다(영화진흥위원회 홈페이지 http://www.kofic.or.kr 영화정보실 통계정보 12번 게시물 '2001년 영화 통계' 참고).

며, 단기간에 흥행하기 보다는 오랜 시간에 걸쳐 꾸준하게 감상이 이루어지는 패턴을 가지고 있다는 사실을 의미한다.[24)]

이 작품이 꾸준한 관심을 확보할 수 있었던 주된 이유는 원작의 경쾌함과 속도감을 살린 편집에서 찾을 수 있다. 특히 세 개의 시퀀스로 이루어진 시작 장면, 즉 내레이션과 함께 진행되는 농구장에서의 격투신과 플랫폼에 들어오는 지하철을 피해 레일 위를 질주하는 '슈퍼그레이트치킨레이스', 그리고 역무원 및 경찰과의 추격전으로 이어지는 장면구성은 영화의 편집적 특성을 집약적으로 보여주고 있다.[25)] 이러한 편집 방식은 영상예술 창작자의 재능이 충실히 표현된 부분이기도 하지만, 한편으로는 앞서 설명한 소설 「GO」의 이야기가치 중 하나, 즉 영상예술과의 친밀성을 발현시킨 것이라고 할 수 있다.

이처럼 경쾌한 속도감은 영화 〈GO〉에 청춘영화적인 속성을 부여한다. '청춘영화'라는 용어의 개념은 분명하게 정립되지 않았다. 다만 통상적으로 "젊은이들을 주인공으로 기존의 사회 질서와 이데올로기에 반항하고 저항하는"[26)] 내용을 가진 영화, 또한 산업적 측면에서 "젊은 관객들의 생활과 취향에 초점을 맞추"[27)]어 제작된 영화들을 지칭한다.

---

24) 2010년 현재까지도 이 영화에 대한 리뷰가 인터넷을 통해 꾸준하게 갱신되고 있는 까닭도 같은 맥락에서 설명할 수 있을 것이다.

25) 유키사다 이사오(行定勳) 감독, 〈GO〉, 2001. : 0:00:39-0:03:10(농구장에서의 격투), 0:03:15-0:05:45(슈퍼그레이트치킨레이스), 0:05:46-0:07:50(추격전)

26) 정수완, 「1950~60년대 한일 청춘영화 비교 연구」, 『영화연구』 제26호, 한국영화학회, 2005, p.323.

이런 성격을 가지고 있기 때문에 청춘영화는 일반적으로 사회 문제보다 연애 등의 개인적인 문제를 다루거나, 사회 문제를 다루더라도 심각하게 고민하기보다는 감성의 토로를 주된 방법으로 활용하는 경우가 많다. 젊은 관객의 호응을 유도하기 위해 아이돌스타를 주인공으로 발탁하거나 당대의 유행을 대표할 수 있는 각종 아이템을 적극적으로 제시하기도 하며, 스토리텔링과 화면 구성에 있어서는 "빠른 템포를 통해서 오락성을 강조하고 그것에 어울리는 문체를 사용"[28]하는 경우가 일반적이다.

영화 〈GO〉의 특징도 기본적으로 이에 부합된다. 앞서 설명한 영상 표현방식이 그러하며, 남녀 주인공으로 일본의 청춘스타 구보츠카 요스케(窪塚洋介)와 시바사키 코우(柴咲コウ)가 발탁된 것 역시 같은 맥락에서 설명된다. 또한 영화의 진행 과정에서 "아니지, 이건 나의 연애이야기이다"라는 주인공의 내레이션을 제시하면서 화면을 되감아 관객의 주위를 환기시키는 서술도 역시 청춘영화의 속성을 표현하기 위한 방법이라 하겠다.

그러나 〈GO〉가 청춘영화의 장르적 법칙(convention)에만 충실한 것은 아니다. 사실 이 영화에서 발견되는 청춘영화적인 요소들은 대부분 원작 소설에 내포되어 있던 것이다. 앞서 제시된

---

27) 김수미, 「1963년 전후 한국영화관객층의 변화」, 중앙대학교 첨단영상대학원 석사학위논문, 2003, p.70.

28) 구견서, 『일본영화와 시대성』, 제이앤씨, 2006, p.402. : 이 설명은 1950년대에 일본에서 유행한 이른바 '태양족(太陽族)' 영화에 해당하는 것이지만, 이것이 1960년대의 한국 청춘영화에 영향을 주었으며, 한국과 일본 청춘영화의 근간이 되었다는 점에서 현재에도 그대로 통용될 수 있으리라고 판단된다.

이야기가치들 뿐만 아니라, 날렵한 싸움꾼의 모습과 사변적인 달변가의 면모를 함께 드러내는 캐릭터의 제시방법, 시간의 순서를 자유롭게 넘나드는 서술방법 등의 표현기법적 측면에서도 그러하다.

오히려 이 영화가 여타의 청춘영화와 차별되는 부분은 재일한민족문학이 가진 '중요한 소수집단'으로의 특성, 즉 소수집단의 인물이 등장하여 자신에 대한 이야기를 한다는 점이다. 그러나 원작이 가진 이야기가치에 의해서 이러한 특징 역시 결국 인류의 보편적인 이야기로 치환된다. 이처럼 영화 〈GO〉는 영상매체의 특성을 십분 발휘하여 원작의 가치를 증폭시키는 스토리텔링 방법을 구사했던 것이다.

2. 장르적 관습에 의한 이야기가치 제한

영화 〈GO〉가 청춘물로써의 면모를 강하게 표현되었다면, 전 5권으로 구성된 만화 〈GO〉는 학원물적인 성격이 부각되었다. '학원물 만화' 또는 '학원만화'는 학원(學園) 즉 학교를 비롯한 기타 교육기관을 공간 배경으로 하는 일련의 작품들을 의미하는데, 그중에서도 대결과 격투를 통해서 이야기가 전개되는 작품들이 중점적으로 창작 및 유통되고 있다.[29)]

장르적 법칙에 충실한 작품들이 대부분 그러하듯, 만화 〈GO〉

29) 박인하, 『장르 만화의 세계』, 살림, 2004, pp.40-41.

에는 관습적으로 활용되는 익숙한 스토리텔링 장치가 포함되어 있다. 아래와 같은 세 가지 요소가 그것이다.

첫째, 싸움꾼들 간의 대결구도. 만화 〈GO〉의 1권 첫머리는 싸움장면으로 시작되고, 이어 결투와 집단구타로 이어지는 내용으로 1장을 마무리하고 있다.[30] 학생들 사이에서 벌어지는 격투는 학원만화에서 자주 다루어지는 소재이다. 물론 이는 원작소설에도 제시되어 있는 내용이다. 그러나 만화는 기존의 이야기 중에서 야쿠자의 아들인 카토의 역할을 강화했고, 여기에 그를 음해하려는 코바야시 일당, 스기하라에게 도전하는 조선학교 후배 선명 등의 인물을 새로 추가하여, 대결구도를 집중적으로 부각시켰다.

이러한 변형은 일본의 만화와 컴퓨터게임에서 주로 활용되는 '단계구조(stage structure)'를 적용시킨 것이다.[31] 그러나 〈GO〉

30) 원작소설에도 물론 대결과 격투라는 요소는 포함되어 있다. 그러나 소설의 시작 부분을 이루는 것은 아버지가 국적을 바꾸려 한다는 사건에 대한 진술이다. 소설에서 결투가 제시되는 것은 제2장에서부터이다.
그에 비해 영화 〈GO〉의 첫 번째 시퀀스는 농구장에서의 격투장면이다. 그렇지만 이 장면은 "애국, 통일, 동포, 친선, 민족, 조국, 국가, 단일…… 지겨워. 침략, 편견, 차별, 지배, 억압, 예속…… 제기랄. 혈족, 배타, 배척, 선민, 혼혈, 순수, 혈통, 단결…… 난 일본에서 태어났다. 난 일본에서 태어났다. 흔히 말하는 코리언재패니스. 난 일본인과 다를 게 없는데, 남들은 그렇게 부른다. 자이니치."(유카사다 이사오 감독, 앞의 작품, 0:00:40-0:01:55)라는 주인공의 내레이션 이후에 제시되어 일반적인 싸움과는 차별되어 있다.

31) '단계구조'는 주인공이 "강한 적을 만나 목숨을 건 사투 끝에 승리하고, 그 경험으로 인해 자신의 능력이 더 향상되는 단계"를 맞이하며, 이러한 단계의 반복을 통해 이야기를 진행시키는 방식이다.

는 근본적으로 이러한 구조와 부합되지 않는다. 주인공이 대결을 즐기지 않기 때문이다. 원작소설에서 스기하라는 말콤 엑스의 말을 인용하여 자신은 자위(自衛)를 위해서 폭력을 사용할 뿐이라고 설명한다.[32] 이런 인물성격을 유지하고 있는 한 대결이나 단계구조가 적용되기 힘들다. 실제로 만화 〈GO〉에서 단계구조는 3권부터 유명무실해지고, 4권 중반부터는 대결 장면도 찾아보기 어렵게 된다.

둘째, 문제아와 모범생의 연애 이야기. 1권의 5장에서부터는 스기하라와 사쿠라이의 연애 이야기가 본격적으로 진행된다. 반항적인 남학생과 모범생 여학생의 연애도 역시 학원만화에서 즐겨 다루는 소재 중 하나이다.

만화 〈GO〉에서 이러한 장르적 법칙은 인물 묘사를 통해서 제시된다. 만화의 사쿠라이를 예쁘기만 한 것이 아니라 단정한 복장을 한 인물로 묘사되어 있다.[33] 이는 소설에서 사쿠라이가 "내 취향에 딱 맞는 여자애"[34]라고 설명된 것과 대조되는 부분이다. 이후의 내용에서도 사쿠라이의 행동과 복장은 전형적인

(조희권, 「만화 스토리텔링의 핵심 코드, 컨벤션의 이해」, 『인문콘텐츠』 제9호, 인문콘텐츠학회, 2007, p.317.)

32) 이와 관련된 부분을 원작에서 인용하면 다음과 같다. : "흑인 해방운동의 지도자 말콤 엑스는 이렇게 말했다. / '나는 자위를 위한 폭력은 폭력이라 하지 않는다. 지성이라 한다.' / 말콤 엑스가 그랬던 것처럼 나도 폭력을 싫어한다. 그러나 어쩔 수 없는 경우도 있는 것이다."(가네시로 가즈키, 앞의 작품, p.25.)

33) 콘도 요시후미(近藤佳文) 저, 김문광 역, 『GO』 제1권, 삼양출판사, pp.111-115. 그림 참조.

34) 가네시로 가즈키, 앞의 작품, p.214.

모범생 타입으로 제시되고, 그에 비해 스기하라는 문제아의 면모가 부각되어 장르적 특성을 고조시키고 있다.[35)]

셋째, 학교교육에 대한 비판. 학원만화는 폭력과 연애를 전면에 배치하고 있지만, 다른 한편으로 교육제도에 대한 비판을 제시한다는 점에서 특징적이다. 이러한 비판은 학원만화의 주요 독자층에게는 동감의 여지를 제공하고, 작품 등장인물에게는 행동의 근거를 제공한다.

만화 〈GO〉에도 이 법칙이 그대로 활용되고 있다. 스기하라야 원작에서부터 현실비판적 인물로 제시되었으니 논외로 치더라도, 만화의 사쿠라이는 "학교란 게 꼭… 양계장이랑 똑같구나" 라고 말하면서 획일적인 인간을 양성해내는 교육제도에 대해 비판하고 있다.[36)]

이는 원작과 영화에서는 찾아볼 수 없는 내용이다. 하지만 이런 표현이 인물에 독창성을 부여하지는 못한다. 학원만화의 관습이 반복된 것이지, 진정성이 바탕이 되지 않았기 때문이다. 이런 비판은 단지 문제아와의 연애를 시작하려는 인물에게 변명거리를 제공하고 있을 뿐이다.

---

35) 이러한 인물 설정은 그들의 첫 번째 데이트 장면에서 분명하게 제시된다. 스기하라가 머리에 무스를 바르는 등 잔뜩 치장을 하고 나오자 하쿠라이는 공원의 세면대에서 억지로 머리를 감겨주며 "절대로 안 어울리니까. 암튼 두 번 다시 하지마. 그딴 머리!"라고 말한다(콘도 요시후미, 앞의 작품, pp.92-96.). 이는 원작 소설이나 영화에서는 찾을 수 없는, 만화로 각색하는 과정에서 추가된 에피소드이다.

36) 위의 작품, pp.131-133.

지금까지 만화 〈GO〉의 스토리텔링적 특징, 특히 원작의 이야기가치에 새롭게 추가된 학원만화적 성격에 대해 살펴보았다. 문제는 이러한 장르적 법칙의 사용이 효율적이지 못했다는 데 있다. 앞서 살펴본 영화 〈GO〉의 경우처럼, 장르의 법칙은 원작의 이야기가치를 부각시키는 방향에서 적용될 때 효과적이다. 그러나 만화 〈GO〉에 추가된 법칙들은 오히려 원작의 이야기가치를 훼손시키는 관습(cliche)으로 작용해버렸다. 대결 구조가 강화되면서 주인공의 사변은 극히 단순화되었고, 교육에 대한 비판을 제시함으로써 재일한민족문학의 문제의식을 일반화시켜 버렸기 때문이다.

이는 원작의 이야기가치 분석에서 제시된 '보편적 이야기구조의 구현'과는 엄연히 다르다. 구조는 보편적으로 치환되더라도, 그 속에 포함된 내용은 '중요한 소수자집단'이라는 정체성에 뿌리를 두고 있었다. 이것이 재일한민족문학 고유의 아우라를 형성하는 부분이었다. 그런데 만화는 정체성을 훼손시켰기에 아우라까지도 잃어버린 것이다.

4 결론 : 재일한국인 문학의 확장 가능성

지금까지 가네시로 가즈키의 소설 「GO」가 가진 '이야기가치'를 살펴보았는데, 이는 보편적인 이야기구조의 구현, 문화예술을 통한 감성의 교류, 일상을 통해 환기되는 주제의식 등의 세 가지로 정리되었다. 이러한 이야기가치는 재일한민족문학의 전통 안에서 구현된 작가의 독창성이며, 그러하기 때문에 '소수적인 문학'으로서의 재일한민족문학이 가진 현재적 의미와 향후 방향성을 제시한다고 할 수 있다.

또한 소설을 원작으로 한 영화와 만화 작품에 대한 분석을 통해서는 문화콘텐츠로의 활용 가능성을 확인하였다. 원작 소설이 영화와 만화로 활용되는 과정에서 각각이 속한 장르의 특성에 맞도록 일정한 변환이 이루어졌다. 영화 〈GO〉는 청춘영화적 속성이 부여되었고, 만화 〈GO〉에는 학원만화적인 요소가 추가되었다.

그렇지만 장르의 법칙에 따른 변화에서 중요한 것은 원작의 이야기가치를 얼마나 효과적으로 구현해낼 것인지의 여부였다. 영화 〈GO〉는 경쾌하고 속도감 있는 편집을 통해서 원작의 이야기가치를 부각시켰으며, 특히 영상예술의 멀티미디어적 특징을 십분 발휘하여 문화예술을 통한 감성의 교류라는 측면을 강화했다. 그 결과 재일한민족이라는 '중요한 소수자집단'의 아우라를 유지하면서도 보편적 공감을 이끌어낼 수 있는 스토리텔링이 형성되었다. 그에 비해 만화 〈GO〉는 학원만화의 관습에 치중한 나머지 오히려 원작의 이야기가치를 훼손시키는 결과를 초래했다. 대결구조의 강화라는 스토리텔링 전략과 재일한민족의 존재론적 고민은 융합되지 못했고, 교육제도에 대한 비판이라는 관습적 설정은 소수집단의 독창성을 일반화시켜 평범하기 짝이 없는 연애이야기로 만들어버렸다.

이상과 같은 논의에서 확인되는 것처럼, 재일한민족문학은 '소수적인 문학'으로서 가치를 가지며, 가네시로 가즈키를 비롯한 신세대 작가들에 의해서 문화콘텐츠와의 영향관계를 확산해 나가고 있다. 이는 다문화시대에 진입한 우리 문학이 지향해야 할 사례 중 하나이며, 나아가 문학과 문화콘텐츠의 교류에 대한 하나의 방법론이라고 할 것이다. 앞으로 보다 다양한 작가와 작품에 대한 논의가 진행될 때, 재일한민족문학의 가치와 새로운 방향성이 보다 분명하게 파악되리라고 본다. 이를 추후 과제로 남긴다.

참고문헌

가네시로 가즈키(金城一紀) 저, 김난주 역, 『GO』, 북폴리오, 2006 (개정판).

콘도 요시후미(近藤佳文) 저, 김문광 역, 『GO』 (전5권), 삼양출판사, 2002.

유카사다 이사오(行定勳) 감독, 〈GO〉, 스타맥스 · 도에이영화사, 2001.

구견서, 『일본영화와 시대성』, 제이앤씨, 2006.

김환기 편, 『재일 디아스포라문학』, 새미, 2006.

박인하, 『장르 만화의 세계』, 살림, 2004.

전북대학교 재일동포연구소 편, 『재일 동포문학과 디아스포라 3』, 제이앤씨, 2008.

정은경, 『디아스포라문학』, 이룸, 2007.

홍기삼 편, 『재일한국인문학』, 솔출판사, 2001.

김태영(金泰泳) 저, 강석진 역, 『저항과 극복의 갈림길에서』, 지식산업사, 2005.

이와부치 고이치(岩渕功一) · 히라타 유키에(平田由紀江) 저, 전오경 역, 『아시아를 잇는 대중문화』, 또 하나의 문화, 2004.

게오르그 루카치(Georg Lukacs) 저, 반성완 역, 『소설의 이론』, 심설당, 1998.

마르코 마르티니엘로(Marco Martiniello) 저, 윤진 역, 『현대사회와 다문화주의』, 한울, 2002.
제이 루빈(Jay Rubin) 저, 이나경 역, 『하루키 문학은 언어의 음악이다』, 문학사상사, 2003.

김수미, 「1963년 전후 한국영화관객층의 변화」, 중앙대학교 첨단영상대학원 석사학위논문, 2003.
유숙자, 「1945년 이후 재일한민족 소설에 나타난 민족적 정체성 연구」, 『재일한민족 문학연구』, 월인, 2000.
정수완, 「1950-60년대 한일 청춘 영화 비교 연구」, 『영화연구』 제26호, 한국영화학회, 2005.
조희권, 「만화 스토리텔링의 핵심 코드, 컨벤션의 이해」, 『인문콘텐츠』 제9호, 인문콘텐츠학회, 2007.
최현주, 「한국 현대 성장소설에 드러난 '성장'의 함의와 문화적 양면성」, 『현대소설연구』 제13호, 한국현대소설학회, 2000.

영화진흥위원회 홈페이지 http://www.kofic.or.kr

한국어와 베트남어의 통·번역 교육현황
- 한국문학작품 번역실제를 중심으로

Le Dang Hoan

1 베트남에서의 한국어 통·번역 교육 실제

1. 통·번역의 중요성

통·번역이란 두 국가 이상 말이 다른 주체들이 서로 이해할 수 있도록 양측 말을 바꾸어 전달하는 사업이다. 이 세계에는 다양한 언어가 존재하는데 통·번역이 없이 손짓 발짓만 통한다면 서로에 대한 이해와 의사소통이 매우 제한된다.

공동 국제 언어(세계어)가 아직 보급되지 못하고 언제 보급될지 모른다. 보급되더라도 각 나라마다 언어, 문화 등의 사회적 특성이 있기 때문에 지금의 언어를 보존하는 것이 당연하며 모(국)어 사용을 기본적으로 습득해야 한다.

또한 외국어 교육이 시급히 이루어져야 한다. 전세계 생활, 문화, 기술, 과학 모든 분야 교류는 통·번역 없다면 불가능하다. 세계화시대에 와서 국가간의 교류가 더 발달하고 다양해지는 만큼 서로 이해하기 위해서 통·번역이 더 필요하다.

세계 각 민족 간의 문화 교류, 과학 기술 교류, 외교 관계 활동은 통·번역 기구를 통해서 진행되어왔다고 말해도 과언이 아니다. 서구 문화를 어떻게 동쪽에 옮겼는가, 중국 고대 문화, 철학이 어떻게 아시아 각국과 전세계에 영향을 주었는가에 대해서 살펴보면 문학 작품의 번역, 사회 교류 통역, 조각품을 비롯한, 문화 예술 작품 유적에 대한 이해 등을 통해서 발전했음을 알 수 있다.

한국과 베트남의 경우, 1992년 정식 수교 체결후 지금까지 모범적인 우호관계를 유지해왔다. 이러한 발전 성과에는 통·번역자의 역할이 적지 않다.

2. 통 · 번역의 특징과 내용

1) 통역과 번역의 기본 특징

통역과 번역은 본질이 같지만 특징과 형식은 다르다. 본질이 같다고 말하는 것은 한 언어를 다른 언어로 바꾸고 전달하는 것에서 기인한다. 특징과 형식이 다르다는 것은 번역은 필요한 재료(출발어)를 기초해서 번역목적어(도착어)로 바꾸어 서면 형식으로 전달하는데 비해 통역은 통역자가 출발어를 듣고 이해하여 청자의 언어(도착어)로 바꿔서 구두로 전달한다는 점에서 그러하다. 이때 번역 대상이 쓰여진 재료, 목적대상이 독자, 통역의 통역 대상이 화자의 말, 목적 대상이 청자이다. 대상은 다르지만 이 작업들은 두 언어 지식을 가지고 통영 대상을 목적 대상으로 바꾸어 전달 능력이 있는 사람을 통해서 진행한다.

통역자와 번역자에게는 출발어와 도착어를 잘 이해하고 있을 뿐만 아니라 그 언어에 담긴 문화, 사회, 인지적인 지식을 가져야하며 전달한 능력과 언어 표현 능력도 가지고 재조하는 능력도 있어야 한다.

베트남의 호치민 주석은 5개 국어를 할 줄 알았는데 통 · 번역자에게는 “통 · 번역을 잘 하기 위해서는 외국어를 잘 하는 것 뿐만 아니라 모국어도 잘 해야 한다고” 가르쳤다. 외국어를 잘 하지만 모국어로 표현 할 능력이 없거나 이해하기 어렵게 표현하면 통 · 번역을 할 수 없다. 특히 문학 작품을 번역할 때 외국어를 잘 아는 사람이라도 문학적 감각이 없는 사람이라면 어려움이 따른다.

통역은 정확성을 담보할 뿐만 아니라 화자와 청자의 분위기에 맞게 진행해야한다. 번역자는 정확성을 담보하면서 쓰는 사람의 감정과 태도를 판단해서 독자에게 그 감정까지 잘 전달해야 한다. 통역자는 화자의 통신으로 받고 이해하는 행위로 수신인 역할로 하고, 이해한 후에 청자에게 전달하는 발신인 역할을 한다. 즉 통역자는 수신인이면서 발신인이다. 이 수신과 발신의 복잡한 과정을 매우 짧은 시간에 처리해서 진행해야 한다. 따라서 통역에서는 신속한 파악과 글과 글, 문장과 문장에 대한 정확성보다는 의미와 내용적 정확성(개괄적인 정확성)이 필요하다. 반대로 번역은 개괄적인 내용은 물론, 세밀한 문장, 의미까지 정확해야 한다.

통역자는 모국어 쓰기 표현 능력이 다소 부족해도 할 수 있지만 번역자는 모국어 쓰기 능력이 좋지 않으면 불가능하다. 번역자는 시간에 대한 규제없이 쓰기 전에 생각하고 연구할 시간이 있어서 통역보다 제약이 많지 않다.

2) 통 · 번역의 내용에 대한 분류

번역에 대한 분류는 보통 번역 내용으로 구분할 수 있다.

즉 사회과학분야의 번역 내용과 자연과학 분야의 번역 내용으로 나눌 수 있으며, 이 두 가지 번역 종류는 더 작은 분야로 나눌 수 있는데 문학, 경제, 문화, 사회, 기초 과학, 기술 등이다. 각 분야별로 여러가지 번역 형식으로 진행하고 표현 방법도 다를 수 있지만 마지막에는 서면으로 독자에게 전달된다.

통역은 번역보다 더 다양하고 일상에 밀접한 관계의 주제가 많아서 내용으로 분류하기가 복잡하여 통역형식으로 분류 할 수 있다. 회의, conferenes, forum에는 동시 통역과 순차 통역이 있다.

번역과 통역 결합 형식은 중요하고 매우 정확성이 필요한 경우 화자의 글을 먼저 서면으로 번역하고 중요한 회의나 결과 공보, 논문 발표에서 화자가 쓴 것을 읽고 통역자가 그 내용에 따라 번역된 것을 읽는다. 이 형식은 통역 능력이 아직 부족한 통역자가 흔히 사용한다.

수행 통역은 화자의 요구에 따라 진행한다. 화자는 개인인 경우도 있고 단체인 경우도 있다. 통역한 주제나 분야는 다양하지만 통역 작업은 간단하며 자격 조건이 없다. 순차 통역이고 외국어에 대한 이해와 구사가 어느 정도 가능한 사람이면 전문교육을 받지 않더라도 할 수 있다.

2 베트남에서 한국어 통·번역 교육 실제

베트남의 대학교에서 한국어 교육을 이수한 학생들은 대부분 통역이나 번역과 관련된 직업을 택한다. 그렇지만 졸업생의 통·

번역 정도가 아직 부족해서 수행 통역이나 간단한 내용의 일만 할 수 있다. 보다 더 수준높은 통·번역을 하기 위해서 베트남에서는 대학을 졸업한 후에 한국에 가서 대학원 석사과정이나 한국어 교육을 1년 이상 더 공부하도록 권하고 있다.

베트남에서의 한국어 교육 역사는 14년 정도로, 한국어 통·번역 인력이 양국 관계 발전에 큰 기여를 했다고 볼 수 있다. 그렇지만 보다 높은 수준의 통·번역인을 양성할 프로그램은 거의 마련되지 못했다. 통·번역 교육 과목은 한국어 교육과목이 있는 10개의 대학교에서 진행하고 있고 거의 다 베트남 교사가 강의하고 있다.

1. 교육 내용

하노이 인문사회과학대학교의 실례를 통해 보면 통·번역 강의 내용이 개괄적으로 다음과 같다.

1) 간단한 번역 수업(2학년 제2학기부터) : 한국어 문장을 베트남어로 번역하거나 반번역을 진행한다.
2) 한국어 교과서를 기초해서 번역한 수업 : 이는 「한국어 독본」이나 「한국어 읽기」 교과서에서 나온 내용을 베트남어로 번역하고, 통역 능력을 키우기 위해서 그 내용을 한국말로 요약하고 발표한다.

3) 주제에 따른 통 · 번역 훈련 : 지금까지 ① 한국, 한국인, 풍습, 역사 ② 한국 경제 ③ 베트남과 한국 노동법, 투자법 ④ 베트남과 한국 환경 보호 ⑤ 한국의 옛날 이야기 ⑥ 신문과 인터넷의 기사 등을 주제별로 나누어 통 · 번역을 진행해 왔다.

2. 교육 방법

1) 통역 교수법

통역 과목의 교수법은 듣기와 말하기의 교수 내용과 방법에 따른다. 이는 통역 능력이 듣기와 말하기 능력에 의존하기 때문이다.

또한 통역에 요구되는 기술이 있기 때문에 한국어를 베트남어로 순차 방식으로 통역하는 연습도 하며 교수법은 다음과 같다(반대도 연습한다).

학생들이 모둠을 만들어서 교수가 제시한 주제로 수업을 진행한다. 한 시간에 다섯 모둠 정도가 친구들 앞에 연습하게 되고 다른 학생들이 평가를 한다. 한국어를 어느 정도 습득한 3학년부터는 '관광 안내'나 '수학 여행' 형식을 수업에 활용하여 통역 능력을 향상시킨다.

2) 번역 교수법

통·번역 수준이 아직 낮은 2학년 학생들은 한국어 문장 말하기·듣기와 그 문장을 베트남어로 번역하는 훈련을 진행한다. 3학년부터 교수가 주는 텍스트를 한 번 읽고 새로운 단어가 있으면 학습한 후에 번역을 시작한다. 번역이 끝난 후에는 몇 학생을 뽑아서 학생이 작성한 번역문을 발표하도록 하고 다른 학생과 교수가 같이 평가한다. 지적사항이 있으면 그 자리에 수정한다. 학생의 번역문을 교수가 모아서 평가하는 경우도 있다. 잘 번역한 몇 원고를 선택하여 학생들에게 보여준다.

번역 교육에서는 학생이 쓰는 습관을 훈련하기 위해서 교수는 한국말을 가르치는 것 뿐만 아니라 경우에 따라 베트남어에 대한 지식도 설명해야 한다. 그렇게 해야 베트남어로 번역된 원고가 문맥이나 의미가 잘 드러나기 때문이다.

통역과 번역을 가르칠 때는 항상 한국어를 베트남어로 번역하는 수업과 베트남어를 한국어로 번역하는 수업이 동시에 진행해야 한다.

3 한국과 베트남의 문학작품의 번역실제

한국과 베트남은 지리적으로 하나는 동남아시아에, 하나는 동북아시아에 자리 잡고 있어 양국의 국민들이 상호 교류할 기회가 그리 많지 않았다. 실제적으로 한국이라는 단어도 베트남 사람에게는 1992년에 양국이 정식 수교 관계를 맺은 후에야 알려졌다. 그렇지만 양국 관계가 호의적으로 발전할수록 서로의 문화와 역사에서 유사성을 많이 발견했다. 따라서 양국의 문학에 대한 이해는 아직 제한적이긴 하지만 오래전부터 시작되었다고 볼 수 있다.

1. 누가 번역할 것인가?

한국문학 번역자는 두 유형으로 나눌 수 있다.

초창기에는 한국어에 능통한 번역자가 거의 없어서 영어나 다른 언어로 번역된 한국문학 작품은 다시 베트남어로 번역했으나 그 양이 많지는 않다(Nguyen Quang Thieu : 시인으로 영어로 번역된 한국시를 베트남어로 번역했다).

1992년 이후 베트남어에 능통한 한국 학자와 한국어에 능통한 베트남 학자가 많아지면서 그때부터 한국문학작품 번역은 주로 이 학자들에 의해 진행되었다. 그렇지만 대부분의 번역자는 소설가나 시인이 아니라 언어(외국어)를 공부하고 현재 한국어(베트남어)교육 분야에 종사하는 연구자들이다. 예를 들면 한국의 안경환, 배양수, 전혜경 교수는 물론, 베트남의 Ha Minh Thanh, Le Dang Hoan, Hoang Hai Van 등도 거의 다 대학교의 교수들이다.

베트남에는 전문 번역자가 아직 없고 한국문학 번역에 대한 전문 지식이 적으며, 번역에 대한 교육도 많이 받지 못한 상황이다.

2. 무엇을 번역할 것인가?

양국의 정식 수교 관계가 수립된 지 18년이 되었지만 지금까지에 비해 한국문학작품이 베트남 독자에게 소개된 경우는 많지 않다. 그렇지만 이는 양국 문학 교류의 사업에서 걸음으로 볼 수 있다.

정식수교 수립 이후의 자료에 의하면 16세기에 베트남어를 아는 한국사람도 없고 한국어를 할 줄 아는 베트남 사람도 없어서 이 두 언어의 통·번역에 대한 개념이 아직 없었다. 다만, 한자를 사용해서 양국의 사신들이 중국 북경에서 만나 필담으로 의사를 소통하며 한자로 쓴 시를 교환했다고 한다. 이를 통해 베트남과 한국 문학적 교류는 시 교환하는 것으로부터 시작되었음을 알 수 있고, 양국이 모두 아시아 내 국가여서 역사적·문화적 유사성이 많아 시를 통해서 서로 쉽게 이해할 수 있었으리라고 생각한다.

한국에서는 1907년부터 베트남 문학작품을 한국어로 번역하여 소개했다고 볼 수 있다. 1907년에 한국 번역자인 현채와 지시경, 이상에 의해서 베트남 애국자인 판보이자우(Phan Boi Chau)의 「월남망국사(Viet nam vong quoc su)」가 한국말로 번역되었다. 이후 베트남전 무렵 카이 홍(Khai Hung)의 「반청춘(Nua chung xuan)」, 옛이야기인 「짜우까우(Trau cau)」, 또오 호아이(To Hoai)의 「귀뚜라미 표류기(De men phieu luu ky)」, 농우웬 반 봉(Nguyen van Bong)의 「Ao Trang」, 트란 핀 반(Tran Dinh Van)의 「Song nhu Anh」 등의 한국어로 번역되어서 한국 독자들에게 소개되었다.

베트남전 후, 1976년 한국외국어대학교의 조재현 교수가 베트남 신시의 몇 시인의 시를 번역했고, 1992년부터 양국 외교관계가 정식적으로 수립된 이후 경제, 정치, 문화, 사회관계가 빠른 속도로 발전했고, 그때부터 한국의 문학작품과 베트남의 문학작품이 각 국가에 소개되고 번역 사업은 한 걸음 더 발전해 나가고 있다. 이 시기에는 한국 번역자는 박희병 교수, 조동일 교수, 배양수 교수, 김정환 교수, 김상일 교수, 조재현 교수, 김기태 교수, 최귀묵 교수, 하재홍 교수, 정청구 교수 등이 있다. 특히 안경환 교수는 베트남의 유명한 시인 Nguyen Du의 『Truyen Kieu』 시집과 호치민 주석의 『옥중일기』와 시집 당우이청(Dong Thuy tram)의 『지난 밤 나는 평화를 꿈 꾸었네』를 한국어로 번역했다.

베트남에서는 한국문학 1992년 이후 번역되기 시작했으나 널리 알려져 있지는 않다. 그러나 과거와 마찬가지로 현대에 작품을 소개하는 것도 시에서 시작했다. 또한 한국의 유명한 고전

『춘향전』은 1994년에 번역되었다.

대표적인 작품과 작가 · 번역자는 다음과 같다.

〈표 1〉 한국말로 번역된 베트남문학작품

No.	문학 작품명	저자	번역자	출판사	출판년도
1	Vietnam vong quoc su	Phan Boi Chau	현채	대동서시	1907
2	Vietnam vong quoc su	Phan Boi Chau	지시경	박문서관	1907
3	Vietnam vong quoc su	Phan Boi Chau	이상의	-	1907
4	Nua chung xuan	Khai Hung	윤석두	국동문화사	1969
5	Trau cau	vo danh	김기태	창작과 비평사	1984
6	De men phieu luu ky	To Hoai	전혜경	웅진 출판사	1986
7	Ao trang	Nguyen Van Bong			1986
8	Song nhu Anh	Tran dinh Van	김민철	도서 출판사	1988
9	Tho Nguyen Trai	Ngiuyen Trai	지준모	지식산업사	1992
10	Tieu thuyet khong de ten	Chu Thu Huong	한상희	동방출판사	1993
11	Noi dau chien tranh	Bao Ninh	박찬규	예담	1999
12	Truyen ky di Viet Nam(Truyen ky man luc)		박희병	도서출판사 돌베개	2000
13	Than thoai va truyen thuyet Viet Nam		박희병	도서출판사 돌베개	2000
14	Nhat ky trong tu	Ho Chi Minh	김상일	사람생각	2000
15	Chuyen cac thien su VN		정천구	민족사	2001
16	Neu anh con song	Van Le	하재홍	실철문학사	2002
17	Tho Huu Thinh	Huu Thinh	김정환	문학동네	2002
18	Nhat ky trong tu	Ho Chi Minh	안경환	조명문화사	2003
19	Chinh phu ngam	Doan Thi Diem	배양수	부산외대출판사	2003
20	Truyen Kieu	Nguyen Du	안경환	문화저널	2004
21	Nhat ky Dang Thuy Tram		안경환	미룸사	

요즘 한국 문학작품을 베트남어로 번역하는 사업이 많아지고 있지만 아직 수요를 충족시키지 못하고 있다. 베트남에는 한국 문학작품 번역자가 아직 많지 않다. 또한 모든 번역자가 한국어 전문가나 베트남어 전문가이거나 문학자일 것은 아니다. 그중에서 한국번역자도 있고 베트남번역자도 있다.

최근에 한국문학번역원, 대산 문화재단을 비롯한 여러 한국 기관의 지원으로 한국의 문학작품을 베트남어로 번역 · 출판 하고 있다. 대표적인 작품과 작가, 번역자는 다음과 같다.

〈표 2〉 베트남말로 번역된 한국문학작품

No.	제목(작가)	번역자	출판사	연도	부수
1	세계는 넓고 할일은 많다(김우중)	-	대우문화부	1993	-
2	춘향전	배양수	하노이사회과학 출판사	1994	500
3	한국전래동화	Luu Thi Sinh, Dang Linh Chi, Chi Lieu, Tran Le Cung, Dang Van Lung	하노이민족문화 출판사	1998	1,000
4	운수좋은 날(현진건)	강하나	문학회출판사	2000	500
5	한국전래동화	안경환	조명문화사	2000	300
6	한국전래동화	Tran Huu Kham, 안경환	쩨 출판사	2002	1,000
7	산자의 전쟁 죽은자의 전쟁(김진선)	출판책임 : Tran Dinh Nghiem	국립정치출판사	2002	1,000
8	한국현대시인5인선집 (박제천, 고은, 김광규, 김지하, 신경림)	-	-	2002	-

No.	제목(작가)	번역자	출판사	연도	부수
9	월남기행(이우성, 이운성, 이호형, 성대경, 송재소, 김시업, 임형택)시집	Pham Tien Duat, Nguyen Huy Tue	문학출판사	2003	1,000
10	진달래꽃(김소월)	Le Dang Hoan, 김기태	문학출판사	2004	5,000
11	금오신화(김시습)	전혜경 Ly Xuan Chung	국립하노이대학 출판부	2004	1,000
12	랍스터를 먹는 시간(방현석)	Ha Minh Thanh	-	2005	-
13	삼대(염상섭)	오은철 Nguyen Nguyen Binh	문학출판사	2006	1,000
14	저녁의 게임(오정희)	Hoang Hai Van	-	2006	-
15	님의 침묵(한용운)	Le Dang Hoan	-	2006	-
16	저녁의 게임(오정희)	Hoang Hai Van	-	2006	-
17	몽실언니(권정생)	안경환	쩨 출판사	2007	1,000
18	상록수(심훈)	이정숙, Nguyen Ngoc Tram Oanh	문학회출판사	2007	1,500
19	모란이 피기 까지는(김영랑)	Le Dang Hoan	문학출판사	2007	1,000
20	김동인 단편	안경환, Pham Quang Vinh	쩨 출판사	2008	1,000
21	재미있는 한국 전래동화 1, 2권	조명숙, Vuong Thi Hoa Hong	한-베 문화언어연구원	2008	-
22	구운몽(김만중)	전혜경, Ly Xuan Chung	사회과학출판사	2007	1,000
23	심청전	-	-	2008	
24	만세전(염상섭)	Le Dang Hoan	문학출판사	2009	-

No.	제목(작가)	번역자	출판사	연도	부수
25	미스 사이공(이동순)	배양수, Huu Thinh	(출판 준비중)	-	-
26	이용상 황숙	Tran Van Them	국립 정치사	1996	

번역된 작품 반침략, 조국의 자유와 독립을 위한 애국심이 나타나는 내용으로는 『님의 침묵』, 『옛 우물』과 『불의 강』, 『삼대』, 『만세전』이 있고, 전쟁의 슬픔과 반전의 정신을 다룬 내용으로 『한국 현대 단편 소설』, 『랍스터를 먹는 시간』이 있으며, 남녀간의 사랑과 조국의 자연, 사람에 대한 사랑 내용이 『춘향전』과 시 작품인 『진달래꽃』, 『모란이 피기까지는』, 『한국 현대시』에 들어 있다.

장르에 따르면 번역된 작품은 고전도 있고 현대 문학도 있다. 고전은 『옛날 이야기』, 『춘향전』, 『금오신화』로, 한자어로 된 작품들이다. 현대 문학 작품의 양이 고전보다 더 많은데, 산문뿐만 아니라 시작품의 거의 전부가 한국의 현대시에 속하는 작품들이다. 역사에 대한 문학 작품은 『이용상 황숙』 하나 밖에 없고 한국문학사를 다룬 내용으로 한 책은 2권이나 번역되었다.

현재까지 한국문학 번역 대상작품을 한국의 문학 기관(한국문학번역원, 대산 문화재단 등)이 지정하는 경우도 있지만 대부분 번역자가 선택한 대로 진행하기 때문에 번역자의 주관적인 성격이 짙어서 어느 경우에는 지원 신청이 힘들고, 한국문학의 대표적 작품을 선택하기가 어렵다.

4 앞으로의 발전을 위한 대책

베트남과 한국이 능동적으로 발전하면서 양국의 문학 교류 역시 날이 갈수록 더 발전 하는 것은 양국 문학자들과 국민의 소원이다.

앞으로 문학 교류 분야에서 보다 더 활발한 발전을 이루기 위해서 통·번역 교육을 강화하는 기초적인 과제는 한국어 학습자에게 표현교수법과 이해교수법을 두루 적용하는 것이다.

외국어로서의 한국어 교육론에서 제일 중요한 내용은 한국어 표현교육법(말하기, 쓰기)과 한국어 이해교수법(듣기, 읽기)이 있는데 한국어 학습자에게 이 네가지 중요한 기능을 충분히 인지시키는 것이다. 네 가지 기능을 잘 습득한 학생이 우수한 통역, 번역 능력이 있을 것을 부정할 수 없다.

그러나 이 네 가지 기능만 가지고 통역과 번역에 대한 기술적 표현 능력이 없다면 통 번역 효과가 높지 않다. 따라서 통·번역 기능을 습득시켜야 한다.

이상 분석한 내용으로부터 외국 사람이 한국어를 공부할 때 (특히 대학교에서) 한국어와 베트남어 통·번역 기능을 따로 배워야한다. 그러나 지금까지 한국어 교수법에는 이 내용에 대해서 많이 언급하지 못하고 관심을 드러낸 교육자도 많지 않는 것 같다.

이 내용을 한국어 교육에 도입하려고 하면, 다음과 같은 조건이 충족되어야 한다. 첫째로 한국어 교육자로부터 이에 대한 인식이 있어야 한다. 둘째는 한국어와 외국어의 통·번역 교수법을 마련하고 기본 원칙과 이론을 형성하여 매 외국어에 적당한 교육 프로그램을 작성해야 한다. 셋째는 통·번역 교사진을 육성해야 한다. 베트남 한국어 교육에서는 통·번역 전문 교사가 아직 없고 한국어 교육 경험만 있는 교사가 이 과목을 담당한다. 넷째 통·번역 기능과 교육 내용에는 한국어 네 가지 기능 교육과 결합하는 제안을 도입해서 서로 통합한 교수방법 설립하는 것도 좋다고 본다.

한국과 베트남의 관계에서 통·번역자의 역할이 매우 컸다. 그러나 두 나라의 미래와 관계를 생각하면 통·번역 수요가 급속히 늘어날 것이다. 베트남의 통·번역 인력을 보면 고급 통·번역자가 거의 없다. 통·번역자가 수행 통역과 간단한 재료 번역만 할 수 있고 중요한 회의에서 동시통역자가 아직 많지 않아 통역 과정에서 오해가 아직 많이 발생한다. 번역 분야의 상황은 통역보다 좋지 않다. 문학 작품이나 복잡한 문헌을 번역하려고 하면 번역자를 찾기가 어렵다. 그러므로 통·번역자 인력을 충분이 양성하려면 먼저 한국어 교육에 관심이 있어야한다. 2010년에 양국의 관계 발전 수요에 따라 베트남에서 강한 한국어-베트남어 통·번역자 팀이 형성되어야 한다.

베트남에서 한국어 교육 큰 성과를 얻었지만 앞으로의 요구에 응하기 위해서는 많은 노력이 필요하다. 이 사업에서 베트남 한국어교육 담당자의 노력은 물론 한국에서 한국어 교육자과 한국어 교육 기관들의 지원이 매우 필요하다.

5 결 론

21세기에 들어 베트남과 한국의 우호관계 발전을 보면 세계 여러나라의 관계 중에서도 모범적인 관계로 볼 수 있다 이를 기초로 "21세기 전략적 협력 동반자 관계"로 나아가면 모든 분야에서 한층 더 발전할 것으로 생각된다. 그러므로 한국어 교육에서 보다 더 효과적으로 진행하고 통·번역 교육이 양국 관계 발전에 따를 수 있도록 노력해야 한다. 문학 분야에서 활동하고 있는 문학 작품 번역자들도 서로 협력해서 양국 문학 교류에서도 "전략적 협력 동반 문학 관계"가 될 수 있도록 노력해야 할 것이다.

참고문헌

김중섭, 『한국어 교육의 이해』, 한국문화사, 2004.
안경환, 『한국어 교육과정 개발 원리와 실제』, 하노이, 2007.
이미혜, 『21세기 한국어교육학의 현황과 과제』, 한국문화사, 2002.
Hoang Thi Hai Anh, 『동남아 한국어 기능 교육의 특성』, 베트남, 2007.
Le Dang Hoan, 『Tinh hinh giao duc va dich thuat van hoc Han Quoc tai』, Viet Nam. Ha Noi 2007.
Luong Nguyen Thanh Trang, 『베트남과 한국 근대 문학』, 호치민시, 2007.
Ly kinh Hien, 『베트남에서 인문 한국학』, 호치민시, 2007.

김기태, 「한국인의 베트남 문학연구 고찰」, 『베트남연구』 2권, 한국베트남학회, 2001.
안경환, 「한국문학 작품의 베트남어 번역의 과제」, 『한국문학번역원 세미나자료집』, 2009.11.
Le Dang Hoan, 「한국문학 작품의 베트남어 번역의 과제」, 『한국문학번역원 세미나자료집』, 2009.11.
Le Dang Hoan, 『베트남의 한국어 교육에서의 의사소통 도입 상황』, 『한국언어문화학』 3집 1호, 2006.

한국과 베트남의 호칭어 비교 연구

- 베트남 교육 실제를 중심으로

Nguyen Minh Chung

1 연구 목적

호칭어는 의사소통을 시작할 때 상대방의 주의를 환기 시키거나 집중을 유도하기 위해 사용된다. 호칭어를 사용하면 청자와 화자의 관계가 드러날 뿐만 아니라, 때때로 의사소통의 방향을 제시하기도 한다. 호칭어를 적절하게 사용하면 쌍방의 관계가 더 독돈해지지만 그렇지 못할 경우에는 오해를 불러일으킬 수도 있다. 이 때문에 호칭어를 올바르게 사용하는 것은 언어생활에서 매우 중요하다[1].

한국어와 베트남어는 같은 어족[2] 속하지 않아서 음운론, 형태론, 통사론 등의 여러 분야에서 많은 차이를 보이고 있다. 그렇지만 오랫동안 중국문화를 공통적으로 접하면서 살아온 데서 비롯된 문화적 동질감으로 인해 언어적 공통점 또한 많이 드러내고 있는 것도 사실이다. 호칭어도 그러한데 그것은 언어가 사회문화적 요인의 영향을 받기 때문이다. 본 연구에서는 한국어와 베트남어의 호칭어에 나타나는 공통점과 차이점 그리고 사회적 요인을 규명하고 나아가 베트남인 학습자가 한국어의 사회호칭어와 친족호칭어를 정확하게 인식하고 사용할 수 있도록 도움을 주는 데에 목적을 두고 있다.

2 한국어와 베트남어 호칭어의 특징

호칭어는 대화의 시작을 알리는 말로 교류의 출발점이 된다. 한국어와 베트남어는 특히 이러한 호칭어가 발달한 언어이다.

---

1) Trinh Sam(2001:231)은 베트남어의 문법을 연구하면서 호칭어에 대해 "적절한 호칭을 선택하기 위해서 화자와 청자 간의 친소관계를 고려야 한다"고 하였다.

2) 한국어는 알타이어족이고 베트남어는 남아어족이다. 베트남어는 성조가 여섯개 있고 주어-동사-목적어로 구성된다.

한국어와 베트남어의 호칭어는 웬만한 주의와 관심을 기울이지 않으면 안 될 만큼 다양하고 복잡하다. 이러한 특징은 오랫동안 양국가의 사회를 지배하고 있는 유교문화와 밀접한 관련이 있다.

한국어와 베트남어 호칭어는 친가, 외가, 처가, 시가 등의 계보에 따라 체계적으로 발달되어 있다. 친족호칭어는 어휘수가 많고 체계가 엄격하게 세분화되어 있다.[3] 영어의 "uncle"에 해당하는 단어들이 한국어와 베트남어에서는 "큰아버지, 작은아버지, 삼촌, 당숙, 고모부, 외숙부, 이모부" 등으로 분화되어 있다. 이는 영어권 사회와는 달리 한국과 베트남 사회가 촌수와 혈연의 계보에 따라 다양한 친족 관계를 구별해야했음을 단적으로 보여주는 것이라 할 수 있다. 친족호칭어가 원래의 의미와는 다르게 친족 관계를 초월해서 쓰이고 있는 것이다. 과거 혈연 중심의 집성촌에서는 누구나 친족이 되는 까닭에 친족 호칭어를 광범위하게 사용하였다. 그래서 혈연을 중심으로 구성된 마을이 거의 사라진 현재에도 친족이 아닌 타인에 대해 "아저씨, 할아버지, 아주머니"와 같은 친족 호칭어를 부담 없이 사용하고 있는 것이다. 이러한 현상은 가족주의가 사회적으로 확대된 결과라고 할 수 있다.

한국어와 베트남어의 2인칭 대명사는 형태상으로는 다양하지만 사용적인 측면에서는 제약이 많다. 사용상의 제약들 중 가장

3) 고륙양, 『현대 한국어와 중국어의 호칭어 대조 연구』, 상명대학교 대학원 박사학위논문, 2005.

두드러진 특성은 윗사람에게는 2인칭 대명사를 쓰지 못하고 일반적으로 친한 아래 사람이나 동급의 사람에게 사용할 수 있다는 것이다.

이처럼 유교 문화적인 특징을 반영하여 체계적으로 발달된 호칭어도 사회가 변함에 따라 변화가 나타나고 있다. 이러한 변화는 존수와 혈연의 계보에 대한 의식이 약한 젊은 세대의 언어에서 흔히 발견된다. 호칭어의 변화는 오용 현상과도 밀접한 관계가 있다. 매우 복잡하게 분화된 한국어와 베트남어의 호칭어는 잘 사용하면 인간관계를 친밀하게 만들며 존경심을 표현하여 예의 바른 느낌을 부여할 수 있지만, 잘못 사용하면 거리감이 생기거나 배타성의 근원이 되고 거짓 존경심의 표현으로 전락할 수도 있다. 호칭어의 정확한 쓰임을 알고 맞게 사용하는 자세가 필요하다.

3 한국어의 호칭어 유형

1. 이름 호칭어

사람에게 사용되는 이름이란 말은 두 가지의 의미로 사용된다. 한국어에서 이름호칭어는 이름이 단독으로 사용되는 것보다 이름에 호격조사 (-아 / 야나 이 /)가 붙는 다든지 '-씨'나 '-군/양'이나 '미스터 / 미스' 등 여러 유형의 이름 호칭어가 붙는다. 베트남어에서 이름이라는 개념은 성, 중간 이름, 이름의 세 가지를 포함이 된다. 마지막 글자의 이름이 자주 쓰이는 반면에 성이 일반 대회에서 많이 안 쓰는 사실이다. 이름 뒤에 호격조사 "ơi"라는 표현이 붙이거나 단독으로 쓰는 경우도 많다. 다시 정리하자면 다음 표와 같다.

〈표 1〉 한국어 이름형 호칭어

	아 / 야	-이	-씨	군 / 양	미스터 / 미스	단독
성+이름	x	O	O	O	X	O
이름	O	O	O	O	X	O
성	X	X	O	O	O	X

〈표 2〉 베트남어 이름형 호칭어

	- Ơi	단독
성+중간이름+이름	x	x
중간이름 + 이름	O	O
이름	O	O
성	x	x

2. 직함호칭어

한국어에는 화자와 청자 사이에 위아래의 차이가 있는 경우에는 아래 사람은 반드시 존대 접미사 '-님'이 붙은 직함호칭 형을 써야 하지만 윗사람은 아랫사람에게 어떤 유형의 직함호칭어도 쓸 수 있다.

직함을 중심으로 한국의 호칭어 유형은 일반적으로 다음과 같다.

직함	X	반장, 간호, 학생, 대통령, 국무총리… 제외
직함 - 님	교수님	청자를 높이는 호칭형
성 - 직함	김 사장	동급이나 아랫사람에게
성 - 직함 - 님	김 부장님	윗사람이나 동급 청자를 높이는 효과 갖는다. 화자와 청자가 같은 직함을 갖는 경우
성 - 이름 - 직함	김용집 부장	
성 - 이름 - 직함 - 님	김용집 부장님	

그렇지만 베트남 문화는 가정을 중심하기 때문에 현대사회에서 사회 호칭어가 발달되지 않고 사회생활에도 친족 호칭어를 더 많이 쓴다. 단, 사회에 높이는 직업의 직함이 오래 전부터 그 분야의 사회 호칭어가 나타났다. 그 직함은 바로 '선생님/

thầy cô', '의사 / bác sỹ'이다. 또는 정부에서 일을 하는 대상을 고찰하면 화자가 친한 사람인 경우에 그 대상에게 친족호칭어를 쓰지만 공식적인 환경에 그 대상의 직함을 맞게 쓰는 것은 원지이다. 현대 사회에 들어가 서양의 문화를 영향의 바탕으로 '사장님, 부장님, 실장님, 기사님' 이라는 새로운 직함호칭어가 몇 가지 생기기도 한다.

3. 친족어 호칭

친족어가 호칭어로 사용되는 경우는 두 가지가 있다.

첫째 화자와 청자가 친족관계 일 때 쓴다. 한국어에는 기본형(예 : 어머니)와 기본형 '-님'의 높임형(예 : 어머님) 또는 친근형(예 : 엄마)가 있고 베트남어는 친족 관계에 따라 기본형만 있다.

둘째 한국어와 베트남어의 공통점인데 화자와 청자 사이에 제삼자가 있고 제삼자와 청자와의 친족관계를 나타내는 친족어가 호칭어 사용되는 "매개 친족호칭어"도 있다. 화자가 자신을 매개체와 동일시하여 매개체로부터의 청자의 친족어를 호칭어를 사용하는 것으로, 화자와 청자가 친족 간인 경우와 친족이 아닌 경우로 나눌 수 있다. 또는 청자 집안의 대표적인 아이로부터 청자에게로의 친족어를 호칭어로 사용하는 것이다.

4. 통칭적인 호칭어

통칭적인 호칭어 유형은 직함호칭어들이 일반화되어 사용되는 호칭어(선생님, 사장님, 학생…)나, 화자가 청자의 외관상 보이는 나이에 근거하여 친족어들이 일반화되어 사용되는 호칭어(할머니, 할아버지, 아저씨, 아주머니…)가 있다.

4 한국어와 베트남어 호칭어의 공통점과 차이점[4)]

1. 한국어와 베트남어의 공통점

한국과 베트남은 중국의 유교사상을 잘 보존하고 있는 나라이다. 그 유교사상의 영향은 한국과 베트남의 사회 각 층면에서 지속적으로 많은 영향을 미치고 있다. 그 결과 한국인과 베트남인의 사상도 유교적 사고방식과 도덕윤리 등의 깊은 영향을 받고 있는 것이다. 이러한 사실의 가장 유력한 증거는 한국어와 베트남어 호칭어에 아직 장유유서 정신과 남녀유별, 남존여비 정신의 흔적이 현저하게 나타나는 것이다. 두 언어의 유교 기반

4) Nguyen Minh Chung, 「한국어와 베트남어의 호칭어 대조 연구」, 인하대학교 대학원 석사학위논문, 2007.

의 전통 관념 속에서 친족간·비친족 간의 친소관계를 엄격하게 구분하고 있다.

서양 언어와 달리 아시아 언어에 속한 한국어와 베트남어에 친족 호칭어가 따로 존재하고 발달한 언어이다.5)

한국어와 베트남어에 경어법이 있으며 호칭어와 경어법을 부합하게 써야 한다. 화자와 청자의 나이, 청자의 성년(成年)여부, 또는 결혼 여부 등의 요소는 친족호칭어의 선택에 있어서 적지 않은 영향을 미친다. 청자가 손윗사람인 경우는 일반적으로 친족호칭어(높임형)를 사용한다. 청자가 손아랫사람인 경우는 보통 청자가의 이름 호칭어를 사용한다.

(29) a. 할머니! 어디에 가? (×)
b. 할머니! 어디에 가세요? (○)

(30) a. Em ơi, đi đâu đấy? (○)
동생 (호격)가다 어디
넌 어디 가니?
b. Em ơi, đi đâu đấy ạ? (×)
동생 (호격) 가다 어디 hor.
넌 어디에 갑니까?

(29)에서는 할머니가 윗사람이기 때문에 높임말을 꼭 지켜야 하지만 (30)에는 "em"은 동생이기 때문에 (30b)에 높임 표현

5) R. Fasold, 『Sociolinguistics of Language, Basil Blackwell Inc』, Cambridge, 1990.

"ạ"는 잘못 쓴 것이다.[6)]

형제자매의 배우자 호칭은 나이에 관계없이 형제자매의 순서에 따라 배우자들도 순서가 정해진다.

청자를 호칭할 때 청자의 자녀의 이름에 청자와 자녀와의 관계(엄마, 아빠, 할아버지, 할머니)를 붙여서 부르는 것(○○ 엄마 / ○○ 아빠 / ○○ 할아버지 / ○○ 할머니)이 한국에 보편적이지만 베트남에서는 그 방식이 점점 없어지고 있다.

한국어와 베트남어에 "동생-em"의 친족 호칭이 남녀 구별 없이 부를 수 있다. 지칭할 때 남동생이 "em trai"이고 여동생이 "em gái" 한국어와 비슷하다.

2. 한국어와 베트남어의 호칭의 차이점[7)]

한국어에서는 기본형 이외에 기본형 뒤에 "님"을 붙이면 상대방을 높일 수 있는데 이와 같은 방식이 베트남어에서는 사용되지 않는다. '형'에 '님'을 붙여 '형님', '사장'에 '님'을 붙이는 것이 그 예이다.

이름형 호칭어는 한국어에서는 "성+서방", "성+직함"과 같은 호칭어가 많이 쓰이는데 베트남어의 호칭법에서는 아랫사람이 윗사람을 부를 때 "친족 서열 용어 + 이름"의 방식으로 주로 쓴

6) 베트남의 경어법은 간단하게 나타난다. 윗사람과 이야기할 때 문장 끝에 "ạ"의 경어 표현을 붙이면 된다.

7) Nguyen Minh Chung, 앞의 논문, 2007.

다. 이름형 호칭은 베트남어에서 청자를 부를 때 성과 중간 이름을 안 쓰는 것 대신에 이름을 한 글자만으로 부른다.

한국에서는 화자가 청자의 자식의 이름에 맞춰 부모를 부르는 것이 보편이고 베트남에서는 아기를 낳은 후에 아기 부모가 친족들과 비친족 사람들을 부를 때 아기가 그 사람한테 쓰는 호칭을 직접 쓸 수 있다. 예를 들어, 언니한테 "언니"로 불러야 하지만 언니에게 아기가 있으므로 언니한테 직접 "bác-이모"라고 부를 수 있다.

남편과 아내가 다른 식구를 부를 때 같은 호칭어를 사용할 수 있다. 예를 들어, 아내가 언니한테 물론 "chị-언니"나 아이의 호칭에 맞춰서 "bác-이모"라고 불러야 한다. 이 경우는 한국어에서 남편이 처의 언니를 "처형"으로 부르지만 베트남에는 아내를 따라 처의 언니를 "chị-언니"나 "bác-이모" 부른다.

한국어의 어떤 친족어 호칭어는 미혼일 때와 기혼일 때에의 청자의 호칭어가 변한다.(삼촌 / 작은아버지 / 아가씨 / 아줌마의 경우) 또는 한국어에서 화자의 성별에 따라 같은 대상에게도 다른 형태의 호칭어를 사용한다. 예를 들면, 자신의 손위 남자형제에게는, 남성화자는 "형(님)"이라고 부르고, 여성화자는 "오빠 · 오라버니(님)"이라고 부른다. 남동생의 아내에게는 남성화자는 "제수씨"라고 부르나 여성화자는 "올케"라고 부를 수 있다. 그뿐만 아니라 한국어에서 부계(父系)이냐 모계(母系)이냐에 따라 호칭어의 사용이 달라진다. 예를 들어, 아버지의 남 형제는 "큰아버지 · 작은아버지"가 구분되지만, 어머니의 남 형제는 어머니 오빠냐 남동생이냐에 관계없이 '외삼촌 · 외숙부'가 함께 쓰인다. 아버지의 누나와 여동생에게는 위아래 차별 없이 "고모"라고 부를 수 있고 어머니의 언니와 여동생에게는 위아래 차별 없이 "이모"라고 호칭한다. 이와 같이 호칭어를 다르게 사용하는 것은 화자의 성별뿐만 아니라 청자의 성별도 호칭어 선택에 중요한 역할을 하는 것으로 나타낸다.

베트남에서 여자가 결혼한 후에 자기의 이름을 사용하지 않고 남편의 이름을 쓰는 경우는 예전의 풍습이었지만 지금까지도 이 풍습은 여전히 존재하고 있다.[8)] 베트남의 50대 부부는 남편이름은 "Thắng" 이고 아내이름은 "Bình"이면 이웃사람들이 "Bình" 아줌마를 "bác Bình / 빙 아줌마, bà Bình / 빙 할머니"로 부르지만 대부분은 "빙 아줌마"의 남편이름으로 "bác Thắng / 탕 아줌마, bà Thắng / 탕 할머니"로 호칭한다.

한국어에서 사돈 간의 호칭어는 따로 나타나지만, 베트남에서의 사돈관계는 친척은 아니지만 친척 호칭어를 쓴다.

베트남어에는 "Bé bằng củ khoai cứ vai mà gọi"(고구마만큼 작지만 서열 순서대로 부른다)라는 말이 있다.[9)] 친족관계에는 나이와 상관없이 존계와 항렬 순서로 정해진다. 예를 들어,

---

8) 서양에서는 결혼한 여자를 남편의 성으로 부른다. 베트남에서는 예전에 여자가 결혼한 후에 자기의 이름이 점점 없어지고 남편의 이름으로 부르는 것이 보편적 이였다. 이 습관에 의해 어떤 가족에 어머니 또는 할머니 이름을 모르는 식구들이 많이 있었다. 지금은 결혼한 여자의 이름을 아예 모르는 것은 아니지만 옛날 풍습이 아직 남아 있다.

9) 베트남 민요.

큰아버지의 아들이 자가보다 나이가 많이 적어도 "anh-오빠 / 형"으로 부른다. 한국에서는 아마 새언니 / 형수의 경우에만 나타나는 것 같다.

직함형 호칭어는 한국어 호칭법의 특징중 하나이다. 그러나 베트남어에서 원래 선생님 직함(thầy / cô)밖에 거의 안 쓴다.

한국어 호칭 중에 "선배님"(先輩)은 베트남어 호칭에 없는 호칭이다. 선배를 부를 때 모두 "anh / chi-오빠 · 형 / 언니 / 누나"로 부른다.

5 베트남인 학습자의 사회호칭어 사용 경향과 문제점

베트남인 학습자의 부분적인 한국어 사회호칭어의 사용 경향은 다음과 같은 네 가지로 정리할 수 있다.

첫째, 베트남인 학습자는 친족호칭어 형태를 많이 사용하는 경향이 있다. 특히 나이 많은 화자에게 친족호칭어의 사용은 절대적인 우세를 차지하고 있다. 그중에는 특히 '할아버지, 할머니', '아저씨, 아줌마', '언니 / 누나, 오빠 / 형', '이모, 삼촌' 등은 남용될 정도로 가장 많이 사용되고 있다.

둘째, 나이가 자신보다 조금 많거나 비슷하거나, 또는 적은 청자에게는 호칭어의 선택에 있어서 어려움을 겪고 있다. 친하지 않거나 서로 존중해야 하는 관계는 한국어에 보통 '이름+씨'를 일반적으로 쓰지만 베트남어에 호칭어의 접미사가 없기 때문에 '오빠, 언니, 아줌마, 아저씨' 같은 친족 호칭어를 바로 쓴다.

셋째, 베트남은 사회호칭어가 발달되지 않은 사회라 직함 호칭어는 거의 사용하지 않거나 정확하게 사용하지 못 하는 경우가 많다. 사회호칭어와 익숙하지 않아 친척호칭어를 대신으로 쓰는 경향도 있다.

넷째, '안녕하세요' '실례합니다, 실례하지만', '여보세요' 같은 청자의 주의를 끄는 대체형 호칭어를 사용할 수 있지만 '저기요, 저기, 실례합니다만'은 주로 고급 한국어 학습자들이 쓴다.

베트남 문화의 전이(轉移) 작용은 베트남인 학습자의 한국어 교제 활동에서 자기도 모르게 모국어인 베트남어의 문화관념과 문화행위 등의 요소를 한국어의 언어와 문화 속으로 전이 시켜 일종의 언어간섭 현상을 일으킨다. 베트남인 학습자가 친족호칭어를 모든 대상에게 사용하는 것은 바로 베트남의 가정중심문화와 행위방식이 교차된 결과이다. 한국은 유교문화의 예로부터 예의를 중시하는 나라이고, 베트남도 그렇지만 예의보다는 정이 말에 더 들어가 있다. 한국은 예의와 정을 동시에 중요시하는 전통문화 관념과 문화행위가 있기 때문에 베트남인 학습자가 호칭어를 사용할 때 어려움을 많이 겪는 것이다.

6 결 론

호칭어를 정확하게 사용하는 것은 외국인에게 결코 쉬운 일이 아니다. 한국어에 대한 지식과 문화에 대한 파악과 이해 등의 문제도 해결해야 하지만, 화자 자신의 모국어에 내재된 문화 관념과 사고방식, 모국어 문화 행위 방식 등의 문제는 또한 한국어 호칭어를 정확하게 사용하는 데 영향을 끼친다. 그리하여 한국어 호칭어에 대한 순수 언어적 분석 연구의 토대에서 사회적·문화적인 연구가 더 활발하게 진행되어야 하고 또 사회적·문화적 차원에서의 한국어와 베트남어의 비교분석은 더 깊이 있게 전개해야 한다.

이 연구는 사회언어학적 방법론을 동원하여 비교를 하였고 베트남인 학습자에게 호칭어를 습득할 때 경향과 어려움을 살펴보고 분석하여 베트남인 학습자에게 또는 한국어 교사들에게 도움을 줄 수 있다고 생각된다.

참고문헌

국립국어연구원, 「남북한 친족 호칭 · 지칭어 비교 분석」, 2005.

국립국어연구원, 「표준화법해설」, 1992.

국립국어연구원 · 조선일보사, 「우리말의 예절」, 1992.

Hữu Đạt, 『Văn hóa và Ngôn ngữ giao tiếp của người Việt』, 통신출판사, 2000.

Hwang Gwi Yeon · Trịnh Cẩm Lan, 『Tra cứu văn hóa Hàn Quốc』, 하노이대학교출판사, 2002.

Nguyen Nhu Y, 『Từ điển giải thích thuật ngữ ngôn ngữ học』, 교육부출판사, 1996.

Nguyễn Văn Khang, 『Ngôn ngữ học xã hội』, 사회과학출판사, 1999.

R. Fasold, 『Sociolinguistics of Language, Basil Blackwell Inc』, Cambridge, 1990.

고륙양, 「현대 한국어와 중국어의 호칭어 대조 연구」, 상명대학교 대학원 박사학위논문, 2005.

박정운, 「한국어 호칭 체계」, 『사회언어학』 5권 2호, 한국사회언어학회, 1997.

안경환, 「베트남어의 경어법과 문화속성에 대한 연구」, 『이중언어학』 제21호, 이중언어학회, 2002.

Bùi Minh Yến, 「Ngôn ngữ xưng hô bạn bè trong nhà trường hiện nay」, ≪언어잡지≫, 언어학연구소, 1999.

Bùi Minh Yến, 「Xưng hô giữa vợ và chồng trong gia đình người Việt」, ≪언어잡지≫, 베트남언어학연구소, 1990.

Nguyen Minh Chung, 「한국어와 베트남어의 호칭어 대조 연구」, 인하대학교 대학원 석사학위논문, 2007.

제 3 장

디아스포라 문제로 본 아시아의 문학과 문화콘텐츠

디아스포라문학과 정체성

- 디아스포라, 차이, 그리고 경계에서 글쓰기 -

오 창 은

"글쓰기는 위험스러운 것이고 고뇌를 야기한다.
글쓰기는 자신이 어디로 가고 있는지 모른다.
그 어떤 지혜도 글쓰기가 구성중인 의미를 향한,
무엇보다 먼저 자신의 미래인 의미를 향한
본질적인 질주로부터 글쓰기를 보존해 주지 않는다."[1)]
- 자크 데리다(Jacques Derrida)

---

* 이 논문은 『국제한인문학연구』 창간호(국제한인문학회, 2004)에 「이주문학에 나타난 정체성 변화에 대한 고찰 - 디아스포라 그리고 경계에서 글쓰기」라는 제목으로 발표된 것을 일부 수정한 것임.

1) 자크 데리다(Jacques Derrida) 저, 남인수 역, 『글쓰기와 차이』, 동문선, 2001, p.23.

1 언어적인 것과 차이들

들뢰즈(Gilles Deleuze, 1925~1995)는 구조주의를 해설하면서 "오로지 언어적인 것에만 구조가 존재한다"[2)]고 규정한 바 있다. 여기서 '언어적인 것'은 무의식과 관계하는 '언어'를 지칭한다. 언어화 과정은 소통을 위해 발화되고 전달되면서 구조화된다. 바로 이 부분에서 '사회가 언어처럼 움직인다'는 비유적 표현이 가능해 진다. 그러나 포스트 맑시즘은 이 비유를 '사회는 언어다'라고 오독해 문제를 야기시켰다. 언어를 통해 현실 작동 방식 자체를 알 수 있다는 인식은 담론(discourse)을 중시하는 오류를 내포하게 된 것이다. 그래서 포스트 맑시즘은 언술체계로서의 담론을 과도하게 확장해 현실 작동 메커니즘까지 '언어작동 방식'으로 설명하려했던 것이다. 들뢰즈는 이를 비판적으로 바라보면서 '구조주의는 일상적으로 언어가 아닌 것들까지도 언어로 본데서 성립한다'는 중요한 통찰을 제시했다.

그렇다면 '언어'에 대한 문제설정은 구조주의와 관련해 어떤 변화양상을 보여왔을까? 구조 자체가 견고한 완결성을 지니고 있으리라는 환상은 바로 언어의 동일성이 회의되면서부터 깨지기 시작했다. 구조주의의 선구자로 일컬어지는 페르디낭 드 소쉬르(Ferdinand de Saussure, 1857~1913) 이후 '차이'의 의미가

2) 질 들뢰즈(Gilles Deleuze) 저, 이정우 역, 『의미의 논리』, 한길사, 1999, p.518.

전면에 등장하게 되면서 기표(記表 : signifiant)와 기의(記意 : signifié) 사이의 자의(恣意)적 결합에 대한 분석적 이해가 일반화됐다. 소쉬르는 '언어는 형식이지 실체가 아니다'라고 했다. 여기서 구조주의가 존재론적으로 '언어'를 파악하고 있었다는 사실과, 언어 자체는 실체가 아닌 '관계'라는 규정은 미묘한 대비효과를 발생시킨다. 이를 주체와 연관해 살펴볼 때 '정체성의 균열'이라고 명명할 수 있다.

구조주의에 비판적인 논자들은 '구조주의는 주체의 문제를 배제시키고 있다'는 점에 대해 심각한 문제제기를 한다. 푸코, 들뢰즈, 가타리, 네그리 등 탈근대적 주체 탐구에 관심을 표명하는 논자들은 '동일성'보다는 '차이'에 대한 사고가 정체성을 사유하는 근본적인 문제라고 제기했다. 즉, 언어가 의미의 동일성으로 고정돼 있다는 생각을 비판하면서 관계에 따라 의미가 연동된다는 '차이'를 중시하게 된 것이다.

그렇다면, 현대 철학에서 언어를 새롭게 바라보려는 태도와 관련해 글쓰기의 문제에서 '차이'는 어떤 방식으로 의미화되고 있을까? 이 문제는 이주민의 글쓰기와 관련해 중요한 화두를 제공하고 있다. 이주민은 일상 속에서 '언어'의 문제 때문에 '이방인'으로서의 자기 정체성의 변화를 경험할 수밖에 없다. '언어적인 것만이 구조화돼 있다'는 인식은 언어철학적 언술인 반면, 실제 생활에서 이주민이 경험하는 '구조화된 언어'의 바깥은 어떤 정체성의 변화를 야기하는 것일까? 구조주의가 간과했던 '주체'의 문제를 이주민들은 '정체성'의 균열 과정을 거쳐 심각하게 직면한다. 이주민들의 실존적 위기는 그들의 '언어 다루기'와 '글쓰기'에서 구체적으로 확인할 수 있다.

이미 주어져 있는 것, 변화하지 않으려고 하는 것, 움직이지 않으려고 하는 것은 억압적 권력효과를 산출한다. 물질이 입자와 파동으로 이뤄져 있듯이, 모든 것들은 고정돼 있으려는 속성과 변화하려는 속성을 함께 지닌다. 이 양자의 긴장 속에서만 에너지가 생성된다. 글쓰기의 해방적 가능성도 움직임, 변화에 대한 긍정이 함께 고려돼야 한다. 바로 이부분에 주목할 필요가 있다. 최근 탈식민주의와 다문화주의 등에서 '디아스포라(Diaspora)'[3)]가 중요한 쟁점으로 부각되는 이유가 여기에 있기 때문이다. 다문화주의와 연관된 문화적 다양성에 대한 긍정은 진보주의적 면모를 지니고 있다. 문화는 이미 존재하는 것에 갇히지 않고 자유를 꿈꿀 때 해방적 가능성을 지닌다. 따라서 탈근대적 현대사회에서 적극적이고 정치적인 문화는 '차이'의 긍정을 통한 잡종성을 특징으로 하는 것이리라.

여기서 말하는 잡종성(hybridity)[4)]은 '차이'와 연관해 긍정적

---

3) 디아스포라(Diaspora)의 사전적 의미는 '이산(離散) 유대인', '이산의 땅'이다. 이스라엘 왕국과 유다왕국의 멸망으로 유대인들이 개척자적 정신을 갖고, 혹은 어쩔수 없는 생존을 위해 주변지역으로 이주하게 됐다. 이들 유대인들의 이주는 문화적 개방성이라는 측면에서 특이성을 지니고 있었다. 헬레니즘 문화에 대한 개방적 태도를 지니면서도, 유대교 문화와 생활방식을 지속시켰왔던 것이다. 최근 디아스포라(Diaspora)는 이주·이산에 따른 문화적 충돌과 정체성의 변화라는 측면에서 탈식민주의·문화이론·페미니즘 등에서 자주 원용되고 있다.

4) 잡종성(hybridity)은 창조성을 표현하는 새로운 개념으로 부상하고 있

의미를 획득한다. 최근 다문화주의, 탈식민주의, 페미니즘 등에서 이러한 '차이의 정치'가 중요한 화두다. 잡종성은 이전의 문화가 흔적으로 남아 지금까지 지속돼 있을 때 생성될 수 있다. 과거의 문화에만 고착돼 있을 때, 차이가 파생시키는 긴장이 상실되고 만다. 다문화적 혼종은 이전의 흔적과 현존하는 문화가 함께 융합됐을 때 발생한다. 원본으로 환원되지 않았을 때, 그리고 차이가 공존할 때 잡종성(튀기)은 일반적인 것이다. 이는 차이와 함께 지속적으로 움직이는 정체성, 변화하는 정체성이다. 따라서 이주문학은 언어와 글쓰기의 관계에서 '차이의 정치'를 확인할 수 있는 중요한 문제가 된다.

본 논문을 전개하기에 앞서 논자는 문화연구적 접근을 통해 디아스포라의 의미를 추적하는 것이 아니라, '이주문학'에 드러나는 정체성의 변화를 다루고 있음을 밝혀두고자 한다. 디아스포라와 이주문학을 연관해 논지를 전개한다는 것은 의도하지 모순을 발생시킬 것이다. 왜냐하면 논자는 한국문학 연구자의 입장에서 '재외 한인 문학'을 문제삼고 있기 때문이다. 이 논문은 이론적으로는 '차이의 정치'에 기반하고 있음에도, 민족(혹은 한민족)이라는 호명된 정체성에서 자유롭지 못하다. 디아스포라, 이주 일반에 대한 문제를 한민족의 이주 · 이산 · 이민이라는

다. 잡종성 혹은 잡종문화는 이종(異種)문화간의 결합을 통해 새로운 변종과 변종의 가능성에 주목한다. 따라서 타자(차이)에 대한 인정과 결합을 추구하며, 바로 그곳에서 금기에 대한 도전과 해방의 가능성을 찾으려 한다. 잡종성은 다문화주의와 연관돼 현재 형성중인 담론 체계라고 할 수 있다.

관점에서 접근한다고 했을 때, 포섭된 주체의 시선이 '민족문학'이라는 형태로 개입하게 된다. 즉, 한국이라는 국가, 한민족이라는 경험된(혹은 앤더슨 Benedict Richord O'Gorman Anderson의 용어를 빌리자면 '상상적 공동체') 공동체가 논의 구심력으로 작용할 수밖에 없는 것이다. 문학이라는 형식 내의 글쓰기를 문제삼는 태도 때문에 '민족어'와 관련된 이런 균열이 발생할 수밖에 없다. 논자는 '한국어'로 쓰여진 문학만을 한국문학의 범주에 포함시키려는 일반적인 태도로부터 자유로워지려고 시도했다. 따라서 이 논문의 주요 텍스트 분석의 대상이 된 작가들은 비록 한국어로 작업을 하지 않았더라도 한국계 미국인(영어)이거나 재일 조선인(일본어)으로 호명되는 이들이다. 이러한 민족이라는 고정돼 있는 것으로 간주되는 정체성에 기반해 있으면서도 정체성의 변화를 다루는 것은 모순적이다. 이러한 모순은 필자가 한국문학의 전공하고 있다는 사실 때문에 내재될 수밖에 없는 실존적 갈등이라고도 할 수 있다.

그렇다면 한국문학에 국한해 볼 때 이주문학의 범주는 어떻게 설정할 수 있을까? 한국문학사에서 이주문제와 문학의 결합이 이뤄지기 시작한 것은 근대초기이다.

육정수(陸定洙)의 『송뢰금(松籟琴)』(1907)[5]은 러일전쟁 무렵을 배경으로 하와이로 노동이민을 떠난 김경식 주사의 이산문제를 다룬 신소설로, 최초로 국가간 이동에 대한 구체적인 묘사를 했다는 점에서 문학적인 의의를 지닌다. 이해조의 『월하가인』

5) 육정수, 「송뢰금」, 『송뢰금(외)』, 범우사, 2004.

(1911)[6]도 멕시코 노동 이민 문제를 사회 문제로 제기한 소설이다. 이해조는 이 소설에서 조선인이 멕시코에서 천대 받고 있다는 사실을 적시하고 있다. 일제 강점기에는 최서해의 「탈출기」(1925), 김동환의 『국경의 밤』(1925) 등이 이주문제와 관련을 맺고 있었고, 강경애의 『인간 문제』도 간도의 실상을 리얼리즘으로 형상화한 대표적인 작품이다.

분단 이후에는 안수길의 『북간도』(1967)를 주목하게 된다. 일제 강점기부터 한국문학의 중요한 배경이었던 동북 3성 지역에서 생산된 문학은 흔히 '간도문학'이라고 일컬어진다. 현재 만주국 내의 한인 문학활동에 대한 평가작업은 안수길, 강경애, 김창걸 등을 중심으로 이뤄지고 있다. 재중국 조선족 문학은 이후 시기적 단절을 거쳤다가 1992년 한중수교를 전후해 다시 한국문학연구의 자장내로 진입할 수 있었다. 그러나 한국문학내의 '이주문학'에 대한 기존논의는 동일성을 강조하는 측면이 강하다. 즉, 중국이든, 러시아든 '한국어'로 글쓰기 작업을 했느냐 아니냐가 한국문학에서 논의의 대상이 될 수 있는 지의 여부를 판단하는 준거틀이 되는 것이다. 필자는 '한국어 중심주의' 혹은 '민족문학 중심주의'에서 벗어나 '이주문학'(혹은 디아스포라문학)이 논의돼야 한다고 본다. 공간의 이동에 따른 정체성의 충격적 변화와 새로운 정체성의 발견작업이 '이주문학'의 특징일 수 있다. 따라서 한국문학내 광의의 '이주문학'은 식민지 시대 진보적인 일본 유학생이 공간 이주 체험을 통해 겪게 되는 근

6) 이해조, 「월하가인」, 『홍도화(외)』, 범우사, 2004.

대성의 충격도 포함될 수 있다. 분단 이후 산업화로 인한 농촌사회에서 도시사회로 이주가 파생시킨 다양한 정체성의 혼돈상을 문학적 글쓰기로 형상화하는 것도 '이주문학'으로 범주화가 가능하다.[7] 그러나 여기서는 대안적 글쓰기와 연관된 논의를 위해, 국경간의 이동에 기반한 재외 한국인의 현지어 글쓰기를 논의의 대상으로 삼으려 한다.

2 다문화적 정체성에 대한 글쓰기의 정치

문학은 기억된 삶을 통해 현재를 반추하고, 흔적의 지도를 그림으로써 시간을 확인하는 작업과 연관돼 있다. 따라서 문학적 글쓰기는 예기적 통찰이나 희망을 통해 시간을 전유하느냐, 아

7) 한국 이주문학의 특징은 '귀향문학'이라는 역설적 어휘를 통해 파악할 수 있다. 한국문학에서 '귀향'의 모티프는 자신의 존재확인을 위해 설정돼 있지만, 오히려 균열된 정체성을 읽어낼 수 있도록 해 준다. 예를 들면 김승옥의 「무진기행」(1964)은 주인공이 '무진'이라는 가상공간(고향)을 방문함으로써 과거의 삶과 조우하는 사건을 환상적 문체로 형상화하고 있다. 이는 도시로의 이주와 연관한 순환논법을 보여주고 있는데, 도시로 이주한(성공한) '나'는 '귀향'을 통해 자신이 이주민이라는 사실을 비로소 확인할 수 있게 된다. 고향-도시-귀향을 통해 분열된 정체성을 확인하는 설정은 적극적인 정체성의 발견으로 이어지지 못하고, 도시로의 귀환으로 귀결되고 있어 패배적이다.

니면 기억된 과거의 흔적을 통해 시간을 회고하느냐에 따라 갈림길에 들어서게 될 것이다. 이러한 태도는 결코 명시적으로 작품의 서사적 내용에만 관계하는 것이 아니다. 오히려 글쓰기의 내부에 스타일로 존재할 수 있게 될 때, 이른바 '문체'를 형성할 수 있다.

이주문학은 회고적으로 시간의 흔적을 확인하는 경우가 많다. 이는 일견 잡종성과 충돌하는 듯이 보이기도 한다. 그러나 문학적 글쓰기가 갖고 있는 특이점은 회고적 형식을 취하고 있음에도 불구하고 이주민의 역사적 맥락 확인을 통해 '잡종화된 자신의 정체성'을 살피고 있다는데 있다. 바로 그곳에서 현실에 대한 분노와 고통, 부끄러움 등 내밀한 감정이 표현된다. 육체와 언어, 그리고 담론 체계가 현지의 다수적 시선에 의해 억압받으면서 갈등을 일으킨다는 사실, 바로 그 곳에서 엄청난 분노의 에너지가 분출한다.

그래서 이주문학은 기억하는 행위로써의 역사 다시쓰기와 의식·무의식적으로 함께 한다. 그 구체적인 면모를 한국계 미국작가의 미국내 문단활동을 통해 살펴 보기로 하자. 1970년대 중반에 아시안 미국문학 르네상스가 있었다. 소수 민족문학논의가 활성화되면서 확산된 이들 문학은 '이산문학'이라는 특징을 공유했다. 한국계 작가의 작품으로는 아시아계 소수문학의 선두주자로까지 일컬어지는 차학경의 『딕테』(1982)[8], 퓰리처상 후보에까지 오른 김난영의 『토담』(1987)[9] 등을 거론할 수 있다. 무엇

---

8) 차학경 저, 김경년 역, 『딕테』, 토마토, 1997.

보다 최근작인 한국계 미국인 이창래의 『네이티브 스피커』(1995)[10)]를 주목해 볼 필요가 있다.[11)]

『네이티브 스피커』는 '이산문학'의 특징이라고 할 수 있는 기억할 만한 사건, 현재를 확인할 수 있는 중요한 계기로 존재하는 과거의 사건을 곳곳에 배치시키고 있다. 그 사건들은 이주 이전의 조상에 관한 것, 이미 고인이 된 아버지와 어머니, 한국적 전통이라는 문제로부터 시작해 흔적으로 남아있는 관습과 언어용법 등에 관한 것들이다.

『네이티브 스피커』에는 주인공 헨리 박(한국이름 박병호)과

---

9) 김난영 저, 김화자 역, 『토담』, 동문사, 1990.

10) 이창래는 현재 프린스턴대 인문학 및 창작과정 교수로 재직중이다. 가족과 함께 세 살 때 미국에 정착한 그는 1987년 예일대(Yale University)에서 영문학 학사, 1993년 오리건대(University of Oregon) 대학원에서 창작과정 석사학위를 받은 뒤, 오리건대 교수로 재직했다. 1995년 출간된 『네이티브 스피커』로 1996년 '헤밍웨이 펜 문학상'을, 일제시대 일본군 종군 위안부 문제를 다룬 두 번째 소설 『제스처 라이프』로 '아니스펠트-울프상'과 '아시아-아메리카 문학상'을 받았다.

11) 유희석은 한국계 미국작가의 다음 작품들을 비중있게 평가하고 있다. "소설 분야에 한정하면 출간 당시 미국언론이 크게 주목하고 국내에서도 베스트셀러가 된 김은국(미국명 Richard E. Kim, 1932~)의 『순교자』(*The Martyred*, 1964)를 포함해 사후에 소수민족문학의 전범으로 떠오른 차학경(Theresa Hak Kyung Cha, 1951~82)의 『딕떼』(*Dictee*, 1982), 퓰리처상 후보작에 오른 김난영(Ronyoung Kim, 1926~87)의 『토담』(*Clay Walls*, 1987), 메어리 백 리(Mary Paik Lee, 1900~)의 자서전인 『조용한 편력 : 미국의 한 선구적 한국여성』(*Quiet Odyssey : A Pioneer Korean Woman in America*, 1990) 등이 대략 1990년대 초까지 나온 대표적인 작품에 속한다."(유희석, 「한국계 미국작가들의 현주소」, ≪창작과비평≫ 2002.여름, 창작과비평사, p.169.)

가족적 의무감에 투철했던 이민 1세대인 헨리 박의 아버지, 미국 주류사회에 도전장을 내던지며 승승장구하다 좌절하고 마는 존 쾅이라는 인물이 등장한다. 이들은 모두 이주민의 개성을 대변하면서도 욕망의 측면에서는 통일된 인격체적 면모를 보여주고 있다. 이를 다르게 표현하면, 헨리 박의 분열증적 자아가 아버지와 존 쾅에게 투영돼 있다고도 할 수 있다. 특히 존 쾅은 종족의 흔적을 보다 강하게 느끼고 있으며, 그 흔적을 소수민족의 대표성으로까지 끌어올리려는 적극적 정치 행위를 기획하고 있기도 하다. 존 쾅의 좌절은 르네 지라르의 '희생양'을 연상시킨다.[12] 미국사회는 다인종국가의 특성을 인정하고 있지만, 다수자는 끊임없이 미국적 정체성을 요구하고 있다. '한국적인 것' 혹은 '전통'이라고 불리는 것들은 있어야 할 장소를 벗어남으로써 과거를 흔적으로만 몸에 각인하고 있는 경우가 많다. 이 각인된 흔적은 원래의 장소(한국)에서 옮겨져 전혀 다른 장소인(미국)에서 발현됨으로써 때로는 모호한 잔상으로만 남게 된다. 혹은 흔적들로 인해 결정적 파국을 맞기도 한다. 이는 흔적으로 남아있지만 주체에게 각인된 과거의 기억들, 개인의 차원을 훨

---

12) "희생양이 죽음으로써 그를 죽인 자들을 이롭게 하는 것은, 그 희생양이 다시 살아났거나 아니면 진정으로 죽은 것이 아니기 때문일 것이다. 희생양 인과 법칙은 아주 엄격하기 때문에 죽어도 그 법칙을 막지 못한다. 이 인과 법칙은 원인에 해당하는 그 희생양을 헛된 것으로 만들지 않으려고, 희생양을 회생시켜 적어도 얼마간은 불멸의 존재로 만든다. 희생양을 두고 우리가 초월적, 초자연적이라고 부르는 것은 모두 이런 식으로 희생양 인과 법칙을 만들어낸 것이다."(르네 지라르(Rene Girard) 저, 김진식 역, 『희생양』, 민음사, 1998, p.81.)

씬 뛰어넘는 종족적 관습들이 만들어내는 효과 같은 것이다. 존 광이 미국 사회에서 다수자의 희생양이 된 것은 바로 흔적으로 남아 있는 '종족적 관습' 때문이다. 그는 미국 내 소수자들로부터 '계'모임의 형태로 자금을 끌어모았고, 이 '사금고' 운영으로 인해 세금포탈 혐의로 조사까지 받게 된 것이다.[13]

소설의 주인공 헨리 박은 종족의 흔적을 지우려고 노력한다. 이는 소설 속에서는 극히 자연스럽게 표현돼 있지만 처절한 면모까지 보인다고 할 수 있다. "말할 때 악센트"에 신경을 쓰고, 백인 아내인 릴리아로부터는 "자기 자신이 하는 말에 귀를 기울이고 있는 사람" 혹은 "영어를 모국어로 사용하는 사람이 아닐 것"이라는 평가를 받는다. 문제는 헨리 박이 이러한 평가에 상당히 민감하다는 것이다. 자신이 영어를 모국어처럼 말하는 이민 2세임에도 불구하고 여전히 한국계 미국인이라는 경계적 삶으로부터 자유롭지 못하다.

13) 『네이티브 스피커』에서 아버지가 한국식 '돈 모임'인 '계 모임'를 통해 자본을 획득했던 사건에 대한 기억들, 한국에서 방문한 아버지 친구들에 대한 인상, 채소 가게를 운영하며 성공한 아버지의 고난 등은 이주민이 정착 과정에 겪게 되는 수난의 약사(略史)이다. 현월의 『그늘의 집』에서도 '계 모임'이 중요한 서사전개의 수단이 되고 있어 특이하다. 주인공 서방은 숙자가 '계'에 관계하면서 천백만엔의 돈을 갖고 도망치려다 집단촌 사람들에게 린치를 당했던 사건을 기억하고 있다. 이는 이주민들이 중국인으로 바뀌면서 집단촌내에서 중국인들 사이의 계 모임과 연관된 사건으로 변모해 다시 재현되고 있기도 하다. 이민사회에서 계 모임이 '공동체를 유지'를 위한 중요한 매개체이면서 종족의 흔적임을 확인할 수 있다.

> 미국인들은 성씨가 아니라 자신의 이름을 기초로 살아가고 있다. 그녀는 우리의 언어에서, 특히 가족과 하인들의 엄격한 군대식 언어에서 여자의 이름을 자연스럽게 부를 수 있는 계기가 없다는 사실을 이해하지 못했다. (중략) 아버지는 한 번도 어머니의 이름을 대놓고 부른 적이 없었다. 어머니도 내 앞에서는 아버지의 이름을 불러 본 일 없었다. 어머니는 항상 '집사람', '아내', 혹은 '네 어머니'였다. 아버지는 항상 '남편', '아버지', 혹은 '헨리 아버지'였다. 오늘에 이르기까지 누군가가 부모님의 이름을 물으면, 나는 잠시 생각하다가 대답을 해야 했다.[14)]

위의 인용문과 같은 글쓰기는 자기 자신의 내밀한 면모를 드러내는 의도된 글쓰기의 차원을 훨씬 벗어나 있다. 이것은 초자아적 형태, 즉 한국계 미국인이 '한국적이라고 설정된 가상의 정체성'과 '미국적이라고 설정된 가상의 정체성' 사이를 무의식 중에 넘나들면서 발화하는 것이다. 여기서 필자가 가상(virtual)이라는 용어를 사용한 것은 작중인물이 부유하는 존재라는 특이성을 극대화시키기 위해서다. 모든 정체성이 가상적이고 허구적인 것은 아니다. 정체성은 명확한 실체로서 이야기할 수는 없지만 경계를 지니고 있다는 게 논자의 견해이다. 다수자의 시선을 통해 자신을 보는 것은 어떤 문제를 파생시킬까? 이는 미국 사회 내의 다수자 시선이 이주민에게 가하는 폭력적 성격에 대한 진술로 읽어낼 수 있다. 위의 인용문에는 다수자의 억압에서

---

14) 이창래 저, 현준만 역, 『네이티브 스피커 1』, 미래사, 1995, p.107.

유래하는 소수자의 고통스런 상처와 자신의 동일성에 가해지는 흠집내기와 같은 것이 표현돼 있다. 소설 속에서 헨리 박의 상처는 백인 아내와 자신 사이에 “완전히 백인도 아니고 완전히 황인종도 아닌” 튀기로 태어난 아들 미트의 죽음으로 상징된다. 미트는 종족적 혼합의 상징이며, 헨리 박이 미국 사회에서 가장 미국적으로 성장하기를 기대했던 희망둥이였다. 그의 죽음은 미국사회 내에 근원적으로 존재하는 ‘종족공포’를 드러내 주고 있다. 또한 헨리 박이 항상 경계인의 위치에 머물도록 강제하는 지워지지 않는 흔적이기도 하다.

다른 측면에서 보자면 헨리 박(이창래)의 시선 또한 일정 정도의 변형을 경험했다고 할 수 있다. 미국인이 이해하지 못하는 한국적 특성에 관한 헨리 박의 해석은 오염돼 있다. 일종의 스테로오타입화가 이미 진행중인 것이다. 봉건적 신분질서로 인한 호칭의 문제는 ‘아시아적 특성’으로 규정돼 있는데, 이는 미국사회의 일반적 통념일 뿐이다. “가족과 하인들의 엄격한 군대식 언어”라는 규정은 분명 봉건적 형태이기는 하지만 아시아적 보편성으로 규정하기에는 무리가 따른다. ‘가족과 하인들의 엄격한 군대식 언어’라는 것은 차라리 정적인 공동체 사회에서 ‘불려지는 대상’이기보다는 ‘역할 수행자의 위치’에 따른 위계였다고 해석하는 것이 보다 더 온당하다. 혹은 한국의 전통 사회내에 면면히 흘러왔던 ‘이름을 부른 것’에 대한 금기적 경외감도 작용했다고 할 수 있다. 이런 해석에 입각해 볼 때 ‘헨리 박’은 미국 다수자의 시선에 의해 상처받고 있으면서도, 상처받는 근거(태생적으로 부여받은 Korean, Asian이라는 규정)를 스스로 왜곡하고 있기도 하다. 이는 이주민, 혹은 이민 2세대에게 존재론적으로 내재해 있는 이중적 억압이다. 이 경계적 상황 때문에 헨리 박은 이주민들에 대한, 혹은 미국내 아시아인들에 대한 정보를 수집하는 업무를 직업으로 갖게 된다. '비밀스러운 사설 정보수집'은 미국사회가 다양한 인종과 문화의 집합체로 구성돼 있기 때문이기도 하다. 주변인 · 경계인이라는 헨리 박의 이주민적 특성 때문에 아내 릴리아는 그를 "불법 체류자, 정서적 이방인, 황색의 위협 : 신 아메리카인, 스파이"[15]라고 평가한다. 헨리 박에게 가해지는 이중적 억압은 긍정적인 것도 부정적인 것도 아니다. 그것은 단지 '이주민의 실존적 위치'를 확인해 줄 수 있는 좋은 표본일 뿐이다.

3 이주문학과 소수문학

그렇다면 재일 조선인 작가들의 경우는 어떠한가? 현월의 『그늘의 집』[16]에 등장하는 주인공인 75세의 노인 '서방'은 일본어

15) 앞의 책, p.13.

16) 현월(玄月)은 부모가 어릴 때 제주 4 · 3항쟁을 피해 일본으로 이주한 후 태어난 재일 조선인 2세다. 오사카 시립 미나미 고등학교를 졸업하고 대학진학은 포기했다. 대신, 아버지 구두공장을 운영하면

와 한국어를 동시에 구사한다. 이중언어라는 이주민의 상황이 이야기 곳곳에 배치돼 있는 것이다. '서방'은 소설의 배경이 되는 조선인들의 '집단촌'(이른바 그늘의 집)이 처음 생겨나던 시기부터 함께 해온 화석과도 같은 존재이다. 집단촌의 권력자인 나가야마(그도 재일 조선인이지만 한국어를 모른다)는 서방에게 "내 앞에선 조선말 하지 말라니까"[17]라는 타박을 한다. 그러나 나가야마의 태도는 '부모의 말을 익히지 못한 열등감'이라고 언급돼 있다. 엇비슷한 맥락에서 이회성의 『우리 청춘의 길목에서』라는 작품에는 일본어와 한국어가 연상적으로 교차하면서 발생하는 효과에 대해 기술한 부분이 나온다. 한 논자가 이미 지적했듯이 조개장수의 '모시조개'라는 일본어 발음이 조선어로 "깨끗이(앗사리) 죽어버려"라는 소리로 착각되면서 한국사람과 일본사람의 삶의 태도에 대한 차이가 서술돼 있다. 주인공 남수는 이 화두를 되씹으며 "새벽 조개장수의 소리를 무시하며, 살아갈 의지"를 확인한다.[18] 이는 일종의 언어적 유희처럼 보이지만, 조선인의 정체성을 갖고 일본어로 글을 쓰고 일본에서 살아야 하는 작가의 상황을 상징하는 표현이라고 할 수 있다.

왜 이주문학은 이중언어의 문제와 경계인으로서 글쓰기 문제

서 1994년부터 오사카문화학교를 다니며 글쓰기를 시작했다. 「이경의 사생아」에 이은 두번째 작품 「무대 배우의 고독」이 1998년 하반기 〈문학계〉에 실려 주목을 받기 시작했다. 2000년에 『그늘의 집』으로 아쿠타가와상을 수상했다.

17) 현월 저, 신은주 · 홍순애 역, 『그늘의 집』, 문학동네, 2000, p.24.

18) 이회성 저, 김숙자 역, 「우리 청춘의 길목에서」, 『죽은 자가 남긴 것』, 소화, 1996, pp.114-119.

에 과도하게 집착하는가? 글쓰기와 표현의 관계에서 '소수성' 혹은 '소수적인 문학'이 중요한 의미로 부각되기 때문이다. 여기서 '소수적인 문학'이란 "소수적인 언어로 된 문학이라기보다는 다수적인 언어 안에서 만들어진 소수지의 문학"이다.[19] 소수적인 문학이란 한국어로 쓰여진 문학을 의미하는 것이 아니라, 일본어로 작업하는 재일 조선인의 작품, 영어로 작업하는 한국계 미국인의 작품을 지칭한다. 이들 한국계 작가들은 일본어나 영어 이외의 언어로 글을 쓰는 것이 불가능하다는 사실을 실감하고 있다. 『네이티브 스피커』의 헨리 박처럼 이중언어의 경계에 있으며(혹은 한국어 자체를 모르며), '한국인'이라는 정체성으로부터 탈영토화돼 있다.[20] 또는 국적은 한국인(혹은 북조선인)이지만, 생활근거는 일본에 깊이 뿌리내리고 있기도 하다. 이러한 언어적 여건의 특이성, 혹은 글쓰는 주체의 특이성 때문에 글쓰

19) 질 들뢰즈 · 펠릭스 가타리 저, 이진경 역, 『카프카 - 소수적인 문학을 위하여』, 동문선, 2001, p.43.

20) 프란츠 카프카(Franz Kafka, 1883~1924)와 이디시어의 관계를 통해 '언어' 문제에 대한 시사점을 제공받을 수 있다. 이디시어는 동부 유럽의 유태인들이 쓰는 독일어와 히브리어의 혼합어이다. 카프카는 이디시어에 대해 "사용하기 두려운 언어고, 더 나아가 경멸을, '어떤 혐오섞인 공포를' 야기하는 언어"다. 또한 "언어 없는 언어고, 훔친 어휘, 떠 다니는 어휘, 이주한 어휘 등에서 시작하여 '세력 관계'를 내면화하는 유목민 같은 언어"라고 했다. 카프카는 "(이디시어는) 가슴으로 '느끼지' 않고는 이해할 수 없는 언어"라고 강조한다. 여기서 이디시어에 포함된 이주민 언어에 대한 두려움은 바로 자신에 대한 공포이다. 이주민에게 가해지는 공포가 아니라 자기 자신에 내재한 공포가 이런 상황을 만든다는 것이다. 잡종성을 지닌 언어로 이주문학적 글쓰기를 하는 것도 마찬가라고 할 수 있다.(위의 책, p.65 참고)

기가 정치적 성격을 지니는 경우가 빈번하다. 이주민의 가장 개인적인 문제도 의도하지 않은 상태에서 직접 정치적인 이슈로 변환되는 이유가 여기에 있다. 자신의 것이 아닌 언어로 생활을 영위해야 한다는 것, 혹은 자신의 언어를 포기하고 다수의 언어로 자신의 소수성을 표현해야 한다는 것 자체가 이미 강한 정치성을 내포하게 된다. 따라서 이주문학은 이민자, 혹은 이민자의 아이들 문제이기도 하지만, 소수자 · 소수적인 문학의 문제이기도 하다. 이를 보다 확대하면 이주문학은 스스로를 유력자(major)와 대비되는 약소자(minority)라고 생각하는 바로 우리들 자신의 문제이기도 하다. 여기서 약소자는 수의 적음이라는 양에 의해 정의되는 규정이 아니라는 사실을 명심해야 한다. 약소자는 유력자를 구성하는 지배적 언어와 담론 체계에 의해 분리되어진 틈과 간격에 의해 정의되어진다. 그래서 약소자는 '변화'와 '차이 만들기'의 주체로서 기능하는 반면, 유력자는 모든 사물들을 그의 시야와 권력 안에 가두려고 하는 억압적 틀로서 기능하게 된다.

그렇다면, 사회적 상황에 비추어 볼 때 약소자의 면모로서 재일 조선인의 실상은 어떠한 것일까? 재일 조선인 작가의 글쓰기에 관해서는 보다 특수한 이해 방식이 필요하다. 일제 식민지 상태에서 조선인의 일본으로의 이주는 '제국과 식민'의 관계라는 큰 틀이 작용하고 있었다. 1937년 중일전쟁이 발발하자 일본은 군수산업에 필요한 노동력을 식민지 조선에서 동원했다. 이렇게 비자발적으로 일본에 이주한 조선인들은 해방직전 2백만 명에 이르렀으며, 60만 명이 해방 이후에도 귀국하지 못하고 일본에 남게 됐다. 재일 조선인들은 애초에 이민을 상정하고 이주한 것이 아니기 때문에 임시로 일본에 체류한다는 의식이 강했다. 언어의 문제도 이러한 '체류자 의식' 혹은 '피해자 의식'과 연관해 이해할 필요가 있다.(이러한 체류자 의식은 러시아와 중국의 경우도 마찬가지였다고 할 수 있다.) 따라서 재일 조선인들은 오랫동안 이중언어 상태를 유지해왔으며, 재일 조선인의 언어적 정체성이 변화하기 시작한 것은 세대의 변화와 맞물려 있다.

1972년 이회성이 일본어로 문학활동을 해 일본문단을 놀라게 하면서 아쿠타가와상 수상하게 된 것도 재일 조선인 2세들의 등장과 깊은 관계가 있다.[21] 이들 재일 조선인 2세들에게 한국은 지리적 인접성에도 불구하고, 부모세대를 통한 기억의 흔적으로만 남아있게 된다. 그 대표적인 경우가 유미리라고 할 수 있다. 그의 『가족 시네마』[22]에서는 이주민으로서의 흔적이 내용적으로는 거의 탈색돼 있다. 반면 형식적 측면에서는 가식적

---

21) 1972년 이회성(李恢成)은 외국인으로서는 최초로 아쿠타가와상을 수상했다. 당시 일본 문학계는 재일 조선인으로서의 자신의 경험과 사상을 일본어로 표현할 수 있는 작가가 탄생했다고 경탄했다고 한다. 이회성 이후 1989년에는 이양지(李良枝)가, 1997년에는 유미리(柳美里)가, 그리고 2000년에는 현월(玄月)이 아쿠타가와상을 수상했다. 아쿠타가와상은 일본의 요절 작가 아쿠타가와 류노스케(芥川龍之介)를 기리기 위해 1935년부터 시상해왔다. 각 신문 잡지에 발표된 신진작가의 소설 및 희곡을 대상으로 매년 2회 시상한다. 기성작가에게 주는 나오키(直木)상과 함께 일본의 권위있는 문학상이다.

22) 유미리 저, 김난주 역, 『가족 시네마』, 고려원, 1997.

관계가 규정하는 거짓 정체성에 대한 적나라한 폭로의 힘을 내장하고 있다. 20년 동안 소원한 상태에 있던 가족이 영화의 피사체가 되기 위해 모여 불편한 연기를 한다는 설정은 '회복 불가능한 것'에 대한 집착이 불러일으키는 애잔한 감상을 유발한다. 이를 이주민의 시선으로 되돌려 보면, 재일 조선인 부모 세대의 '사로잡힌 삶'에 대한 도전적 반항이라고도 할 수 있다. 유미리는 『가족 시네마』를 통해 '나는 한국인도 일본인도 아닌, 그저 자신의 몸과 느낌에 충실한 존재이고 싶다'고 항변하고 있는 것이다.

4 내부로 향하는 이주를 위하여

스튜어트 홀(Stuart Hall)은 그의 유명한 논문 「문화적 정체성과 디아스포라」에서 '차이의 정치'에 관한 중요한 언급들을 진전시킨 바 있다.[23] 그는 '과거이면서도 미래에 속하는 문화의 구성주의적 측면을 강조했다. 그는 문화적 정체성에 접근하는 두 가지 태도를 제시한다. 그 첫 번째 입장은 상상적 집단으로서의

23) Stuart Hall, "Cultural Identity and Dispora," in Patrick Williams and Laura Chrisman, eds., *Colonial Discourse and Post-colonial Theory : A Reader*, New York : Columbia University Press, 1994, 393-394.

문화공동체와 관계한다. 역사와 조상을 공유하는 사람들이 보다 큰 자아(대자아)를 상정하고, 대자아에 개인을 동일화시킴으로써 견고한 문화적 정체성을 형성하려고 한다. 이러한 태도는 경험된 역사가 중요한 근거로 작용한다. 따라서 통일성, 위계적 질서, 고착된 권력 관계 등이 은연중에 내재하게 된다. 두 번째 입장으로는 유사점들과 함께 문화공동체 내에 깊고 의미있는 차이들이 면면히 존재한다는 사실을 인정하는 것이다. 차이가 존재하기 때문에 개별자이면서도 공통적일 수 있다는 이 입장은 '차이의 현존성'을 중시한다. 예를 들어 피부색, 용모, 취향, 인종주의적 요소 등 다양한 잡종적 형태들이 결코 유별난 것이 아니라는 입장을 중시하는 것이다. 이들 차이는 특수한 것이 아닌 보편적인 것이며, 이 차이를 억압함으로써 폭력적 권력을 휘두르는 배면의 권력관계가 문제라 할 수 있다. 따라서 스튜어트 홀은 문화적 정체성에 관해 '이다'(being)에서 '되다'(becoming)로 변환할 것을 주장한다. 원래 존재했던 것으로 바라볼 것이 아니라 끊임없이 생성되는 변화하는 정체성을 상정하자는 것이다.

이주문학의 글쓰기는 경계선에서 행해지는 글쓰기이다. 하이데거(Martin Hadegger, 1889~1976)는 '한 경계는 어떤 것이 멈추는 것이 아니라 그리스인들이 인정하는 것처럼, 어떤 것이 그것의 존재를 시작하는 곳이다'라는 중요한 지적을 한 바 있다. 경계선에서 행하는 글쓰기가 생성적이고 창조적인 힘을 발휘할 수 있다고 보는 것은 넘어섬을 통한 '시작'이라는 가능성을 기약하기 때문이다. 아직 한국문학은 '이주문학'에 익숙하지 못하다.

이는 한국이 분단이라는 정세 때문에 국가주의적 폭력에 갇혀 있기 때문이고, 민족어에 대해 강한 정체성을 강화하면서 '대자아'에 소수자를 강제로 통합시키려는 경향이 강하기 때문이다.

세계적 차원에서 조망해도 '단일 민족어'의 정체성이 강한 한국은 정체성의 변화에 훈련돼 있지 못하다. 수많은 이민이 발생하고 있음에도 불구하고, 한국은 이민을 받아들이는데 익숙하지 않다. 심지어는 백인에게는 우호적 시선을, 동남아시아인과 흑인에게는 배타적 시선을 던지는 인종주의적 태도가 만연돼 있기도 하다. 이주문학은 한국이라는 국경의 외부를 향해 있지만, 조만간 내부에 과녁이 생기고 화살들이 '슉슉' 소리를 내며 박히게 될 것으로 보인다. 한국에 파견 혹은 불법체류중인 동남아 이주노동자들에게 가해지는 물리적·정신적 폭력은 한국사회가 얼마나 닫힌 사회인가를 적나라하게 드러내준다. 유력자에 대비되는 약소자의 정체성만 강조할 뿐 스스로도 유력자로서 누군가에게 폭력을 가하고 있다는 사실을 성찰하지 못한다면, 그는 잠재적 유력자일 뿐이다. 조선족과 동남아 이주노동자에게 가해지는 폭력은 아직 본격적인 글쓰기의 대상으로 떠오르는 않고 있다. 그러나 여전히 '단일민족'이라는 정체성을 폐쇄적 민족주의 형태로 강조하는 한국사회의 성격에 비추어볼 때, 내부에서 가한 이방인에 대한 폭력은 또 다른 인종공포의 형태로 부메랑이 되어 되돌아올 것으로 보인다. 우리는 충돌 이후 흔적에 대해 미리부터 공포를 가질 필요는 없다. 이러한 공포가 인종적 폭력과 희생양을 양산해 왔다는 사실은 역사의 곳곳에서 확인할 수 있다. 스스로를 '근대의 튀기'라고 인정하는 것, '잡종성'에 대한 훈육된 거부감은 바로 그곳에서 극복될 수 있을 것이다.

참고문헌

김난영 저, 김화자 역, 『토담』, 동문사, 1990.
유미리 저, 김난주 역, 『가족 시네마』, 고려원, 1997.
양진오 편, 『송뢰금(외)』, 범우사, 2004.
이창래 저, 현준만 역, 『네이티브 스피커』, 미래사, 1995.
이회성 저, 김숙자 역, 『죽은 자가 남긴 것』, 소화, 1996.
최원식 편, 『홍도화(외)』, 범우사, 2004.
차학경 저, 김경년 역, 『딕테』, 토마토, 1997.
현월 저, 신은주 · 홍순애 역, 『그늘의 집』, 문학동네, 2000.
르네 지라르(Rene Girard) 저, 김진식 역, 『희생양』, 민음사, 1998.
자크 데리다(Jacques Derrida) 저, 남인수 역, 『글쓰기와 차이』, 동문선, 2001.
질 들뢰즈(Gilles Deleuze) 저, 이정우 역, 『의미의 논리』, 한길사, 1999.
질 들뢰즈(Gilles Deleuze) · 펠릭스 기타리(Flix Guattari) 저, 이진경 역, 『카프카－소수적인 문학을 위하여』, 동문선, 2001.
Patrick Williams & Laura Chrisman, eds., *Colonial Discourse and Post-colonial Theory,* Columbia University Press, 1994.

유희석, 「한국계 미국작가들의 현주소」, ≪창작과비평≫ 2002. 여름.

기대와 좌절의 여정, 디아스포라

- 해방기 귀향소설에 대한 고찰 -

최 계 화

1 서 론

1945년 8 · 15해방으로부터 1950년 사이의 문학을 보통 해방기 문학이라고 일컫는다. 그런데 해방기 소설분야에서는 소설적 방법의 재확립을 문제 삼을만한 작품을 찾아보기 어렵다는 견해로 어떤 논저에서는 이 시기를 간단히 언급하고 지나치거나 간혹 아예 취급하지 않는 경우도 있고 1945~1953년 휴전성립 사이를 거의 문학의 공백시기라고 평가하는 경우도 있다.[1)]

실상 1945년 8·15해방부터 1950년 한국전쟁까지 창작된 문학작품은 일제강점말기 문학의 양적인 빈곤에서 많이 벗어났다고 할 수 있다. 식민지시대에 겪었던 위축상태에서 벗어나면서 작가들의 의욕은 소설, 그중에서도 단편소설에 많이 집중되었다. 붓대를 꺾었던 문인들, 새로 등단한 신인작가들을 포함하여 작가들은 같지 않은 주장과 부동한 주제 유형의 많은 소설들을 창작해 내었다. 그러나 해방기의 숱한 사회적 격변은 어떤 의미에서 허구적 상상력의 위축을 초래하기에는 충분한 것이었다. 이 시기 소설가들이 가장 고심했던 것은 무엇을 써야 할 것인가 하는 문제였다. 물론 이것은 작가의 세계관에 따라 그 방향이 결정될 수 있는 문제이다. 그러나 해방직후 대부분의 작가들은 현실의 혼란에 직면하여 그것을 바르게 인식하고 소설적 세계로 형상화하여 놓을 수 있는 정신적인 여유를 갖지 못하고 있었다. 정치적 이데올로기의 요구에서 벗어나 소설 자체의 본질적 속성에 따른 리얼리티의 추구에 전념한다는 것은 간단치 않은 일이었다. 곽종원은 「창작계 4년의 개관」(≪민성≫, 1948. 8)에서 "우리가 문예사상사적으로 보아서 그 주류의 포인트를 파악하지 못할 정도의 현상이 나타났다."고 쓰고 있다. 그러나 해방기소설이 특정된 사회 환경 때문에 제대로 성숙되지 못했다 하여 결코 그 시기를 간과하고 지날 수 없으며 또한 해방기문학 자체는 자기로서의 존재원인과 문학사적 의의가 있는 것이다.

---

1) 천이두, 『한국현대소설론』, 형설출판사, 1983, p.240.

해방기 소설은 대개의 경우, 해방에 의한 고향회귀나 암담했던 식민지시대를 결산하는 문제, 좌익계열의 계급문학, 우익계열의 순수문학, 세태풍자 등을 주요내용으로 삼고 있다. 그 가운데서 계용묵의 「별을 헨다」, 「바람은 그냥 불고」, 김동리의 「혈거부족」, 허준의 「잔등」, 엄흥섭의 「귀환일지」, 「집 없는 사람들」, 손소희의 「회심」, 정비석의 「귀향」 등은 고향회귀를 반영한 대표적인 소설들이다. 본고는 이런 소설들을 중심으로 고향회귀를 다룬 귀향소설이 창작된 원인과 그것들의 예술적인 가치 및 문학사적인 의의를 고찰해 보려고 한다.

2 귀향소설의 창작 배경

작가와 작품은 역사적 산물이며 동시에 초역사적인 것에 참여하고 있다. 문학과 그 역사의 연구를 위한 참된 시학은 인간의 보편적인 특성에 대한 연구와 그 역사적 탐구의 결합에서 가능한 것이다. 한 시대의 문학적 특성은 이른바 시대정신의 향방과 밀접한 관계가 있으므로 그 시대의 문학을 총체적으로 이해하기 위해서는 시대적 상황자체에 대한 이해가 전제됨은 물론이다.

8·15해방은 한민족에게 있어 실로 감격적인 일이었다. 더욱

이 힘든 일제말기의 극심한 압제 속에서 갑작스레 해방됨으로써 민족 전체는 거의 무조건적인 환희에 휩싸였다. 8 · 15해방은 갖가지 인적 · 물적 수탈정책과 민족문화 말살정책을 감행하였던 일제강점말기의 국가총동원 체제로부터의 풀려남을 의미하며 이는 곧 생존에 대한 위협으로부터의 해방임을 의미한다. 그때의 감격과 환희는 "민족사에 있어서 거의 종교적이라 할 만한 체험"[2]이었다. 그러나 몇 달이 지나지 않아 해방정국은 한국인 대다수에게 실망과 분노, 좌절감을 안겨주었다.

9월 8일 미군이 '해방자'의 신분으로 남한에 진주했고 미군정은 일본이 설치해놓은 모든 기구를 고스란히 인수하여 다시 사용하였다. 한편, 일제강점기 일본에 철저히 예속되었던 한국경제는 해방이 되면서 일제가 패망함에 따라 연결고리가 끊어져 재생산체계가 급속히 허물어지기 시작하였다. 설상가상으로 공업이 북한에 압도적으로 편재한 상황에서 외세의 간섭으로 남북이 분단되면서 어려움이 더욱 가중해졌다. 남한경제는 전반에 걸쳐 파멸적인 현상이 나타났다. 해방직후 실업난, 주택난, 식량난이 아주 심각한 상황으로 치달았다.

게다가 이데올로기로 인한 좌우익의 정치적 대립은 날로 더해갔으나 전체민족의 의지를 구현하고 그것을 결합시켜 나아갈 만한 주체적인 세력이 제대로 형성되지 못하였다. 이런 상태에서 국가적인 법질서가 확고히 자리잡히지 못하였기에, 사회적 불안과 정치적 혼란이 계속되었고 특히 사회경제적인 측면에서

2) 염무웅, 『민중시대의 문학』, 창작과비평사, 1997, p.508.

의 불안은 극심한 민족적 위기감을 불러 일으켰다.

이렇듯 무한한 기대감을 가지고 맞이한, 무한한 희망과 가능성을 내포하고 있던 해방은 너무나 큰 실망과 좌절과 불안정감만 안겨주었다. "해방 죄선 독립 몹씨 좋고 또 기뻐서 목이 쉬게 만세를 부른 것이지만 그 만세소리가 신음소리로 변한듯 했다."[3)]

해방기 문학의 한 갈래인 귀향소설은 이러한 사회 역사적 환경에서 창작되었다.

3 귀향소설이 창작된 원인

본고에서 언급되는 귀향민은 전재민, 월남민을 모두 포함하며 귀향소설은 바로 그들의 생활을 반영한 소설들을 가리킨다. 귀향소설이 좌우익문단의 대립이 치열했던 1945~1948년 사이를 거치면서 한국전쟁 전까지 끊기지 않고 창작된 원인에 대하여 아래와 같이 세 가지로 나누어 고찰해 보기로 한다.

---

3) 손소희, 「회심」, ≪백민≫, 1948.5, p.138.

1. 인간의 귀소본능의 체현

“우리는 어디로 가려고 하는 것일까. 항상 고향으로……” 이렇게 말한 사람은 18세기의 낭만주의 시인 노발리스이다. 인간은 고향을 찾아 헤매는 나그네일 수밖에 없다는 것, 인간이 잃어버린 자아를 회복하는 길은 고향으로 가는 길밖에 없다는 것, 그런 뜻으로 노발리스는 말한 것이다. 고향은 어느 시대 어느 민족에게 있어서나 절대적으로 안식의 장소였다.

월남민의 향수를 순수하게 보여준 서정적인 작품으로 김송의 「고향이야기」(≪백민≫, 1947.3)를 들 수 있다. 북한에 고향을 둔 채 월남하여 서울에서 신문사 기자생활을 하는 주인공 허(許)는 북한에 있는 매부가 장사차로 서울에 와서 들려주는 고향이야기에 무한한 향수에 젖는다.

> 잔뼈 굵졌고, 어린 사상이 영그른 고향–봄이면 뒷산에 올라가 진달래 꽃을 꺽고, 여름엔 풀은 물결이 찰랑거리는 바다에서 고기잡이 조개 줍기로 즐거운 소년시대를 보내든 고향……(p.67.)
>
> 여러 개의 목선이 히망의 횃불을 달고, 북을 두리둥둥 울리면서 출어의 길을 떠난다. 돛을 높이 달고 배는 해심을 향해 나간다. 어부들은 취기에, 찬바람도 가을바람인양 역이고 붉으레한 얼골에 목성을 돋아서 「뱃다라기」를 흐므러지게 불은다.(p.71.)

> 설령산 정자우에서 달맞이하든 옛추억－동해 수평선위에 둥두란이 떠오르는 달이 눈속에 가득 찼다.
>
> －달이 뜬다. 뜬다. 우워－달이 떳다. 떳다－
>
> 하며 여러 소년이 횃불달고 손벽을 치며 환호하던, 대보름날 정취가 허의 정신을 아물거리게 했다.(p.75.)

고향에서의 소년시절, 출어 정경, 대보름날 달맞이 등에 대한 아름다운 회억은 고향에 대한 인간의 순수한 사랑과 그리움의 감정을 보여주고 있다. 허(許)뿐만 아니라 그의 아내, 딸, 지어 여섯 살 먹이 아들까지 무한한 향수에 젖은 눈빛으로 고향의 모든 것을 그리워한다. 그들의 고향에 대한 그리움은 인간의 본능적인 향수로서 그 어떤 잡질도 섞이지 않은 가장 순수한 것이다. 소설에서는 창작 당시(1947.3)에도 치열했던 문단의 대립의 그림자를 전혀 찾아볼 수 없이 보편적인 인간의 감정만을 노출시키고 있다. 그러면서 "3.8선이 터짐 꼭 가리다."라는 말로 귀향의 강렬한 염원을 표시하고 있다. 이 소설은 자기의 뿌리에 대한 인간의 보편적인 그리움을 잘 형상화하고 있다.

"처음 부산에 떨어져 울면서 땅을 어루만져 봤습니다. 그립고 그리운 건 조선의 물이드군요…"[4] 이것은 제국주의전쟁의 총알받이로 노예로 혹사당했던, 트럭도에서 겨우 살아 돌아온 이서방이 한 말이다. 그에게 있어서 고향은 조국과 동질적인 것이며 그에 대한 사랑도 역시 무조건적이었다. 그러한 감정은 만주에

4) 안회남, 「불」, 『한국의 현대소설 1』, 민음사, 1985, p.134.

서 돌아오는 귀향민의 경우에도 마찬가지다. "어찌 되었든 그 심저에 까라 앉아서 흔들리울 길이 없는, 한 방향으로 쏠리는 일정한 정서…… '향수한 이렇게 근본적인 것일가'"[5)]

한마디로 이 시기 귀향소설들은 내향적인 되돌아옴, 장소애의 절정이라고 할 수 있는 고향(고국)으로의 본능적인 회귀를 보여주고 있다. 다시 말하면 식민지통치에서 기인하는 주변장소와 대단위적인 실향과 향수의 상태로부터 내측으로 향한 귀환과 귀소를 보여주고 있다.[6)] 뿐만 아니라 해방을 맞는 그들의 귀향 내지 귀국은 무조건적이었다.

> ……해방이 되자 동포들은 너두나두 짐들을 참기며 하로라도 속히 고국으로 도라와 모국의 완전독립을 위하여 싸우자는 결심들을 하게 되었으므로 종호도 그곳 살림살이를 헌신짝처럼 내버리고 옷 보퉁이 몇개를 들고 도라왔든 것이다.[7)]

종호는 "천진서 세탁영업을 하면서 여섯 식구가 배는 골치 않었고 곤난한 동포가 찾아오면 용돈양이라도 쥐어주고 며칠씩 대접해 보낼만한 생활의 여유도 있었다." 그래도 그는 해방이 되자 결연히 고국으로 돌아온다. 「혈거부족」의 순녀도 "이제 해방된 고국을 두고 이역 벌판에 외럽게 남아 살자"하지 않았고 「별을 헨다」의 주인공도 밤잠을 못 자면서 아버지 무덤을 파서

5) 허준, 「잔등」, 앞의 책, p.64.
6) 이재선, 『한국 현대소설사』, 민음사, 1991, p.33.
7) 엄흥섭, 「집 없는 사람들」, ≪백민≫, 1947.5, p.63.

뼈마디를 추려 가지고 어머니와 함께 고국으로 돌아왔다. 이들에게 있어서 고국으로, 고향으로 돌아오는 것은 무조건적이었고 거기에 대해 추호의 유예도 있을 수 없었다. 이것은 어떤 이념을 가진 사람이든 누구에게나 공통한 본능적인 감정이라 할 수 있다.

고향은 또한 안주할 수 있는 곳, 마음의 귀착점을 의미하기도 한다. 「회심」에서 춘삼은 고향에서 땅을 분배받지 못하자 월남하게 되고 서울에서도 살길이 없어 아내의 동냥으로 겨우 목숨을 이어간다. 그러다가 끝내는 다시 고향으로 되돌아가려 한다. 춘삼에게 있어서 고향의 이미지는 땅이 있고 집이 있어 마음을 붙이고 살 수 있는 곳과도 같다. 「별을 헨다」에서 주인공과 그 어머니는 분단으로 인하여 고향 가는 길이 막히자 서울도 내 땅이라는 생각으로 마음을 붙이고 삶의 터전을 닦으려 한다. 즉 이들에게 있어서 귀소, 고향회귀는 백프로의 고향회귀인 것이 아니라 생활의 안정된 구심점을 찾으려는 인간의 최소한 근원적인 욕망의 발현이며 삶의 안락함, 평안함, 행복에 대한 기대를 담고 있다.

이러한 귀향민들 앞에 나타난 문제는 의식주의 문제였다. 이 문제를 보여주는 대표적 작품들로는 김동리의 「혈거부족」, 엄흥섭의 「집 없는 사람들」, 홍구범의 「봄이 오면」, 손소희의 「회심」 등등이다. 그중에서도 주거공간의 결핍은 전반 귀향소설에서 보편적으로 반영하고 있는 가장 절박한 문제였다. 현진건의 「운수 좋은 날」, 최서해의 「박돌의 죽음」, 「기아와 살육」, 「탈출기」

등에서 주로 묘사한 것이 집의 결여보다 기아에 치우쳤다면 대부분 귀향소설은 기아보다도 집문제를 더 중요시한 것 같다. 따라서 귀소본능은 어쩔 수 없이 집과 관련을 갖게 된다.

집은 인간 삶의 근원적인 구조로서 '산다'는 것은 곧 집이라는 장소를 배제해 놓고 살 수 없다. 방은 보호하는 주거의 근원적인 기능을 하는 비호성 장소이자 공간이다.[8] 귀향민들에게 집이 있었다면 그것은 과연 어떤 형태의 것이었는가?

1. 집이라고 가마니 한겹으로 겨우 둘러싼 산경의 단간초막.(「별을 헨다」)
2. 이 산줄기를 타고, 허연 신작노가 크다랗게 카아부를 그리며 돌아간 산지일대의 구멍들 속에 그들은 살고있었다.(「회심」)
3. ……벌써 반년이 넘었건만 아직도 집 한간을 구하지 못하여 밤만 되면 여섯식구가 남의 집 마루끝에서 웅기종기 쪼구리고 앉은채 날을 밝히는 신세가 되고말았다.(「집 없는 사람들」)
4. 어느때는 집웅(장춘단공원 널판집)에서 자든 사람들이 풋뽈처럼 굴러떨어질 때도 있다.(「혈거부족」)

가마니로 둘러싼 초막집, 방공호, 남의 집 마루 끝, 널판집과 그 지붕에서 사는 사람들, 이들의 주거공간을 집이라고 한다면 그것은 비호성이 전연 없는 공간이 된다. 안주할 곳이 없는 그

8) 이재선, 『한국문학의 원근법』, 민음사, 1996, p.138.

들에게 있어서 귀향은 좌절, 실망으로 이어질 수밖에 없다.

인간의 삶에서 어머니 품은 그의 우주이며 가장 근원적인 장소이다. 이 품에서 자양의 젖을 얻을 뿐만 아니라 그 품속에서 가장 안일하고 쾌적한 잠을 잘 수 있으며 또 모든 위협으로부터 최대한의 안전을 누릴 수가 있기 때문이다. 인간이 성장함에 따라 이 어머니의 품은 집과 고향과 나라로 공간적으로 확대된다. 인간의 일생이란 이런 의미에서 보면 끊임없이 안주할 집을 찾고 또 짓는 작업의 연속이다.[9] 어머니 품과 같은 조국과 고향, 외계의 추위와 위협으로부터 보호해 주는 따스한 방 한 칸에 대한 본능적인 욕구, 그 본능적 욕구의 강렬함, 좌절로 인한 애절함을 보여주려는 것이 귀향소설이 창작된 한 원인이라고 할 수 있다.

2. 참혹한 현실의 반영 내지 폭로 비판

귀향소설은 해방기의 혼란하고 불합리한 현실을 반영하고 폭로 비판한 소설 가운데의 한 부류라고 할 수 있다.

작가는 어떤 경우라도 현실부정 위에서 출발하며 현실의 모순기능을 고발하고 분노하는 일과 이를 초월하고자 하는 환각이 동시에 작용하는데 전자는 적극적인 것이며 후자는 원본적인 것이다.[10] 현실의 모순기능을 고발한 귀향소설이 속속 발표

---

9) 이재선, 앞의 책, pp.145-146.

되었다는 것은 귀향민문제가 전 사회적인 중요한 문제로 되었다는 것을 말해준다.

그 당시 현실은 김동리와 같이 인간의 구경적 삶을 추구하면서 구체적인 역사환경이 거세된 작품을 써내던 작가도 「혈거부족」과 같은 귀향민소설을 쓰도록 한 극한적인 상황이었다.

일제의 식민지하에서 할 수 없이 고향을 떠났거나 제국주의 전쟁 때문에 강제로 끌려갔던 많은 사람들이 해방이 되자 제각기 고향으로 찾아오기 시작하다. 1944년 한국 총인구의 11.6%가 국외에 거주하고 있었고[11] 1945년 10월부터 1947년 12월까지 남한으로 유입한 인구는 총 240여 만 명으로 남한인구 중 15%의 비율을 차지하며 월남민은 5.4%로 나머지가 모두 전재민이라고 한다.[12]

사회경제가 극히 무질서하고 불안정한 상황에서 엄청난 숫자의 실향민의 귀향은 설상가상으로 전반 사회를 극도의 혼란에 처하게 하였다. 이때 사회적인 혼란과 먹고사는 문제는 기실 전반 사회적인 문제로 나서게 되었다. 그중에서도 귀향민이 겪는 고통이 가장 컸다. 그리하여 귀향민문제가 전 사회적인 문제로 대두하게 되었다. 귀향소설은 바로 그러한 현실상황에서 창작되면서 현실을 작품화하고 있다. 귀향소설을 발표순으로 훑어보면 그것은 그야말로 기대와 부푼 희망에서 좌절로, 어둠 속으

10) 김윤식, 『한국 현대현실주의 소설연구』, 문학과지성사, 1990, p.296.
11) 브루스 커밍스(Bruce Cumings) 저, 김자동 역, 『한국전쟁의 기원』, 일월서각, 1986, p.91.
12) 이병순, 『해방기 소설 연구』, 국학자료원, 1997, p.370.

로 가는 길이었다. 1946년 2월과 10월에 발표된 「귀향」과 「귀환일지」에서는 이렇게 묘사하고 있다.

> 마을이 가까워 올수록 눈에 익고 기억에 새로운 산천들이어서 최노인의 걸음걸이에는 기운이 새로웠다. 이십년전에 고향을 떠날 때에는 울면서 꼬불꼬불한 산길을 걸었건만 인제는 탄탄대로를 힝그러이 걸어오게 된것도 무슨 행운의 상징인것 같았다.…… 떠나가던 운명과 돌아오는 운명과는 소양지판으로 다르게 느껴졌다.[13)]

> 어느 틈에 회색빛 새벽은 물러가고 새밝안 아침해가 동쪽바다를 물들이기 시작한다. 두 건국동이를 실은 귀국선은 현해탄의 성난 파도를 헤치며 부산을 향하여 서북으로 서북으로 한창 돌진하기 시작했다.[14)]

꼬불꼬불한 '산길 / 탄탄대로, 울면서 / 힝그러이, 회색빛 / 새밝안'으로 대조되면서 보여주는 것은 고향 회귀의 기쁨과 앞날에 대한 희망이다. 그것은 어딘가 현실적 기초가 없는 맹목적인 기대였고 기쁨이었다.

고향을 떠날 때와 마찬가지로 귀향의 길 역시 순탄하지 않았다. 「집 없는 사람들」의 종호는 천진에서 거의 한 달 만에야 배편으로 인천에 상륙하였고 「별을 헨다」에서 주인공과 어머니

---

13) 정비석, 「귀향」, ≪경향신문≫, 1947.10.11.
14) 엄홍섭, 「귀환일지」, ≪우리문학≫, 1946.10.11.

는 차로 오자던 고향이 뱃길이 안전하다고 뱃길을 돌아서 인천에 내렸다가 다시 이북으로 가려니 삼팔선이 그어져 길이 막혀버렸다. 「잔등」에서 주인공은 장춘서 회령까지 스무하루를 왔지만 앞으로 가야할 길은 여전히 아득하다. 기차가 보장되어 있지 못했고 추위도 엄습해왔으며 여비도 딸리는 험한 여정이었다.

그렇지만 귀향 후의 현실은 더욱더 참혹했다. 당시 한 자료[15]는 1946년 11월 전재민의 9할이 극도의 영양부족 상태이고 기아, 병사자는 그 수를 알 수 없을 정도이며, 특히 부산지방 범죄자의 6할이 전재민인 것으로 조사되었다는 사실을 전해주고 있다. 또한 1946년 11월초 노숙을 하는 전재민이 약 3800여 명, 주택이 필요한 전재민이 약 10만 세대였다고 한다. 따라서 귀향민을 다룬 소설은 의식주해결을 주요한 문제로 삼지 않을 수 없게 된다.

김동리의 「혈거부족」에서 주인공 순녀는 봉천에서 해방을 맞자 남편과 함께 안동-신의주-평양을 거쳐 서울에 도착하나 고향까지 돌아갈 여비가 없게 되고 보퉁이 속에는 냄비 하나와 숟가락 셋과 어린애 기저귀가 들어있을 뿐이다. 서울에서 밥을 빌어먹다가 남편까지 죽게 되자 그는 고구마장사를 하고 있던 황생원의 어머니의 소개로 방공호나마 얻어 딸과 함께 산다. 무치한 인간에 의해 방공호가 매매되고 순녀는 겁탈의 위협에 처하고 굴이 무너져 사람이 죽는 일까지 일어나도 모두들 무기력

15) 「귀국한인의 생활실태」, ≪동아일보≫, 1947.1.11.

하다. 결국 작가는 그들이 현실을 그대로 감내할 수밖에 없음을 말하고 있다.

엄홍섭의 「집 없는 사람들」 역시 집문제를 다루고 있는데 싸늘한 세태인정과 적산가옥의 부당한 분배문제를 고발하고 있다.

해방이 되자 천진에서 인천에 와 닿은 종호네 가족은 집이 없어 남의 집 마루에서 기거한다. 사과장수로 목숨을 겨우 연명하는 그는 정처를 마련하려고 애쓰나 고국의 동포들은 냉담한 반응을 보일 뿐이다. 인민원호회와 전재민동맹이 주택을 알선한다고는 하나 전재민이 너무 많아 바랄 수는 없었고 전재민 자신들이 빈집, 빈방을 기웃거리며 조사해 오지 않으면 그들도 엄두를 못 냈다.

> 어떤 집은 불과 두세 식구밖에 없어보이는데 문패는 세 개 네 개씩 달린 집도 있고 또 어떤 집은 확실히 빈방이 두세 칸씩 있음에도 불구하고 시골서 친척이 곧 오기로 되였다는 이유로 동거하자는 청을 거절하는 자도 있고 또 어떤 집은 현재 자기 한 세대밖에 살지 않음에도 불구하고 유령세대를 만드러 놓고 전재민이 혹시 들어올가봐 방어진을 치고 있는 사람도 있었다.(≪백민≫ 3권 3호, p.62.)

적산가옥은 이미 모리배의 책동으로 부정점유 되었고 할 수 없이 방공굴로 들어가려 해도 역시 만원인 상태다. 마지막 부분에서 어느 드높은 담밑에 거적을 덮은 걸인가족이 떨고 앉아서 하는 "얼어죽어두 고국에 드러와 죽으면 타국서 죽는 것보다는 좀 낫겠죠!"라는 말은 차거운 인정세태와 불합리한 사회에 대한 고발과 함께 귀환한 것에 대한 후회를 보여주고 있다.

계용묵의 「별을 헨다」(1946.12)는 조국의 해방과 독립을 열망했던 우리 민족이 예기치 않았던 남북 분단으로 하여 겪던 고통을 재현했고 법보다 폭력이, 순리보다 억지와 비리가 지배하는 현실을 폭로하고 있다.

주인공은 독립이 되자 제 땅에 뼈를 묻게 된다고 기꺼워하는 어머니와 함께 아버지 뼈마디를 추려가지고 고국에 이르렀지만, 인천에 와 닿고 보니 삼팔선이 그어져 이북의 고향으로 갈 수가 없게 된다. 그래도 처음에는 일본집 다다미방 한 간을 얻어 겨울을 지냈으나 봄이 되자 수속을 하지 않았다고 쫓기워 산비탈에 초막을 얽어 지낸다. 선량하고 양심적이며 인정이 있는 주인공이 다른 사람을 내쫓고 그 집에 들 기회를 포기하는데 대해 그의 친구는 그런 맘 쓰다가는 이 세상에서는 못 산다고 비웃는다. 확실히 그의 친구는 점퍼를 홍정하는 총소리 없는 전쟁마당에서만 용사인 것이 아니었다. 그는 원래 주인공과 같은 처지였으나 인제는 커다란 회사의 중역이 살던 반양식의 빨간 기와집에서 살았고 살림의 틀이 잡혀가고 있었다. 작품은 겨레도 모르고 양심에 눈감은 무리들은 돈이나 재산을 모으고 양심적인 사람들은 밥을 굶고 거처도 없이 밤이면 별을 헤는 현실을 생생한 화폭으로 보여주고 있다.

사실 귀향민들의 궁핍은 피부로 느끼는 참상도 참상이려니와 귀국시 품었던 여러 가지 기대의 좌절로 인해 더욱 가혹하게 느껴졌을 것이다. 고향으로 돌아간다는 기쁨이 그동안의 고향 상실감을 어느 정도 회복시켜 줄 것이라는 기대, 그리고 조국에 가서는 이제 배불리 먹고 풍요롭게 살 것이라는 막연한 기대에 한껏 부풀었던 그들은 그 기대가 무참히 깨지는 것을 확인하면서 더욱 비참한 자신을 발견하게 된다. 고향에 돌아가 개나 몇 마리 구해 먹으면 병이 떨어질 것이라고 남편을 위안하던 순녀는 개는커녕 구걸하지 않으면 굶어 죽을 형편이 된다.(「혈거부족」) 의식주의 해결조차 이국에서보다 더 원만하지 못하게 되자 실향성의 회복은 의미가 없게 되고 남의 나라 땅에서나마 배불리 먹었던 과거를 그리워할 지경이 되고 만다.

이로부터 가난을 자신의 팔자로 여기는 운명적 세계관을 가지게 되거나(손소희, 「회심」) 점점 타락해 갈 수밖에 없게 된다.(김광주, 「악야」)

한편 귀향소설 가운데는 '불귀'의 문제를 다룬 작품도 적지 않게 나타났다. 그것은 제국주의전쟁의 총알받이로 무고한 희생을 당했거나 노예적 노동에 혹사당하다가 집단학살까지 당한 예가 수두룩한데서 그 가능성을 추측할 수 있을 것이다. 그들은 죽어서 백골로 귀환하거나 영영 돌아오지 못하기도 한다. 계용묵의 「바람은 그냥 불고」에서 징병령으로 전쟁에 나간 김진수는 해방이 되어도 끝내는 돌아오지 못한다. 그뿐이 아니다.

> 젊은이는 그러면서 짐을 끄르고 흰 보자기에 싸인 상자 하나를 공손히 두손으로 받들어 연이의 앞에다 내밀었다. 유골이

> 란 그런 유식한 문자를 촌색시네가 알 턱이 없다. 그러나 그것이 무엇이란것을 연이는 벌써 누구보다도 잘 느껴 알수 있었다.[16]

> 박이동이가 죽은것이 삼룡이가 죽은것과 뭐가 달른가. 도수장에 끌려가 도끼로 머리를 맞고 쓰러지는 소를 생각하며 굴속에서 일하다가 등곬에 바위를 맞고 죽는 사람을 연상할 수 있는 것처럼, 나는 넉넉히 빈 쇠오양깐을 보고 기다려도 기다려도 그 주인이 돌아오지 않는 빈 방을 생각할 수 있었다.[17]

「개나리」에서 연이 남편은 백골이 되어 돌아온다. 그리고 「소」에서 징용에 끌려갔던 박이동이는 탄광에서 이외의 사고로 불귀의 고혼이 되고 만다. 이들은 모두 "훼손된 귀환이거나 소멸된 귀환상태"[18]에 있는 것이다.

이와 같이 귀향소설은 사회적 기록이라고 할 수 있을 정도로 당시의 참혹한 현실을 잘 드러내고 그 암흑성을 폭로 비판하고 있다.

3. 동일성 회복의 문제

해방을 맞는 민중들이 가진 경제적 기대 외에도 당시 전 사

---

16) 최인욱, 「개나리」, ≪백민≫, 1948.
17) 안회남, 「소」, ≪조광≫, 1946.3(복간).
18) 이재선, 앞의 책, p.37.

회적으로 민족적 동일성 회복의 요구와 민족의 주체성 확립의 요구가 제기된다. 그러나 그것은 현실적으로 실현될 가능성이 아주 적었다. 해방기 귀향소설들은 귀향민들의 귀향시 품었던 기대가 파멸되고 그들이 고국에 뿌리내릴 수 없는 현실을 보여주어 동일성 회복의 어려움을 제시해준다.

귀향민들에게 있어서 해방의 의미는 이국생활의 청산과 고국 안주의 꿈으로 점철된다. 특히 전재민들은 이미 상당 기간의 이국생활로 그곳에서 뿌리를 내렸지만 해방은 그들을 무작정 고국으로 흡인하였다.

> (고향에 돌아간다)
> 두눈에 불을 켜듯하여 있는 그 야릇한 광채는 이렇게 말하고 있는듯 하였다. 그의 전 생명, 그의 전 의욕, 그의 전 희망은 일렴, '고향에 돌아간다'는 야릇한 광채만이 되어 그의 두 눈에 불을 켜고 있는 듯하였다.(「혈거부족」)

전재민의 고국으로 돌아가려는 이런 강렬한 희망은 대부분 귀국이후 안주의 꿈이 실현되지 않음으로 해서 좌절을 겪게 된다.

> 그렇다면 타국으로 흘러가서, 간신히 의지하고 살던 집과 농사하던 땅이며 농사진 곡식, 애탄개탄 장만한 세간과 더러는 어머니까지도, 해방은 우리에게서 뺏은 것이 아닌가? 그리고서 준 것은 압제 없는 살기와 살 집과 농사할 땅과의 대신에 입었던 옷을 누더기로 만들게 한 것과 석탄부스러기와 밀가루와

쓰러져가는 저 알량한 집과 이것이 아닌가?[19]

이상은 영호가 해방이후 조국에 돌아와서 아버지를 잃고 어두운 현실을 겪고난 뒤 보여주는 생각의 일단이다. 영호 부모가 일제하에서 만주로 건너가 고생 끝에 장만해 놓았던 집과 토지를 고국안주의 꿈 때문에 버리고 일가족이 귀국길에 올랐지만 조국이 영호네 가족에게 선물한 것은 부모, 자식간의 이별과 불안정한 삶일 뿐이었던 것이다.

이런 기대의 좌절은 주거공간의 불안정성으로 집약화 할 수 있다. 산간초막, 방공호, 여관방, 정차장, 지하실, 처마 끝 등 주거지는 임시적이고 가설적이며 외부 위험에 노출되어 안정성이 결여되어 있다. 따라서 귀향민의 삶은 거의 불안감, 좌절감으로 채색되어 있고 과거와 미래로부터 단절되어 있는 모습이다.

「별을 헨다」의 주인공이 "노력만 하면 먹고 살기는 걱정 없었고, 산도 물도 정을 붙이니 이국 같지 않은" 만주를 떠나 귀국한 데는 고국안주의 기대가 작용했기 때문이다. 그러나 그는 지붕 없는 산간초막에서 살 수밖에 없고 그것도 산지기에게 헐릴 운명에 있다. 주인공이 그의 친구처럼 "총소리 없는 전쟁마당의 용사"가 되지 못하고 순진형의 유약한 삶을 계속하는 한 돌아온 고국의 남과 북 어디에서도 뿌리내릴 수 없다는 데서

19) 채만식, 「소년은 자란다」, 국제팬클럽 한국본부편, 『한국중편소설문학전집 2』, 을유문화사, 1974, p.193.

좌절감은 절정에 달한다. 그런가 하면 황순원의 「두꺼비」에서 양옥집 상층에 사는, 점잖게 방을 비워달라는 김장로의 이기심은 전재민인 현세가 귀국하면서 가졌던 기대를 무너뜨리는 구체적 원인이다. 현세가 거처하는 양옥의 하층은 두꺼비로 은유되는 탐욕스러운 인간형들의 상층적 중력에 눌린 전재민들의 삶의 압박성을 보여주는 것이다. 그것은 현세가 귀국하면서 동포들에 대해 "가슴속 뜨거이 흐르고 있었던" 감정, 곧 "한 고국을 가진 같은 겨레라는 느낌"과 그러한 따뜻함 속에서 고국에 정착할 수 있으리라는 기대는 단지 몽상에 지나지 않음을 보여주는 것이다.

그 외에도 귀향소설에는 외적 위험에 대한 보호성을 의미하는 부성의 상실이 나타난다. 「혈거부족」에서 순녀의 남편이 귀국 직후, 「별을 헨다」의 주인공의 아버지가 귀국 직전에 죽는가 하면 「소년은 자란다」에서는 귀국 직후 부자가 실수로 헤어지고 만다. 이런 부성 상실은 주거공간 확보의 어려움과 더불어 해방이후 한 가족의 생활의 불안정성, 뿌리 없는 삶을 초래케 하고 고국안주의 꿈을 좌절시키는 하나의 요인으로 작용하고 있다. 모성 상실을 보여주는 작품인 주요섭의 「입을 열어 말하라」에서 어머니가 상징하는 것은 조국이 되고 어머니의 따뜻한 품이 부재하는 현실은 기대와 어긋난 해방 조국의 현실을 상징한다고 할 수 있다.

집이 우리의 비호(庇護)와 휴식의 가장 친밀한 공간이며 장소임을 가장 절실히 느끼게 하는 때는 겨울과 고달픈 여행, 그리고 노동에 지친 경우이다. 집은 사람을 유동하는 삶으로부터 정주(定住)시키고 밤과 겨울 추위와 같은 외부세계의 무서움과 위협으로부터 보호해준다. 실향민의 경우 오랜 떠돌이생활과 고역의 끝에, 혹은 몇 달씩 지속되는 여로의 고달픔 끝에도 정주할 장소인 집이 없다는 것은 해방으로 인하여 완전히 우리에게 돌아온 듯 하던 조국과 고향이 실상은 아직도 외세에 의해 조종되고 우리에겐 주인공적인 역할을 할 수 있는 위치가 없음을 상징하는 것이라고 판단할 수 있다.

기대치와 달리 심각한 집의 부재상태는 또한 새로운 실향성을 연출하게 된다. 「별을 헨다」에서 모자간은 남북분단으로 하여 이북의 고향으로 가지 못할 뿐만 아니라 집이 없어 남쪽에도 뿌리내리지 못하고 있다. 최태웅의 「집」에서 역시 집이 없어 남쪽에 뿌리내리지 못하고 북으로 간다. 「회심」의 춘삼은 월남했다가 땅도 없고 집도 없어 정착 못하고 이북으로 다시 돌아가려 한다. 아내의 "고향가두 집두 없으면서 어디루 간다고 편할까" 하는 말에 "그러문 만주라두 가야지" 하고 한다. 이렇게 귀향민은 현실에서 또다시 실향민으로, 떠돌이로 된다.

작품에서의 전재민가족은 사실 '민족'의 은유화된 형태임을 발견할 수 있다. 일제하에서 고국을 떠났던 전재민이 해방이후 다시 밟는 조국의 땅은 바로 식민시기에 자기 동일성의 위기를 맞아야 했던 민족이 새롭게 뿌리내려야 하는 자리였던 것이다. 그러므로 전재민의 고향 회복 의식은 민족적 동일성[20] 회복의

20) 동일성 혹은 아이덴티티라 함은 자기의 연속성, 단일성 또는 독자

식이라고 바꾸어 표현할 수 있을 것이다. 이들의 귀국은 조선인으로서의 자기 뿌리를 찾고자 하는 노력의 구체적 표현이다. 그러나 이와 같은 고향 회복의식은 귀국 후 새로운 실향의식으로 대체됨으로써 동일성 회복에 장애를 받는다. 즉, 돌아온 고국에서 이방인으로서의 소외경험을 가지게 되는 것이다. 이점에서 볼 때 귀향소설에서 이들이 겪는 주거확보의 어려움과 주거지의 불안정성은 단순히 주거시설 부족이라는 해방 이후 세태풍속의 단면만을 보여주고 있는 것이 아니라, 그들의 귀국 이후의 현실이 고국안주의 꿈과 얼마만한 거리를 가졌는가를 가늠해 보임으로써 동일성 확보의 어려움을 보여주고 있는 것이다. 부성과 모성이 국가, 국토를 상징한다면 주거의 불안정성과 더불어 부성, 모성의 상실 역시 민족적 동일성 회복의 장애를 나타내 보이고 있는 셈이다.[21)]

이러한 민족적 동일성 획득에 있어서 장애의 문제는 해방기의 작품외적 현실에 있어서도 가장 심각한 문제 중의 하나였음을 알 수 있다. 새로운 정치문화의 유입으로 말미암아 민족적

성, 불변성을 의미한다.(EricErikson, Identity: Youth and Crisis, 1968, p.183) 그러나 아이덴티티는 비단 개인의식에만 국한되는 것이 아니라 의식집단에도 해당하는 것이다. 전자를 개인의 아이덴티티라 명명한다면 후자를 집단의 아이덴티티라고 부를 수 있을 것이다. 집단의 아이덴티티는 하나의 집단에 공통된 동료의식, 혹은 "집단의 내적인 연대의식"으로 규정할 수 있다. 여기에서 사용된 민족적 동일성 개념 역시 집단의 아이덴티티 중의 하나이다.(박아청, 『아이덴티티의 탐색』, 정민사, 1984, p.14)

21) 백재섭, 「해방기소설연구」, 이용우 편, 『해방공간의 문학연구』, 태학사, 1990, p.189.

동일성 획득이 어려운 상황에 처할 수밖에 없었기 때문이다. 이러한 사회문제를 포착한 작가들은 귀향소설을 통하여 해방 이후 민족이 성취해야 하리라 기대한 민족적 동일성 회복의 장애를 반영한 것이라고 유추해 낼 수 있을 것이다.

4 문학사적 의의

해방기의 문학은 일제로부터의 해방이 준 발랄한 가능성과 함께 분단 이데올로기의 대립이 그 첨예한 단초를 보이고 있음에도 불구하고, 그것이 아직 문학의 이데올로기로 고정되기 이전의 민족문학적 순결성을 갖고 있다. 즉 일제강점기 문학사의 단절과 단절기 이후의 새로운 발전적 계승의 가능성과 함께 남한 문학사로 궁핍화되기 이전의 전체성과 생명력을 갖고 있다는 점에서 민족문학사 속에서 특별히 중요한 위치를 차지하고 있는 것이다.[22] 단절기 이후의 새로운 시작이라는 점에서, 특정한 역사현실의 재현이라는 각도에서 해방기소설은 그 소설적 형상화의 미성숙에도 불구하고 자기 나름의 가치와 의의를 갖게 되는 것이다. 귀향소설 역시 해방기문학을 형성하는 한 갈래로 자체의 존재가치와 의의를 갖는다.

---

22) 임진영, 「8·15직후단편소설연구」, 이용우 편, 앞의 책, p.233.

귀향소설은 현실을 반영하고 그것을 비판 폭로한 리얼리즘 계열의 소설이라고 할 수 있다.

문학예술의 창작방법이나 기법적 측면에서의 리얼리즘 개념은 작가의 주관이나 개성보다는 묘사하고자 하는 대상이나 현상을 충실하고도 정확하게 인식 재현하고자 하는 객관적인 태도를 가리킨다. 그러나 리얼리즘 개념의 가장 본질적인 측면은 구체적인 사회 역사적인 존재로서의 창작주체인 작가가 자신이 살고 있는 당대 사회현실의 여러 가지 구조적 모순들을 비판적이고도 변혁적인 시각에서 객관적으로 반영함으로써 보다 더 나은 삶의 조건을 제시하고자 하는 문학적 이념이나 작가적 태도를 말한다.[23]

그렇다면 귀향소설은 현실을 리얼하게 묘사하는 창작방법적 한계에 머무른 것일까 아니면 가장 본질적인 리얼리즘의 개념을 체현하고 있는 것인가? 다시 말하면 귀향소설은 모사적 리얼리즘[24]에 속하고 마느냐 아니면 비판적 리얼리즘[25]에 속할 수

---

23) 공존구, 『한국현대문학론』, 국학자료원, 1997, pp.120-121.

24) 모사적 리얼리즘은 반영대상으로서의 사회현실을 세밀하고도 정확하게만 묘사하는 데 그칠 뿐 사회현실에 대한 의미있는 선택을 통한 본질적인 접근까지는 이르지 못한 수준의 리얼리즘을 말한다. 이와 같이 부조리한 사회현실에 대한 무비판적, 사진적, 피상적 제시수준에 그칠 수밖에 없는 모사적 리얼리즘에서는 부조리한 사회현실의 발생원인에 대한 구조적 통찰력이나 본질적 해명을 제시하지 못하는 한계를 지닐 수밖에 없다.(위의 책, p.124.)

25) 비판적 리얼리즘은 자본주의사회의 객관적인 시대상황이나 여러 가지 구조적 모순들을 비판적인 시각에서 총체적으로 반영함으로써 그것들의 발생배경에 대한 구조적 통찰을 제시함은 물론 독자들로 하여금 자본주의사회의 비인간적이고도 부정적인 측면에 눈뜨게 만

있느냐 하는 것이다. 1887년에 하크니스의 『도시처녀』를 읽고 작가에게 보낸 편지에서 엥겔스는 "리얼리즘이란 세부묘사의 충실성 이외에 전형적인 상황 속에서 전형적인 인물을 창조하는 것이다."라는 명제를 제기하였다. 이에 비추어 본고는 귀향소설의 인물형상과 사회환경 묘사가 현실세계의 본질과 핵심을 어느 정도 보여주고 있는가를 분석하여 그것이 어느 차원의 리얼리즘 소설인지를 판단하려 한다.

해방기 귀향소설에 나타난 인물들을 고찰해보면 대체적으로 무기력하고 소극적인 인간상이다. 「별을 헨다」의 주인공은 식민지지식인들의 속성대로 행동성이 없는 소극적이고 소심한 인물이다. 그는 상당히 선량하고 양심적이며 인정이 있는 동시에 주어진 현실을 과감하게 헤쳐 나가려는 의지가 부족한 패배의식에 젖어있는 인물이다. 친구가 점퍼흥정을 하는 것을 보고 "무서운 판이였다. 총소리 없는 전쟁마당이다(……) 여기 모여 웅성이는 이 많은 사람들은 다 그러한 소리없는 총들을 마음속에 깊이들 지니고 있는 것일까. 빗 맞을까봐 곁이 바르다."고 생각하며 "만주서 나온 사람들이 야미장사를 해서 돈 모은 사람들이 많은데" "굶으면서두" "그런건 피익픽 웃"기만 한다. 이북의 고향으로 가려던 것이 무의미하게 되자 그에게는 무서운 현실을 도피할 수 있는 길이 몽땅 차단된다. 즉 그는 참혹한 현실에 직면하여 현실적인 대책을 강구하지는 못하고 피해갈 궁리

들어 독자들의 비판의식이나 현실인식을 강화시키고자 하는 문학적 이념을 지닌 리얼리즘을 말한다.(공존구, 앞의 책, p.126.)

만 하며 현실과의 단 한 차례의 싸움의 시도조차 해보지 못한 채 좌절에서 체념, 적응에로 이른다. 「혈거부족」의 순녀, 「집 없는 사람들」의 주인공, 「회심」에서 모든 것을 팔자에 미는 춘삼이, 「악야」에서 현실의 암흑에 먹히어 타락하는 쏘니야, 「개나리」의 순이 등등은 신분적 차이가 있을망정 모두 현실의 패배자들이며 현실에 소극적으로 순응하고 마는 인물이다. 안회남의 「불」에서처럼 비록 도식적이기는 하나 "헌 것을 파괴하고" 좋은 새세상을 위해서는 새로 살려는 결심을 하는 이서방과 같은 인물은 극히 드물다.

이런 전형적인 인물군이 등장하게 되는 것은 전망 상실의 사회구조와 유기적으로 연계되어 있다. 당시 사회적인 조건은 '좌절된 해방'의 민족사적 패배의식 외에 반제반봉건 민주주의혁명마저도 달성 불가능한 것으로 보였던 어두운 시기였다. 일제강점기의 연장선에 있는 미군정시기의 어두운 현실은 적지 않은 지식인들이 불가지론이나 허무주의에 빠져들게 했다. 따라서 귀향소설은 대부분 구체적인 낙관적 전망이 없는 부정적 전망의 소설로 볼 수밖에 없다.

귀향소설에서 묘사된 사회환경은 대체로 단편적이고 평면적인 데 머무른다. 그중에서도 사회적인 특징이 비교적 잘 드러나는 것을 든다면 아래와 같은 것들이다.

1946년 1월에 발표된 「잔등」은 귀향 노정에서 본 무질서한 상태를 잘 보여주고 있다. 무개화차에 가득 올라앉은 전재민들, 시간이 고정되지 않은 기차운행, 돈 있는 일본사람을 잡아내는 소년, 어린애를 업고 끌고 동냥하는 일본인, 이것들은 한데 조합되어 갓 해방된 시기의 전형적인 환경을 이룬다.

> 겨레도 모르고 양심에 눈감은 무리들은 골목마다에 차고 땀으로 시간을 삭이는 무리들은 일터마다에 찼다. 차고남아 거리를 범람하는 무리들이 다들 밤이면 별을 세다가 오라는데도 없는 걸음이 이렇게도 싱겁게 배 바쁜 것인가(「별을 헨다」)

> …인천에 와 닿고 보니 뜻도 않았던 삼팔선이 그어져 제 나라 아닌 것처럼 남과 북이 제멋대로 굳었다. 그래도 내 땅이라 못 갈리 없다고 삼팔의 경계선을 넘다가 빵하고 산상에서 터져 나오는 총소리에 기겁들을 하고 서성이다 보니 동행자중 한 사람이 꼬꾸러졌다.(「별을 헨다」)

모리배와 날강도들이 횡행하고 노동자들은 고된 노동에 시달리고 일거리도 집도 없는 사람들은 밖에서 밤을 새는 세상, 삼팔선으로 인한 분단의 비극적 현실을 보여주는 부분들이다.

이외에도 「집 없는 사람들」에서는 2만여 명의 전재민들로 꽉 찬 인천의 거리와 삭막한 인심, 방공호마저 없어 밖에서 떠는 전재민들을 묘사하고 있고 「바람은 그냥 불고」에서는 친일파들이 득세한 사회상을 보여주고 비판하고 있다.

이러한 묘사들은 단편적이고 평면적이긴 하지만 해방기라는 특수한 사회현실을 독자들에게 어느 정도 펼쳐 보이고 있다.

사실상 가치있는 문학작품이라면 객관적인 현실 중에서도 본질적인 문제, 즉 당대 현실사회가 안고 있었던 근본적인 문제들을 인식시켜야 한다. 특히 문학작품이 일차적인 현실의 반영을 통해 당대사회를 흐르고 있는 역사의 발전법칙을 드러내 보이려 할 때, 그리고 모순된 현실을 변혁 가능한 것으로 파악하고 이러한 인식을 토대로 미래에의 전망을 명확히 제시할 때 비로소 가치있는 작품으로서의 가능성을 확보하는 것이다. 여기에 비추어 볼 때 해방기 귀향소설은 단편적으로 시대적 환경을 제시하고는 있으나 일제치하가 아닌 미군정하의 식민지 반봉건체제라는 근원적인 뿌리까지 파지 못하고 있는 것으로 확정할 수 있다. 그저 막연하게 독립이 못되어 그렇다거나(「혈거부족」, 「집 없는 사람들」) 전재민이 불시에 너무 들이닥치고(「집 없는 사람들」) 친일파나 모리배들이 횡행해서 그렇다(「별을 헨다」, 「바람은 그냥 불고」)는 정도에 머무르고 만다. 또한 현실에 대해 실망하고 소극적으로 적응하려 하는, 미래에의 전망이 전혀 보이지 않는 인물을 부각하고 있다는 점에서 그 한계성이 보인다. 그러나 그렇게 밖에 될 수 없는 원인은 리얼리즘을 지향하는 작가들에게 있어서 현실의 역사적 발전경향을 드러내줄 '총체성에의 전망'이 제대로 확보되기 어려운 상황이었다는 점이다. 일제 말기의 극심한 어둠의 세계로부터 광휘로운 해방에로 이른 후의 몇 년의 격변기 속에 흐르고 있는 남한 현실의 본질면을 전체적으로 파악하는 데에 일정한 한계를 가질 수밖에 없었다는 것이다.

이외에도 기교적인 측면에서 볼 때 「별을 헨다」는 소설의 갈

등 설정보다 내심의 주관적 감정에 대한 서술이 많아 수필에 가깝다는 평을 듣고 있고 「불」은 작가의 생각이 도식화되어 표현된 느낌을 주며 「혈거부족」에서는 정치의 문제를 난삽할 정도의 큰 비중으로 다루고 있는 등 결함을 보여주고 있다. 단지 「잔등」의 결말 부분에서 "할머니 장막의 외로운 등불"에 대한 상징적인 묘사로 인간애의 미덕을 노래하고 있다는 점은 이 시기 기타 작품에 비해 한걸음 앞섰다고 할 수 있다.

이와 같이 귀향소설이 이러저러한 미성숙성을 보여주고 있지만 첫째로, 기대의 좌절로 인한 여러 부류의 패배적이고 소극적인 인간상을 부각하고 해방기의 불합리한 현실상황을 진실하게 재현하고 폭로 비판했다는 것, 둘째로, 그 당시 현실적으로 심각하게 제기되고 있던 민족의 동일성 회복의 어려움을 생존공간 부재라는 현상으로 형상화하였다는 점에서 그 문학적인 가치가 인정되어야할 것이다.

이상의 분석을 통하여 알 수 있는 바, 해방기 귀향소설은 격변기의 현실을 진실하게 형상화하고 그 불합리성을 폭로 비판하고 있다는 점에서 기계적인 복사인 모사적 리얼리즘보다는 진보했다고 할 수 있다. 그러나 전반 사회적인 본질을 총체적으로 파악하여 극단적인 궁핍이 이루어진 진정한 원인을 전면적으로 파내지 못했기에 진정한 의미에서의 비판적 리얼리즘 소설이라고 할 수 없다. 이로부터 해방기 귀향소설은 아직 성숙되지 못한 비판적 리얼리즘 소설이라고 명명할 수 있을 것이다. 그것은 그전 시기(1920, 30년대) 비판적 리얼리즘 소설에 비해

예술성이나 비판의 심도에서 뒤떨어진 감이 있으나 일제시기의 문학의 단절기 이후에 나타나서 리얼리즘의 맥을 이어나가는 데 기여했다는 점에서 역시 적지 않은 의의가 있으리라고 여겨진다.

5 결 론

해방기는 시간적으로 짧았고 새로운 문학사조도 나타나지 않은 것은 사실이다. 그러나 이미 존재한 모든 것은 그 나름대로의 존재원인과 가치가 있을 것이다.

고향 회귀는 해방기에 나타난 하나의 중요한 주제 유형이다. 이런 소설이 창작된 시대배경을 고찰해보면, 해방은 무엇이나 가능한 열린 상태 같았지만 기실은 아무 것도 기대할 수 없었던 닫힌 상황으로서 외세의 간섭으로 남북이 분단되고 남한에서는 미군정의 식민지 반봉건체제가 계속되었다. 이런 상황에서 귀향소설이 대량 창작된 원인은 첫째로, 인간의 귀소본능이 체현된 것이다. 고향 내지 고국에 대한 감정은 이데올로기와는 상관없이 그 누구나 다 가지고 있는 것이다. 이 시기 실향민들의 귀향은 무조건적인 것이었다. 고향은 또한 안주할 수 있는 곳을 대변하며 마음의 귀착점을 의미한다. 즉 땅이 있고 집이 있는 곳, 마음을 붙이고 살 수 있는 곳을 가리키기도 한다. 귀향소설에서는 외계의 추위와 위협으로부터 보호해주는 비호성 장소인 집의 부재상황을 보여 주어 인간의 본능적 요구인 고향회귀가 진정으로 실현될 수 없음을 암시하고 있다. 둘째로, 참혹한 현실을 폭로 비판하고자 했다. 귀향소설은 해방초기의 부풀은 기대가 어떻게 파멸되어 갔는가를 잘 묘사하고 있다. 동시에 혼란하고 무질서하며 친일파와 모리배들이 횡행하는 현실, 차거운 인정세태, 분단의 상황, 귀향민들의 의식주의 엄중한 결핍상태 등을 여실히 보여주고 있다. 그외에도 훼손된 귀환이나 소멸된 귀환상태도 묘사하고 있다. 셋째로, 민족의 동일성 회복의 어려움을 반영하려고 했다. 주로 주거공간의 부재로 인하여 귀향민들이 유동하는 삶으로부터 정주할 수 없고 그로 하여 기대하고 있던 민족의 동일성 회복이 어렵게 되었음을 보여준다. 이밖에도 작중인물이 부성과 모성을 상실하게 한 설정도 그 어려움을 상징하고 있다.

이상의 원인으로 하여 해방기에 창작된 귀향소설은 리얼리즘 소설에 속한다고 할 수 있다. 인물형상 부각과 사회환경에 대한 묘사를 고찰해 본 결과 귀향소설들은 모사적 리얼리즘의 차원은 벗어났으나 사회의 본질과 핵심을 보여주는 진정한 의미에서의 비판적 리얼리즘 소설과는 차이가 있다는 결론을 얻을 수 있다. 그러나 일제시기 문학의 단절기 이후에 나타나 리얼리즘의 맥을 이어가고 있다는 것에 그 의의가 있다고 할 수 있다.

참고문헌

≪경향신문≫, 1947.10.11.
≪동아일보≫, 1947.1.11.
≪백민≫, 1947.5, 1948.5.
≪우리문학≫, 1946.10.11.
≪조광≫, 1946.3(복간).

공존구, 『한국현대문학론』, 국학자료원, 1997.
국제팬클럽 한국본부편, 『한국중편소설문학전집 2』, 을유문화사, 1974.
권영민, 『한국의 현대소설 1』, 민음사, 1985.
김윤식, 『한국현대현실주의 소설연구』, 문학과지성사, 1990.
박아청, 『아이덴티티의 탐색』, 정민사, 1984.
염무웅, 『민중시대의 문학』, 창작과비평사, 1997.
이병순, 『해방기 소설 연구』, 국학자료원, 1997.
이용우 편, 『해방공간의 문학연구』, 태학사, 1990.
이재선, 『한국 현대소설사』, 민음사, 1991.
______, 『한국문학의 원근법』, 민음사, 1996.
천이두, 『한국현대소설론』, 형설출판사, 1983.
브루스 커밍스(Bruce Cumings) 저, 김자동 역, 『한국전쟁의 기원』, 일월서각, 1986, p.91.

월북 문예인의 딜레마
– 1950~60년대 북한전통음악인의 활동을 중심으로

배 인 교

1 들어가는 말

일제강점기를 거친 후 1945년부터 1952년 사이의 해방공간과 한국전쟁기간 당시 활동하고 있었던 음악인들은 자의와 타의를 막론하고 다양한 이유로 남한과 북한을 선택하게 되었다. 그리

* 이 논문은 『판소리연구』 제28집(판소리 학회, 2009.10)에 「1950-60년대 북한 전통 음악인들의 활동 양상 검토 - 창극 관련 중심으로」라는 제목으로 발표된 것을 일부 수정한 것임.

고 한국전쟁으로 분단이 고착화되면서 남과 북은 30년이 넘도록 음악적 교류가 전혀 없이 서로 다른 형태로 음악활동을 해왔다. 즉, 남한에서 순수예술을 지향하는 관점에서 양악과 국악이 철저히 분리되었던 것에 비해, 북한에서는 1930년대 카프[KAPF, 조선프롤레타리아예술가동맹]를 계승한 조선음악가동맹을 중심으로 평양과 각 지방에 음악예술단체를 조직하여 활동하였으며, 여기에는 양악인과 국악인이 함께 음악 활동을 하였다.

분단 이후 1950년대는 북한의 음악사에서 볼 때 상당히 중요한 시기라고 할 수 있다. 『해방후 조선음악』[1]에 의하면, 1950년 6월부터 1953년 7월까지를 조국해방전쟁시기로, 1953년 7월부터 1961년 9월까지를 전후복구선설과 사회주의기초건설 시기로, 그리고 1961년 9월부터 1966년 10월까지를 사회주의건설 1기로 규정하고 있는데, 이 20여 년간의 시간은 한국전쟁과 전후 복구과정에서 확립된 주체사상이 음악을 통해서 표현되기 시작하는 시기라고 할 수 있다. 즉, 10여년에 걸친 종파투쟁을 통해 정치뿐만 아니라 문학예술에서 사대주의와 교조주의, 그리고 복고주의를 완전히 배격하면서 주체적 민족주의 사상을 확립시켰으며, 음악이 체제를 찬양하고 민중을 선동하는 역할을 성실히 수행할 것이 요구하였고, 기존의 전통음악과는 차별화된 민족음악을 계승 발전시키기 위해 노력했던 시기이기 때문이다.

---

1) 리히림 · 함덕일 외 『해방후 조선음악』, 문예출판사, 1979.
『해방후 조선음악』 리히림의 글 외에 조선작곡가동맹중앙위원회에서 발간한 책도 있으나 이 글을 쓸 당시에 조선작곡가동맹중앙위원회에서 발간한 책을 확인하지 못하고 1979년판을 인용하였음을 밝힌다.

따라서 이 시기에 북한에서 활동했던 전통 음악인들의 역할은 향후 북한 음악의 행보에 결정적 기틀을 마련했기에 주목되며, 이들이 정치적 변화와 당 정책에 발맞추며 벌였던 음악활동을 살펴봄으로써 남한과는 다른 모습으로 발전해온 북한의 민족음악 상황을 이해하는데 도움이 될 것으로 보인다.

이에 본 글은 1950년대부터 1960년대까지 북한에서 활동했던 전통음악인들 중 창극인이나 민요가수들을 중심으로 그들의 음악활동을 살펴보려 한다. '전통음악인'은 남한에서는 '국악인'이라는 명칭과 같은 의미로 사용된다. 그러나 북한에서는 남한에서처럼 '전통음악인'이라는 호칭을 사용하지 않고 고전음악가, 혹은 민족음악(연주)가로 통칭되나, 북한 건국 초기 민족음악 성립시기에 활동했던 전통음악인들은 구한말과 일제강점기에 태어나 전통적인 방식으로 음악교육을 받아 성장했기에, 본고에서는 이들을 전통음악인, 혹은 국악인이라고 부르도록 하겠다.

한편, 당시 북한에서 활동했던 전통음악인 부류들은 남한에서 월북한 월북(越北)국악인과 재북(在北)국악인으로 나눠볼 수 있다. 월북국악인은 출신지가 남한출신이나 해방공간과 한국전쟁 기간에 북한으로 월북하여 활동했던 음악인을 말하며, 재북국악인은 북한출신으로 북한 지역을 중심으로 활동하다가 1945년부터 1952년 사이에 남쪽으로 월남하지 않고 북한에 남아 활동했던 사람을 말한다.

북한에서 활동했던 전통음악인들 중 해방공간과 한국전쟁시기에 월북했던 국악인으로는 공기남 · 박동실 · 안기옥 · 임소향 ·

정남희 · 조상선 등이며, 대체로 창극활동과 관련 있던 인물들이다. 같은 시기 북한에서 태어나 북한에서 활동했던 재북국악인은 북한이라는 지리적 이유로 인해 대부분 서도음악인들이 여기에 해당된다. 그러나 북한의 서도창 연주자 모두를 대상으로 하는 것은 무리이므로 이 글에서는 김관보 · 김진명 · 장재천 · 홍탄실과 같이 늦어도 1920년대 초반에 출생하여 공훈배우 이상의 칭호를 받은 사람들[2])로 한정하기로 한다.

그런데 이들 외에 남한 출신의 음악인으로 일제강점기에 북한에서 활동했고, 1945년 이후 남한으로 돌아오지 않았던 음악인들이 있는데, 바로 최옥삼과 류대복이다. 이들은 월북국악인으로 분류할 수 없는데, 그 이유는 이들이 일제강점기에 북한에서 활동하면서 정착했기 때문에, 최옥삼과 류대복에게 남북분단 이후의 상황에 의해 만들어진 "월북"이라는 단어를 적용할 수 없다. 따라서 최옥삼과 류대복이 비록 남한에서 출생했음에도 불구하고 재북국악인으로 설정하도록 하겠다.

따라서 본고에서는 1950년대부터 1960년대에 북한에서 활동했던 전통음악인들의 활동 양상을 검토하고, 이들이 정치적 격변 속에서 어떻게 자리매김 되었는지 살펴보도록 하겠다.

---

2) 북한에서는 최창호의 『민요삼천리』 2권(평양출판사, 2003)에 서도민요명창으로 선우일선과 왕수복도 제시하고 있으나, 이들은 일제강점기에 신민요와 대중가요를 불렀던 가수들이었기에 본고에서는 제외하였다.

2 1950~60년대 북한 전통음악인의 활동 양상

현재 남한의 연구물들 중 북한에서 활동했던 전통음악인에 관한 연구는 월북국악인에 치중되어 있다. 먼저, 월북국악인 연구 중 가장 많은 수를 차지하는 것은 박동실[3]에 관한 연구이며, 가야금연주자인 안기옥[4]과 정남희의 가야금산조[5], 그리고 류대복의 해금산조[6]에 관한 연구, 그리고 조상선이 저술한 판소리발성법에 관한 연구[7]가 있다. 이러한 연구물의 주된 내용

---

3) 이경엽, 「명창 박동실과 창작판소리」, 『남도민속연구』 10집, 남도민속학회, 2004, pp.181-215.; 이진원, 「박동실 증언 "창극이 걸어온 길을 더듬어"를 통해본 창극의 초기 양상」, 『판소리연구』 18집, 판소리학회, 2004, pp.169-195.; 김진영, 「박동실 명창의 삶과 예술」, 『인문학연구』 7집, 경희대학교 인문학연구소, 2003, pp.1-13.; 김기형, 「판소리 명창 박동실의 의식지향과 현대판소리사에 끼친 영향」, 『판소리연구』 13집, 판소리학회, 2002, pp.7-23.; 정병헌, 「명창 박동실의 선택과 판소리사적 의의」, 『한국민속학』 36집, 한국민속학회, 2002, pp.211-228.; 최동현, 「박동실 명창의 창작판소리 열사가」, 『한국음악사학보』 12집, 한국음악사학회, 1994, pp.244-247. 이외 창작판소리와 관련된 논문들에서 박동실에 관한 연구성과가 있다.

4) 문재숙, 「김창조 가야금 산조 연구」, 『한국음악연구』 25집, 한국국악학회, 1997, pp.285-317.

5) 황병기, 『정남희제황병기류가야금산조』, 이화여대출판부, 1998.; 송방송, 「거문고명인 백락준과 가야금명인 정남희의 공연양상 - 일제강점기의 방송·음반·신문자료를 중심으로」, 『한국음반학』 11집, 한국고음반연구회, 2001.

6) 정수년, 「월북해금연주가 유대복 해금산조의 음악적 연구 - 진양조 선율을 중심으로」, 『한국악기학』, 한국퉁소연구회, 2004, pp.22-36.

7) 권오성, 「판소리 발성법의 특성 - 조상선의 글을 중심으로」, 『국악원

은 대체로 일제강점기의 활동 양상에 집중되어 있으며, 분단이라는 현실 속에서 자료의 제약으로 인해 이들이 북한으로 넘어간 후의 음악활동에 대한 연구는 소수에 불과할 뿐만 아니라 대체로 인물의 약력을 소개하는데 그리고 있기도 하다.

한편, 북한의 문헌과 연변에서 출판된 출판물 중에는 북한의 전통음악인에 관한 기록을 찾아볼 수 있는데, 그것은 사전, 단행본, 그리고 잡지와 같은 문헌에 소개되어 있다. 먼저, 사전을 보면, 북한에서 출판된 『문학예술사전』(하)[8]에는 최옥삼에 관한 자료를 볼 수 있다. 그리고 연변대학교출판부에서 펴낸 『조선민족음악가사전』(상)[9]에는 월북국악인인 공기남 · 박동실 · 안기옥 · 임소향 · 정남희 · 조상선과 재북국악인인 최옥삼 · 류대복 · 김관보 · 김진명 · 장재천 · 홍탄실이 실려 있어, 가장 많은 인물들을 수록하고 있다.

다음으로 단행본을 살펴보면, 윤이상음악연구소에서 펴낸 『조선음악명인전』 1 · 2[10]에서는 박동실 · 안기옥 · 임소향 · 정남희와 류대복 · 김관보 · 김진명에 관한 전기를 찾아볼 수 있다. 2002년에 출판된 『력사에 이름을 남긴 음악인들』(2)[11]에는 『조선음악명인전』 2권와 같이 박동실 · 안기옥 · 김진명의 활동양상이 수록되어 있다. 그리고 『민요삼천리』(2)[12]에는 서도민요의

논문집』, 제17집 국립국악원, 2008.

8) 사회과학원 주체문학연구소, 『문학예술사전』, 과학백과사전종합출판사, 1993.

9) 연변대학출판부 『조선민족음악가사전』(상), 1998.

10) 장영철, 『조선음악명인전 1 · 2』, 윤이상음악연구소, 1998,2000.

11) 문성렵, 『력사에 이름을 남긴 음악인들』 2권, 사회과학출판사, 2002.

명창들에 김진명 · 김관보 · 장재천 · 홍탄실이, 남도민요의 명창들에 박동실 · 공기남 · 임소향이, 이름난 민족음악연주가들에 안기옥이 소개되어 있다. 이를 정리하면 아래의 〈표 1〉과 같다.

〈표 1〉 북한의 단행본에 보이는 전통음악인

출처	발행년도	월북국악인						재북국악인					
문화예술사전(하)	1993							최옥삼					
조선민족음악가사전(상)	1998	공기남	박동실	안기옥	임소향	정남희	조상선	최옥삼	류대복	김관보	김진명	장재천	홍탄실
조선음악명인전 1	1998				임소향	정남희			류대복	김관보			
조선음악명인전 2	2000		박동실	안기옥							김진명		
력사에 이름을 남긴 음악인들(2)	2002		박동실	안기옥							김진명		
민요삼천리(2)	2003	공기남	박동실	안기옥	임소향					김관보	김진명	장재천	홍탄실
출신지		전남 화순	전남 담양	전남 나주	경북 김천	전남 나주	전북 남원	전남 장흥	충남 아산	평남 성천	황남 벽성	황남 봉산	황남 신천
일제강점기 활동지역		남한						북한					
한국전쟁후 활동지역		북한											

끝으로 조선문학예술총동맹 중앙위원회 기관지인 ≪조선예술≫과 조선음악가동맹 중앙위원회 기관지였다가 폐간된 ≪조선음

12) 최창호, 앞의 책.

악≫에 이들에 관한 기록들을 찾아볼 수 있는데, 이를 정리하면 다음의 〈표 2〉와 같다.

〈표 2〉 잡지에 소개된 전통음악인들

잡지명	발행 년 호	저자	제목
조선음악	1957년 12호	조선음악편집부	공훈배우 박동실
조선예술	1956년 12호	장 향	공훈배우 안기옥
	1957년 11호	김재화	공훈배우 박동실
	1958년 3호	박봉운	공훈배우 림소향
	1958년 10호	조선예술편집부	공훈배우 조상선
	1994년 8호	최석봉	안기옥과 그의 음악활동
	1999년 8호	조선예술편집부	인민배우 박동실
	2003년 2호	장영철	인물소개 - 류대복

위의 〈표 1〉과 〈표 2〉를 보면, 박동실에 관한 기록이 7회로 가장 많고, 그 다음 안기옥이 6회, 임소향과 김진명이 각각 4회, 김관보와 류대복이 각각 3회씩, 그리고 장재천 · 정남희 · 조상선 · 최옥삼 · 홍탄실이 각각 2회씩 소개되어 있음을 볼 수 있다.

그러나 위의 이 책들에 소개된 각 인물 관련 내용이 서로 대동소이하며, 『조선민족음악가사전』(상)의 최옥삼 항목은 『문학예술사전』(하)의 최옥삼 항목을 간략히 서술하고 있음을 발견할 수 있다. 또한 『조선음악명인전』 2권의 박동실, 안기옥, 김진명에 관한 내용이 『력사에 이름을 남긴 음악인들』 2권의 박동실, 안기옥, 김진명의 내용보다 양적으로 많아, 『조선음악명인전』의 내용이 가장 양적으로 풍부하다고 할 수 있다. 이제 이러한 문헌들을 바탕으로 1950년대부터 1960년대의 월북국악인과 재북국악인의 활동양상을 검토해 보도록 하겠다.

1. 월북국악인들의 활동 양상

1945년 8·15 광복 이후부터 한국전쟁기간까지 북한으로 월북한 국악인은 앞의 〈표 1〉에서 본 바와 같다. 그런데 이들은 공기남, 박동실, 임소향, 조상선과 같이 주로 판소리와 창극활동을 했던 인물들과 안기옥, 정남희와 같이 일제강점기에 창극 활동에 참여하였으며 월북 후 북한에서는 주로 악기연주자로 활동했던 인물들로 나눠볼 수 있다. 그리고 이들의 활동양상은 크게 연주활동과 창작, 그리고 후비양성이라는 교육활동으로 상정할 수 있다.

그러나 이들에 대한 북한에서의 활동양상을 검토하기에 앞서 월북국악인들이 월북해야했던 당시의 상황과 이유에 대해 잠시 거론해보도록 하겠다.

1) 월북국악인들의 월북 상황과 이유

1945년 8·15 광복과 1950년 한국전쟁을 계기로 당시 유명했던 국악인 6명이 북한행을 선택하였다. 그러나 이들에게는 해방공간과 한국전쟁 당시에 월북할 수밖에 없었던 절박한 정치적 신념이나 이유가 있었던 것으로 보이지는 않는다. 이제 월북국악인들의 월북상황을 살펴보도록 하겠다.

북한으로 가장 먼저 간 인물은 안기옥(1984~1974)이다. 북한에서 출판된 안기옥에 관한 글을 보면, 신분적 차별과 1945년 9월부터 시작된 미군정기와 함께 더욱 위치가 굳건해진 서양음악의 홍수 속에서 국악의 한계를 느끼고 북한으로 월북한 것으로 나타난다.

> 8·15 해방을 맞이하여 광대놈이라고 천시할 사람도 없고 조선노래를 부른다고 박해할놈도 다 없어졌다. 내나라 내 민족을 위해 마음껏 노래하고 마음껏 일을 하자. (중략) 그렇게도 평생소원이였던 음악활동을 해방된 조국땅에서 마음껏 해보자고 나섰던 안기옥의 가슴에서는 피눈물이 흘렀다. 이제 또다시 미제침략자들에게 짓밟히고 뜯기우며 살아야 한다고 생각하니 억울하고 서글퍼지기만 하는 심정을 금할길 없었다[13].

이렇게 자발적으로 월북을 선택한 안기옥은 1946년 6월에 "아무러한 미련도 없이 다짜고짜로 자신의 손때 묻은 가야금 두대를 메고 북행길[14]"에 올랐다.

안기옥의 경우처럼 자발적으로 북행을 선택한 음악인으로는

13) 장영철, 『조선음악명인전』 1권, 앞의 책, pp.284-285.
14) 장영철, 위의 책, p.285.

박동실이 있다. 박동실(1897~1968)은 일제강점기 전후로 창작판소리인 〈열사가〉를 지어 불렀는데, 정병헌은 박동실의 〈열사가〉가 기존의 긴장과 이완으로 이루어진 판소리와는 달리 긴장과 비장의 연속으로 이루어져 있어, 골계의 폭발 현상이 용인될 수 있는 여지를 근본적으로 차단하고 있다[15]고 보고 있다. 해방 전후에 이러한 사회의식이 높은 음악을 만들어 불렀던 박동실은 한국전쟁이 일어나자 단가형식의 노래 〈인민군서울입성환영가〉를 지어 부르며 인민군군인들을 위한 위문공연[16]도 하였으며, "미제를 비롯한 제국주의반동들의 발악적공세로 하여 우리 공화국이 가장 어려운 시련을 겪던 일시적 후퇴시기에 (중략) 단신으로 북행길에[17]" 올랐다고 한다.

또한 아래에 인용한 박록주의 글에서도 1950년 9월 26일 서울수복 때까지 박동실은 서울에 있었던 것을 확인할 수 있다.

> 현재 국회의사당 앞에 있던 국악원은 곧 낙원동쪽으로 옮겼다. 나는 가끔 나가서 연기부장인 박동실에게 얼굴만 보이고 돌아왔다. 그런데 9월말께였다. 허정숙(許貞淑)이 서울에 와서 우리들의 소리를 듣겠다는 것이다. 나는 오태석, 조상선, 임소향, 정남희와 함께 단성사에 갔다. 극장에는 허정숙이 다른 두 사람과 함께 좌석 한가운데에 덩그라니 앉아 있었다. 우리는 번갈아 가며 한 곡조씩 불렀다. 그런 다음날 국악원에 우리 다

15) 정병헌, 앞의 논문, p.220.
16) 장영철, 앞의 책(1989), p.294.
17) 장영철, 앞의 책(1989), p.294.

> 섯명을 평양으로 보내라는 지령이 내려왔다. 박동실은 나를 부르더니 "동생은 이북으로 가야한다"면서 다음날 우이동 장추화 집으로 오라 했다. (중략) 한데 재수없게 창경원앞서 인민군을 만나고 말았다. 그들은 정남희, 임소향, 오태석, 조상선을 데리고 장추화집에 가는 도중이었다. (중략)
>
> 다음날 숨어야 할것인지 동태를 보기 위해 국악원에 나갔더니 어젯밤에 떠난줄 알았던 오태석이 갑자기 나타났다. 그는 내가 3일의 여유를 얻자 자기도 걸어서는 못간다고 생떼를 썼다고 한다. 그런데 그 다음날이 바로 9·28수복날이었다. 3일 후에 나를 데리고 가겠다던 인민군들은 내가 숨을 필요도 없이 자기들이 먼저 도망가 버렸던 것이다.[18)]

즉, 1950년 9월 인천상륙작전 후부터 1951년 중공군의 개입으로 인한 국군의 1·4후퇴시기 사이인 "일시적 후퇴시기"에 박동실은 월북을 단행하였다. 그러나 그가 이 시기에 정남희(1905~1984), 조상선(1909~1983), 임소향(1918~1978) 등과 함께 인민군대를 따라서 월북하지 않고 단신으로 월북했다고 한 것으로 보아, 이들이 월북한 것과는 다른 이유가 있었을 것을 짐작할 수 있다.

한편 "남로당원이었던 정남희는 '세상이 뒤바뀌어야 건방진 놈들에 복수를 하지'하고 항시 불평을 했었다"는 박녹주의 증언[19)]으로 보아 정남희는 남로당 당원으로 사회지도층의 횡포에

18) 박록주, 「나의 이력서 27 - 공산치하」, ≪한국일보≫ 1974.2.13.
19) 위의 글.

불만이 많았던 인물로 보인다. 그리고 공기남(1917~1971)은 전라도 창극단의 성원으로 활동하다가 1950년 7월에 인민군대에 입대[20]하였다고 한 것으로 보아 한국전쟁시기 초기에 북한군대에 자원하고 퇴각하면서 같이 북한으로 들어간 것으로 보인다.

「북한음악의 변용과 철학사상적 근거」에 의하면, 세 가지 이유를 들어 이들의 북한행을 설명하고 있다. 하나는 일제강점기까지 명성을 얻기는 하였으나 광대라는 신분적 차별에 대한 불만이 그것이고, 다른 하나는 연이은 폭동과 어수선한 시국상황 속에서 정서적으로 전남지역에 북한의 공산주의 사상이 팽배했기에 월북 국악인들은 공산주의 이론에 경도된 좌파 지식인과는 달리 직접적인 경험에 의해 북한행을 선택했다는 것이다. 그리고 마지막으로 사상과는 무관하게 친분이 있는 국악인들을 설득하고, 포섭하는 과정에서 월북을 단행했다고 보고 있다. 즉, 안기옥과 박동실, 그리고 제자인 공기남이 미리 월북하였고, 한국전쟁발발 직후 사상교육을 받고 노선이 확고해진 그들이 다시 남쪽으로 와서 그들과 지향점이 비슷했거나 사상과는 무관하지만 친분이 있는 국악인들을 설득·포섭하게 된 것[21]이라는 것이다.

그러나 위에 제시된 월북의 세 가지 이유 중 첫 번째와 두 번째의 이유는 설득력이 있어 보이나 세 번째 이유는 난점이

---

20) 최창호, 앞의 책, p.233. 『조선민족음악가사전』(상)에서는 1950년 7월 의용군에 입대했다고 하였다.

21) 이현주, 「북한음악의 변용과 철학사상적 근거」, 영남대학교 대학원 박사학위논문, 2004, pp.91-93.

있다. 즉, 안기옥이 1946년에 월북하기는 했으나 다시 내려왔다는 기록은 없고, 박동실과 공기남이 1950년에 월북했으나 박동실은 9월말까지는 서울 국악원에 있었으며, 공기남은 1950년 7월에 인민군에 입대하였기에 이들이 미리 월북했다가 다시 서울로 와서 당시에 서울에 남아있던 국악인들을 포섭했다고 보기는 어렵기 때문이다.

2) 월북국악인들의 활동

월북국악인들이 자발적으로, 혹은 타의에 의해서 월북을 한 후 이들의 행적은 연주활동과 함께 창작활동에도 참여하였으며, 후비 양성이라는 교육활동을 담당하게 된다.

먼저 이들이 담당했던 연주와 창작활동을 살펴보도록 하겠다. 월북국악인은 월북 후 바로 국립예술극장 〈협률단[22]〉에 입단하게 된다. 북한쪽 문헌에 따르면, 정남희는 평양에서 협률단에 입단[23]하였고, 박동실은 만포에서 협률단에 입단하였다. 한국전쟁시기 이들은 후방(북한)에 남아서 창작과 연주활동을 벌이기도 하고, 전선에 투입되어 군사들의 사기를 높이는 선전대의 역할도 맡았다. 특히 정남희는 안기옥과 함께 전방에서 가야금2중주로 〈안땅산조〉를 연주[24]하기도 하였으며, 박동실은 창극 〈춘

---

22) 국립예술극장 〈협률단〉은 전쟁 전부터 활동하던 고전음악단체를 1951년 초에 고전악단으로 개편하고, 이어 1952년 11월에 국립고전예술극장이라는 단체를 새로 창설하였다. 장영철, 앞의 책, 1998, p.296.

23) 장영철, 위의 책(2000), p.270.

향전〉을 무대에 올리고, 정남희 · 조상선과 함께 〈리순신장군[25]〉을 창작하여 무대에 올렸으며, 〈보천보출진〉과 〈비봉산포위섬멸〉 등의 판소리대본과 음악을 창작하여 직접 부르며 선전 · 선동하는데 기여하기도 하였다. 그 외에 공기남과 임소향 등은 박동실과 안기옥, 정남희 등이 창작한 창극에서 역할을 맡아 연주활동을 하였다. 그리고 1953년 휴전 이후 이들은 국립민족예술극장에 가수와 배우, 연주자로 참가하였으며, 조선예술단에 소속되어 사회주의 나라들을 순회공연하기도 하고, 세계청년학생축전에 참가하기도 하였다.

월북국악인들은 이러한 연주활동과 함께 작품 창작활동에도 적극 참여하였다. 정남희는 가야금연주 외에 창극을 창작하는데 참여하거나, 직접 창극 배우로 활동하기도 하였다. 그리고 공기남은 창극과 민요극에서 배우로 참여하는 한편, 〈항일의 싸움터를 찾아서〉, 〈장군님 모시니〉라는 곡을 작곡하고 연주[26]하기도 하였다. 안기옥은 김진명과 함께 〈장화홍련전〉을 각색하여 창극으로 발표하였고, 민족관현악합주 〈조국 산천〉, 민족기악중주 〈새봄〉 등을 작곡하였다. 그리고 가요 〈불멸의 금강〉, 합창곡 〈수송대의 노래〉와 같은 성악곡을 창작하기도 하였다.

이렇게 월북국악인들이 악기연주와 창극배우, 그리고 창극창

---

24) 장영철, 앞의 책(2000), p.271.
25) 박동실이 창작한 〈리순신장군〉과 연극 〈리순신장군〉은 다른 작품으로 보인다. 『북한의 전통음악』에서는 작곡가동맹중앙위원회에서 펴낸 『음악유산의 계승발전』에 의거하여 박동실이 창작한 곡으로 〈리순신장군의 출진〉이라고 쓰고 있다.
26) 최창호, 앞의 책, p.233.; 영변대학출판부, 앞의 책, p.15.

작 등 장르를 넘나들며 음악활동을 했던 것이 가능한 이유는 이들의 출신배경과 무관하지 않다. 이들은 임소향과 조상선을 제외한 나머지 공기남 · 박동실 · 정남희 · 안기옥은 모두 세습무 집안에서 자라온 창우집단 사람들이다. 이들은 집안이 서로서로 혈연적으로 얽혀 있으며, 가야금에 장기가 있다고 하더라도 판소리에 능하며, 창극에 장기가 있다고 하나 다른 악기를 다루는 데도 능했다. 즉 전공분야 외에 다른 장르를 두루 섭렵할 만큼 기량이 출중했기 때문으로 보인다.

또한 1952년부터 1961년 사이에 이들은 공훈배우나 인민배우의 칭호를 얻게 되었는데, 1952년 12월에 안기옥과 정남희, 임소향이 첫 공훈배우로 지정되었으며, 1955년 8월에 박동실과 조상선이, 그리고 1960년에 공기남이 공훈배우로 지정되었다. 또한 1956년에 안기옥이 인민배우가 되었으며, 1959년에는 정남희가, 그리고 1961년에 박동실이 인민배우의 칭호를 얻게 되었다. 이들의 수훈 상황을 표로 정리하면 다음의 〈표 3〉과 같다.

〈표 3〉 월북국악인의 수훈 현황

월북국악인	수훈	
	공훈배우	인민배우
공기남	1960년	
박동실	1955년	1961년
안기옥	1952년	1956년
임소향	1952년	
정남희	1952년	1959년
조상선	1955년	

월북국악인들은 창극을 창작하고 연주하고, 기악음악과 성악곡을 작곡하는 등의 음악활동 외에 후진 양성과 민족음악의 보존사업에도 참여하였다. 6인의 월북음악인 중 박동실과 안기옥, 정남희는 1950년대 중반부터 1960년대까지 평양음악대학의 민족음악관련 교수로 재직하면서 후진을 양성하였다.

먼저, 박동실은 1956년부터 1960년대 중엽까지의 기간에 평양음악대학 민족성악학부 교원과 민족음악연구사로 재직하면서 민족고전음악의 후진을 양성하였으며, 민족음악을 현대적미감에 맞게 계승·발전시키기 위하여 노력하였다. 그는 김일성의 창극 현대화방침을 받들어 평양음악대학 창조집단과 함께 창극 〈춘향전〉에서 봉건시대의 유물로 간주되는 낡은 창법인 쐑소리(탁성)을 제거하고, 남녀성부를 구분하며, 가사에 한문투를 없애는 등 김일성의 교시를 관철하기 위해 노력하였다. 또한 전통성악 유산들을 수집정리하고 연구분석하여 여러 편의 논문을 발표[27]하기도 하였으며, 1967년 5월부터 9월까지 4개월간에 제자들인 공기남·임소향·조해숙·신우선 등과 함께 개성시의 관음사에 들어가 판소리 5가를 재전습시키고 녹음 보존하는 사업을 수행[28]하기도 하였다.

안기옥은 1957년[29]부터 평양음악대학 민족기악강좌장으로 재

---

27) ≪조선음악≫ 1966년 4호, 5호, 6호에 박동실의 "창극이 걸어온 길을 더듬어"라는 글이 연재되었다.

28) 장영철, 앞의 책(1998), pp.299-301.

29) 북한과 연변에서 출판된 자료에는 해당 년도가 나오지 않으며, 양승희의 『악성 김창조 선생』(영암군, 2002)에 1957년 여름이라고 적고 있다.

직하였는데, 1958년에는 정남희와 함께 『가야금교측본』(조선음악출판사, 1958)을 편찬하였고, 〈장고연주법〉을 지었으며, 1961년에는 안기옥의 민족기악 작품인 『새봄』(조선음악출판사, 1961)이 출판되었다. 안기옥은 민족음악연주가들을 키우는 정규교육을 위해 가야금, 아쟁, 장구의 연주를 위한 교재를 만들어 후진양성[30]에 힘썼다. 그는 특히 조선음악가동맹 중앙위원회인 ≪조선음악≫에 1958년 10월부터 1959년 12월에 걸쳐 "장고와 장단에 대하여(1958. 10호)", "북의 연주에 대하여(1958. 11호)", "조선 장단에는 어떠한 것들이 있는가(1959. 1호~12호에 10회 연재)"를 발표하여 북한 민족음악의 장단론 체계를 세운 것으로 보인다.

그리고 정남희는 1959년부터 평양음악대학 민족음악학부 교원과 학부장으로 재직하면서 많은 가야금연주자들을 양성하였으며, 『가야금교측본』(안기옥 공저)을 비롯한 가야금연주교재들을 만들어 냈다. 또한 조선음악가동맹 중앙위원회 위원으로 10여 년간 있으면서 음악예술발전과 음악후비육성에 도움이 되는 음악실천활동과 학술토론들에 참가[31]하였으며, 1970년부터는 년로보장을 받고 조선음악가동맹 중앙위원회 민요연구실에서 연구사로 민요유산을 수집정리하는 사업을 진행[32]하였다.

월북음악인들의 창극활동을 비롯한 음악활동은 1960년대 이

---

30) 장영철, 앞의 책(1998), pp.287-288.

31) ≪조선음악≫ 1963년 3호에 정남희의 "민족 기악 연주에서 거둔 혁신적 성과"라는 글이 있다.

32) 장영철, 위의 책(2000), p.272.; 연변대학출판부, 앞의 책, p.344.

후 발전하게 되는 북한 민족가극 형성의 기틀을 마련하게 되었으며, 1952년에 설립된 국립평양음악대학에서 교편을 잡아 북한의 어린 학생들에게 산조와 시나위, 판소리, 창극 등을 가르침으로써, 전후의 차세대 음악리더들이 성장하기 전까지 북한 음악을 주도하는 역할을 담당하였다. 그리고 음악적으로도 이들은 일제강점기의 전통음악과 주체사상 확립 이후 변화된 음악을 잇는 중간 가교역할을 한 것으로 보인다.

2. 재북국악인들의 활동 양상

앞서 제시한 바와 같이 재북국악인은 남한 출신이나 해방공간에서 북한에 잔존하다가 소환되어 활동했던 국악인과 북한출신의 국악인들을 말한다. 북한에 잔존했다가 소환되었던 국악인으로는 가야금 명인으로 이름이 난 최옥삼과 해금연주자 류대복이 있으며, 북한출신 국악인은 대체로 서도명창들로, 김관보·김진명·장재천·홍탄실을 말한다. 최옥삼을 제외한 나머지 인물에 대해서는 남한에 잘 알려진 인물들이 아니기에 필요한 경우 이들의 행적을 하나씩 짚어가 보도록 하겠다.

우선 남한출신이나 북한에서 활동하다 남게 된 최옥삼과 류대복의 활동[33]을 살펴보도록 하겠는데, 이에 앞서 이들의 잔존

33) 최옥삼의 행적과 관련된 자료는 사회과학원 주체문학연구소에서 편찬한 『문학예술사전』(하)(앞의 책)에서, 류대복의 자료는 장영철의, 『조선음악명인전』 2권(앞의 책)에서 참조하였다.

당시 상황을 알아보도록 하겠다.

최옥삼(1905~1956)은 전남 장흥출신으로 한성기에게 가야금을 배웠으며, 1937년부터 원산과 함흥의 가무양성소에서 교원으로 활동하다가 일제에 의해 양성소가 없어지게 되자 강원도 통천에서 농사를 지으며 살던 중에 광복을 맞이하게 되었다. 그는 여러 악기를 다루는데 능하였던 것으로 보이는데, 가야금연주가로 데뷔했다가 단소연주가가 되었고, 가무양성소 교원으로 있으면서 대금, 아쟁, 북, 장고 등의 악기 연주법을 익혔으며, 평양의 무용연구소로 소환되어 활동할 당시에 공연할 때마다 가야금, 대금, 단소, 아쟁과 타악기 등 여러 개의 악기들을 앞에 놓고 연주하였는데 모든 악기에 능숙하였다고 한다.

류대복(1907~1964) 역시 여러 악기에 능숙했던 연주가로 알려져 있다. 그는 충남 아산에서 태어났는데, 부친과 백부가 모두 피리에 능하였고, 아버지에게서 민요와 판소리, 피리, 해금, 양금들을 배웠다는 것으로 보아, 창우집단 출신이었던 것으로 보인다. 이후 가야금과 거문고, 장고를 익혔으며, 한성준으로부터 민속무용가락과 전통무용을 배운 것을 바탕으로 '배구자무용단'에서 기악연주가로 활동하기도 하고, 직접 〈학춤〉, 〈소고춤〉 등을 추기도 하였다. 1930년부터는 평양의 가무양성소 교원으로 있으면서 후진을 양성하는 한편 연주활동도 하였다. 그리고 징용을 피해 중국에 피신했다가 평양의 기림리로 돌아와 삶을 연명하던 중 8 · 15 광복 이후 1945년 9월에 김진명 · 홍탄실 등과 함께 한일가무단을 조직하여 활동하는 한편, 최승희무용연구소 연주단 악장으로 활동하기도 하였다. 한일가무단은 류대복·김진명·김관보·홍탄실이 함께 연주활동을 했던 단체였으며, 김진명이 "1942년 봄에 소리공부시절에 사귀였던 류대복 등의 동료들과 의지하여 음악활동을 해보려는 기대를 가지고 평양에 왔었다[34]"는 것으로 보아 류대복과 김진명은 1930년대에 이미 친분이 있었던 것을 알 수 있다.

김관보(1921~)는 서울의 가무양성소에 들어가 민요와 장고, 가야금 등을 배웠다가 1945년 9월 평양에서 열린 '예술단을 조직하는 민요가수모집을 위한 경연'에서 〈강원도아리랑〉, 〈평북 녕변가〉, 〈창부타령〉을 불러 1등으로 데뷔하였으며, 홍탄실은 해주에서 민요수업을 받고 해주음악연구소학교 조교수로 있다가 한일가무단으로 합류한 것으로 보인다.

김진명(1913~1997)은 서도명창 신봉학으로부터 서도민요을 배웠으며, 일제강점기에는 〈배뱅이굿〉으로 유명[35]하였다. 그리고 장재천(1922~)은 사리원 권번에서 접장으로 있으면서 소리를 배웠으며 징용을 당했다가 살아 돌아와 농사를 짓고 살던 중에 '협률단'에 소환되어 중앙무대로 진출한 것으로 보인다.

재북국악인들은 앞서 살펴보았던 월북국악인과 함께 한국전쟁시기에 전선의 앞에서 혹은 후방에서 인민들과 인민군을 독려하는 역할을 담당하였다. 먼저, 최옥삼은 문화공작단 성원으로 군산, 광주, 목포 등지에서 적극적인 연주활동을 하였다. 류

34) 장영철, 앞의 책(1998), p.332.

35) 2009년 9월 28일 만당 이혜구선생님과의 대화에서 김진명이 일제강점기에 〈배뱅이굿〉으로 유명했다는 말씀을 들었다.

대복은 '소편대연예공작대'에 소속되어 활동하였으며, 1952년에는 조선인민군협주단으로 소환되어 〈해금산조〉와 〈가야금산조〉, 그리고 민요를 연주하였다. 김진명과 김관보, 홍탄실 등도 서도민요를 부르며 군대의 사기를 진작시키는 공연활동을 하였으며, 장재천 역시 조선 인민군협주단에 입대하여 전선구분대방문공연에 참가하였다. 또한 김진명은 이 시기에 〈양키토벌가〉, 〈신천가〉, 〈얼룩소야 어서가자〉, 〈후방가정〉, 〈춘경가〉 등의 노래를 서도민요조의 선률로 창작하여 보급하기도 하였다.

전쟁이 끝나고 전후복구건설시기와 사회주의건설시기에 재북국악인들은 연주와 창작, 그리고 교육활동과 같은 다양한 음악활동을 벌이게 된다. 먼저, 최옥삼은 가야금산조와 단소 연주곡, 그리고 대금독주곡 등을 창작하였는데, 그의 대금독주곡 〈은하수〉와 〈구룡폭포를 찾아서〉는 제6차와 7차 세계청년학생축제에서 금메달을 받았으며 1983년 제6차 아세아음악연단에 명곡으로 등록되어 세계에 널리 소개되기도 하였다.

류대복은 1947~48년 시기에 〈해금산조〉와 창극 〈홍보전〉을 창작하였고, 김진명과 합작하여 창극 〈배뱅이굿〉을 창작한 바가 있었는데, 1954년부터 국립고전예술극장의 작곡가로 활동하면서 민족관현악곡들인 〈민요조곡〉과 〈환영곡〉, 그리고 사회주의현실을 반영한 해금독주곡인 〈홍겨운 일터〉 등을 창작[36]하였다.

김진명은 해방후 민주건설시기에는 공연활동을 하면서 〈장화홍련전〉, 〈싸우는 계월향〉 등의 창극들을 창작하였으며, 한국전

---

36) 장영철, 앞의 책(2000), p.282.

쟁시기에는 〈얼룩소야 어서 가자〉, 〈산천가〉, 〈양키토벌가〉 등 노래를 창작하여 대중의 인기를 끌었다. 1960년 초에는 서도민요를 바탕으로 하여 창극을 현대적미감에 맞게 발전시키는데서 모범으로 된 작품인 〈강건너 마을에 새노래 들려온다〉를 창작하였으며, 〈모란봉〉, 〈청진포 배노래〉, 〈바다의 노래〉 등 특색있는 민요들을 창작[37]하기도 하였다. 그리고 장재천은 1963년 민족가극 〈녀성혁명가〉 작곡에 참가. 가야금병창 〈금강의 노래〉, 제창곡들인 〈중대의 자랑〉, 〈밀림속의 아리랑〉, 〈우리 나라 좋을시구〉 등 수십 수의 작품을 작곡[38]하였다.

장재천은 창극 〈배뱅이굿〉의 주인공 박수무당역을 맡아 순회공연을 하였으며, 1963년 민족가극 〈녀성혁명가〉 작곡에 참가. 가야금병창 〈금강의 노래〉, 제창곡들인 〈중대의 자랑〉, 〈밀림속의 아리랑〉, 〈우리 나라 좋을시구〉 등 수십 수의 작품을 작곡하였다.

김관보는 1957년 8월에 모스크바에서 열린 세계청년학생축전에서 〈룡강기나리〉를 불러 금메달을 수상하였으며, 류대복과 김진명의 합작으로 만들어진 〈배뱅이굿〉의 배뱅이역, 그리고 안기옥과 김진명의 합작인 〈장화홍련전〉에서 장화역을 맡는 등 창극무대에서 주인공의 역할을 하였으며, 북한 민족가극 발전의 분수령이 된 김진명과 윤영환의 합작품 〈강건너 마을에서 새노래 들려 온다〉에서 주인공인 여성 관리위원장 봉화역을 수

37) 연변대학출판부, 앞의 책, pp.100-101.
38) 위의 책, p.331.

행[39])하기도 하였다. 홍탄실은 〈방아타령〉, 〈놀량사거리〉, 〈배따라기〉 등 서도민요를 잘 불렀으며, 1950년대에 연주되었던 〈심청전〉, 〈춘향전〉, 〈흥부전〉, 〈장화홍련전〉, 〈배뱅이굿〉 등 창극에서 주인공역을 담당[40])하였다.

이를 보면, 최옥삼은 1956년에 사망할 때까지 기악곡 창작과 악기연주에 힘썼으며, 류대복과 김진명, 장재천은 민족가극이나 창극을 창작하였고, 김관보와 홍탄실은 서도민요와 창극에서 주역을 맡아 활동하였음을 알 수 있다.

이들은 또한 음악대학의 교원을 맡아 후진 양성에 힘을 쏟기도 하였다. 최옥삼은 평양음악대학 민족음악학부의 겸임교원으로 있다가 1956년에 사망하였고, 류대복은 1958년부터 민족음악학부 기악강좌 교원을 맡아 해금 교수를 기본으로 가야금, 대금, 아쟁, 장고 등의 실기교육을 담당하였다. 또한 『해금교측본』(1959)과 『저대교측본』(미완성)을 비롯한 많은 교재곡들을 창작하여 많은 제자들을 배출[41])하였다. 김관보는 1962년부터 평양음악대학 민족성악강좌 교원으로 재직하였으며, 김진명은 조선음악가동맹중앙위원회 서도민요고문으로 있으면서 신인가수들을 양성[42])하였다. 그리고 장재천은 인민배우와 공훈배우 등 수십 명의 민요독창가수들을 양성[43])하는데 일조하였다.

39) 장영철, 앞의 책(2000), pp.348-349.
40) 연변대학출판부, 앞의 책, 1998.
41) 장영철, 앞의 책(2000), p.282.
42) 연변대학출판부, 앞의 책, p.101.
43) 위의 책, pp.330-3331.

이렇게 다양한 연주 활동과 창작활동, 그리고 교원으로 후진을 양성한 공로로 류대복과 김관보는 1957년 공훈배우가 되었으며, 김진명은 1955년에 공훈배우를 받고 다시 1962년에 인민배우가 되었으며, 국기훈장 1급을 비롯한 훈장과 메달들을 받았다. 장재천은 1968년에 공훈배우가 되었으며, 홍탄실은 1961년에 공훈배우로 당선되었다.

〈표 4〉 재북국악인의 수훈 현황

재북국악인	수훈	
	공훈배우	인민배우
류대복	1957년	
김관보	1957년	
김진명	1955년	1962년
장재천	1968년	
홍탄실	1961년	

이상으로 1950년대부터 1960년대 전반기까지 월북국악인과 재북국악인의 활동을 검토해 보았다. 이들은 한국전쟁시기에 인민군대와 후반의 인민들을 독려하는 역할을 하였으며, 전쟁이 끝난 후에는 수많은 연주 활동과 수많은 작품을 창작하였고, 대학에서, 혹은 극장에서 인재를 양성하는데 큰 역할을 담당했던 것을 알 수 있었다.

3 1950~1960년대 북한 음악정책의 변동과 월북국악인

1945년부터 1960년대 후반까지 북한에서 활동했던 음악인들의 음악적 기반은 크게 둘로 나눠지는데, 해주와 평양을 중심으로 하는 서도토리권의 음악과 남도토리권의 음악이 그것이다. 그런데 주지하다시피 북한지역의 전통음악은 기본적으로 서도토리권에 해당한다.

서도토리권이란 오음음계 구조에 음계의 세 번째 음이 생략되기도 하며, 종지음의 5도 위음을 잘게 요성하고 음계의 최저음으로 종지하는 형태를 지니는 음악이 널리 퍼져있는 지역을 의미한다. 이를 솔미제이션으로 표기하면 아래의 〈악보 1〉에서처럼 음계는 〈레－미－솔－라－도〉로 표시할 수 있으며, 음계의 최저음인 〈레〉음이 종지음이며, 〈레〉에서 5도 위의 음인 〈라〉음을 요성하는데, 남도식의 굵은 요성이 아닌 콧소리를 넣어 가볍게 살살 털며 요성하는 것이 특징이다. 이러한 서도토리권의 음악인들은 대체로 북한에서 출생하고 북한에서 활동했던 재북국악인들이다.

〈악보 1〉 서도토리 음계 및 구성음의 역할

이에 비해 월북국악인들이 가지고 있는 음악어법은 서도토리권의 음악과는 그 양상이 다르다. 즉, 음계에 꺾는 반음이 존재하며, 음계의 최저음을 굵게 요성하고 음계의 중간음에서 종지한다.

〈악보 2〉 육자배기토리 음계 및 구성음의 역할

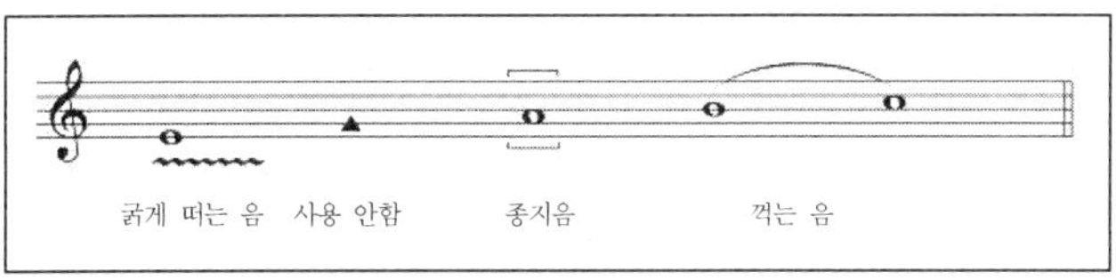

뿐만 아니라 발성법 역시 두 음악어법이 다르다. 서도식 창법은 성대를 띄워 목소리를 가늘게 날리면서 내는 소리라고 한다면, 남도식 창법은 성대를 꾹꾹 눌러 목에 힘을 주어 내는 소리라고 할 수 있다.

이렇게 북한지방에서 이질적인 두 음악 어법이 만나 공존하기 위해 월북음악인과 재북음악인 모두 나름의 노력을 했을 것이며, 특히 북한 지방의 음악문화와는 전혀 다른 음악적 배경을 가지고 있었던 음악인들이 북한에서 활동하기 위해서는 재북국악인보다도 체제정착을 위한 더 많은 노력이 필요했었을 것임은 자명하다.

그러나 이러한 인식을 하기에 앞서 북한에서는 당시 크게 유행했던 창극이라는 장르의 우월성과 함께 해방공간과 전쟁, 그리고 분단 초기에 남한의 예술인들을 포섭한다는 정치적인 이유로 인해 월북음악인들이 자신들의 음악어법으로 활동하는 것을 모두 허용하였으며, 이는 김일성의 민족음악에 대한 적극적인 의지의 결과로 보인다. 즉, 1946년 5월 24일에 북조선 각 도 인민위원회, 정당, 사회단체선전원, 문화인, 예술인대회에서 한 연설인 "문화인들은 문화전선의 투사로 되어야 한다[44)]"를 시작으로 일관되게 민족문화와 예술을 발전시켜야 함을 강조하고 있다.

그러나 이들 월북음악인들이 자신들의 음악어법으로 음악활동을 했던 시간은 그리 길지 않았다. 북한음악사에서 이들의 활동은 대체로 1960년대 초반까지로 한정되며, 이들 중 몇몇은 1960년대 중반 이후 중앙무대에서 사라졌다.

---

44) 「문화인들은 문화전선의 투사로 되어야 한다-북조선 각 도인민위원회, 정당, 사회단체선전원, 문화인, 예술인대회에서 한 연설」(1946. 5.24), 『김일성저작집』2(1946.1~1946.12), 조선로동당출판사, 1979.
"(전략) 나는 동무들앞에 다음과 같은 몇가지 구체적과업을 제기합니다.(중략)
4. 조선의 민족문화를 발전시키기 위하여 우리의 훌륭한 문화유산을 계승하며 사회주의나라들의 문화를 섭취하여야 하겠습니다. 우리 문화인들가운데는 그릇된 두가지 경향이 있습니다. 하나는 우리의 고유한것만 좋다고 하고 외국의 것은 다 나쁘다고 하는 경향이며 다른 하나는 이와는 반대로 우리의것은 다 나쁘다고 하고 서양의것만을 좋다고 하는 경향입니다. 이 두 경향은 다 옳지 않습니다. 전자는 자기의 락후한것까지도 그대로 보존하고 남의 좋은것을 받아들이지 않으려는 배타적인 경향이며 후자는 자기 민족문화의 우수한 점을 부인하고 덮어놓고 서양화하려는 허무주의적경향입니다.
우리 문화인들은 자기의 고유한 문화가운데서 우수한것은 계승하고 락후한것은 극복하며 선진국가들의 문화가운데서 조선사람의 비위에 맞는 진보적인것들을 섭취하여 우리의 민족 문화와 예술을 발전시켜야 할것입니다. 이것이 민족문화건설의 가장 정확한 길입니다. (후략)"

그 이유는 크게 두 가지로 살펴 볼 수 있을 것이다. 우선, 정치적으로 종파투쟁의 결과 남로당계열와 연안파, 쏘련파의 숙청과 함께 월북음악인들을 복고주의자로 몰아[45] 숙청한 것으로 볼 수 있다. 다른 하나는 사상적으로 인민들을 통제하고 선전하기 위한 대표적인 음악의 형상수단을 대부분의 북한 인민들이 듣고 즐길 수 있는 서도 민요나 일제강점기에 만들어진 대중가요, 혹은 신민요풍의 곡같은 성악곡들로 삼았기 때문일 것이다.

아래에 인용한 김일성의 1954년 8월 10일 연설 "문학예술을 더욱 발전시키기 위하여"를 보면, 국가적 차원에서 복고주의를 경계하고 있음을 볼 수 있으며, 새롭게 사회주의국가를 건설하는 시기에 과거의 것만을 따르는 복고주의는 있을 수 없음을 강조하고 있다.

> 지금 일부 작가, 예술인들 속에서는 오늘의 문학예술작품이 옛날의 것과 맞지 않는다고 시비하는 경향이 나타나고 있는데 이 것은 매우 엄중한 사실입니다. 그들은 쐑소리가 우리 민족의 고유한 노래음조라고 하면서 민요를 부르는데서 여자들이 쐑소리를 내야 잘하는 것으로 보며 그 것을 조장하고 있습니다. 그러다보니 민족예술부문에 새로운 일군들이 진출하지 못하고 쐑소리를 내는 사람들만 모이게 되었으며 따라서 우리의 민족예술이 발전하지 못하고 있습니다.

---

45) 1950년대 초반부터 1970년대 초반까지 옛날의 것을 강조하는 복고주의와 서양의 것을 따르는 사대주의를 경계하고 없애야 한다는 논의가 지속된다.(리히림 · 함덕일 외, 앞의 책, 참조.)

쨱소리는 우리 민족의 고유한 노래음조가 아니라 지난날 광대들의 노래음조입니다. 이에 대하여서는 역사가들도 다 인정하고 있습니다. 그런데 쨱소리가 어떻게 우리 민족음악의 고유한 노래음조로 될 수 있겠습니까. 만일 쨱소리가 옛날부터 내려오는 민족음악의 고유한 노래음조라고 하더라도 오늘 그것을 그대로 본따야 한다고 주장할 필요는 없습니다. 옛날에 량반들이 갓쓰고 당나귀를 타고 다니면서 즐기던 쨱소리를 아무리 좋다고 선전하여도 오늘 양복을 입고 다니는 우리 청년들은 그 것을 좋아하지 않을 것입니다. 쨱소리를 좋다고 주장하는 것은 옛날의 것을 아무런 고려도 없이 덮어놓고 되살리려는 복고주의적 경향입니다.

복고주의적 경향은 예술의 민족적형식을 계승하는데서도 나타나고 있습니다. 지금 어떤 사람들은 민족문화예술을 발전시키는데서 의상도 락후한 옛날의 것을 그대로 살리려고 하며 심지어 민족악기를 연주하는 것도 선조들이 올방자를 틀고앉아 연주하였다고 하여 오늘에 와서도 그렇게 하려고 합니다.

민족문화유산을 오늘의 현실에 맞게 계승발전시키는 것은 민족문화를 건설하는데서 우리 당이 시종일관 견지하고있는 중요한 방침입니다. 우리는 민족문화유산에 대하여 허무주의적으로 대하여도 안되며 복고주의적으로 대하여도 안됩니다. 민족문화유산 가운데서 진보적이고 인민적인 것과 낡고 반동적인 것을 옳게 갈라내여 진보적이고 인민적인 것은 비판적으로 계승발전시키며 낡고 반동적인 것은 버려야합니다.

문학예술부문일군들은 당의 이 방침을 철저히 관철하여야 하겠습니다. 특히 민족문화유산을 계승발전시키는데서 옛날의 것을 덮어놓고 되살리려는 복고주의적 경향과 강한 투쟁을 벌

려야 하겠습니다.[46](밑줄 – 인용자)

이 글에 등장하는 '쐑소리'는 판소리목인 탁성으로, 성대가 심하게 다친 상태에서 나오는 쉰 목소리를 말한다. 북한에서 당시에 이런 '쐑소리'로 노래를 부르는 집단은 월북국악인들이며, 이들이 서도식 음악어법이 아닌 육자배기토리의 음악어법을 고집하는 것에 대해 경고하고 있음을 볼 수 있다.

그러나 북한내에서 월북국악인들이 육자배기토리의 음악어법으로 노래를 부르는 경향이 하루아침에 없어질 수는 없었고, 일제강점기에 전국적으로 유행했던 창극을 대체할 만한 노래극이 완성되지 않았기 때문에 육자배기토리의 음악어법으로 노래하는 판소리 스타일의 창극은 존속된 것으로 보인다.

다만 박동실과 안기옥은 판소리 창극스타일을 조금 변형시키는 방법을 써서 변화를 모색하였다. 즉, 이들이 1950년대 중반에 선보인 창극들에서는 판소리적인 창법인 '쐑소리'를 없애고, 남녀성부를 나누며, 한문투의 가사를 쓰지 않고, 관현악 반주를 삽입하는 방식을 채용하였다.

그러나 1950년대를 주도했던 육자배기토리의 음악어법과 판소리 스타일의 창극이 종지부를 찍는 사건이 발생하였다. 그것은 바로 1959년 무렵에 창작된 〈황해의 노래〉와 〈강건너마을에서 새노래 들려온다〉의 창작이며, 이는 일제강점기의 창극 스타

46) 「문학예술을 더욱 발전시키기 위하여 – 조선로동당 중앙위원회 정치위원회에서 한 결론」(1954.8.10), 『김일성 저작집』9(1954.7~1955.12), 조선로동당출판사, 1980.

일이 이후 북한의 민족가극으로 넘어가는 경계점이라고 할 수 있다.

〈황해의 노래〉는 안기옥이 판소리어법으로 만든 창극이기는 하나 그 내용이 사회주의사상을 담은 주제의 전환을 이루었으며, 김진명이 창작한 〈강 건너 마을에서 새 노래 들려 온다〉는 서도민요스타일의 음악으로 창극을 형상화했을 뿐만 아니라 내용에서도 현실 주제의 작품이었기 때문이다. 비슷한 시기에 창작되기는 하였으나 남도음악양식에 사회주의 사상을 담은 〈황해의 노래〉와 서도음악양식에 사회주의 사상을 담은 〈강 건너 마을에서 새 노래 들려 온다〉 중 김일성은 〈강 건너 마을에서 새 노래 들려 온다〉에 손을 들어 주었고, 이 작품은 북한의 현대 민족가극발전에 큰 의미를 갖는다.

> 창극도 민요를 바탕으로 하여야 합니다. 서도민요가 바탕으로 되여있는 〈강건너마을에서 새 노래 들려온다〉는 매우 마음에 듭니다. 민족음악은 이것을 표준으로 하여 발전시키는 것이 좋을 것 같습니다.
>
> 판소리는 너무 옛날 것이기 때문에 흥미가 없습니다. (중략) 지금 청년들은 그 노래를 좋아하지 않습니다. 청년들은 라지오를 듣다가도 판소리가 나오면 꺼버립니다. 판소리는 사람을 흥분시키지 못하며 투쟁에로 불러일으키지 못합니다. 판소리로 군대를 전투마당으로 달려나가게 할 수 있다고는 도저히 생각할 수 없습니다[47].(밑줄 - 인용자)

---

47) 「혁명적문학예술을 창작할데 대하여 - 문학예술부문일군들앞에서 한

위의 인용문은 김일성이 1964년 11월 7일에 문학예술부문일군들 앞에서 "혁명적문학예술을 창작할데 대하여"라는 주제로 한 연설문이다. 이를 보면, 왜 김일성을 비롯한 정치권에서 남도스타일의 음악이 아닌 서도스타일의 음악을 선택했는지 알게 된다. 즉, 1960년대의 젊은 일군들은 판소리를 듣지 않으며, 판소리는 투쟁을 고취시키지 못하는데, 이에 비해 서도민요가 들어있는 〈강 건너 마을에서 새 노래 들려 온다〉는 우선, 판소리도 아니며, 자신의 귀에 익숙한 서도 민요가 들어 있고, 거친 남도식 창법이 아닌 가느다란 세성(細聲)으로 부르는 서도식 창법[48]으로 부르는 창극이기 때문에 〈강 건너 마을에서 새 노래 들려 온다〉를 표준으로 삼아 발전시키도록 한 것이다.

특히 창극 〈강 건너 마을에서 새 노래 들려 온다〉는 〈룡강기나리〉와 〈룡강타령〉을 비롯한 부드러운 서도민요가락들을 기본바탕으로 주인공들의 서정 심리적인 감정을 잘 표현함으로써 인물들의 성격을 개성화하고 새로운 극음악의 양상을 창조하고 있으며, 부정적인 인물의 형상은 옛 잡가의 음조를 이용하여 표현하고 있다. 또한 민요바탕의 합창형식들을 살려 집단생활과 노동의 성격을 보다 뚜렷하게 부각시키고[49] 있다.

창극 〈강 건너 마을에서 새 노래 들려 온다〉가 형상화된 이

연설」(1964.11.7), 『김일성 저작집』 18(1964.1~1964.12), 조선로동당출판사, 1982.

48) 이러한 세성은 1970년대 이후 주체창법으로 알려진 민성 창법으로 발전하였다.

49) 사회과학원 주체문학연구소, 『문학예술사전』(상), 과학백과사전종합출판사, 1988, pp.146-147.

후, 박동실을 제외한 월북국악인들의 지위가 대폭 낮아진 것을 확인할 수 있다. 박동실은 위의 〈표 3〉에서 1961년에 인민배우로 그 지위가 승격되었음을 볼 수 있었던 것에 비해, 공기남은 중앙무대에서 밀려나 1963년부터 황해북도예술단에서 사업하다가 1971년 5월 8일에 사리원에서 사망하였고, 안기옥은 1974년 1월 13일에 함경북도 혜산에서 사망하였다.

조상선은 1961년 ≪조선음악≫ 8월호와 9월호에 "선조들의 성악 유산을 계승 발전시키자"라는 제목으로 판소리에서 '쐑소리'를 버려야 함을 강조하였다. 그러나 조상선은 1950년대에 전통판소리 창법을 고수했던 인물로 알려져 있으며, 그러한 조상선이 자신의 창법인 '쐑소리'를 버려야 한다는 입장을 밝혔다는 것으로 보아, 북한 내에서 살아남기 위해 힘겨운 노력을 했음을 짐작할 수 있다. 그리고 정남희는 1963년 3월호 『조선음악』에 "민족 기악 연주에서 거둔 혁신적 성과"라는 제목의 글을 남기고 있어, 정남희 역시 중앙무대에서 활동할 얼마간의 시간을 연장할 수 있었을지 모르나 정남희는 1988년에 함경북도 선봉에서 사망한 것으로 알려져 있어, 1960년대 초반에 숙청당한 것으로 보인다.

한편 북한에서는 남도음악인의 복고주의적 경향과 "쐑소리"를 경계하면서도 김일성은 전통문화유산을 보존할 필요성이 있다고 보았다. 특히 김일성은 "물론 판소리를 전혀 하지 말라는 것은 아닙니다. 옛날에는 이런 노래도 있었다는 것을 알아두는 것은 나쁘지 않습니다. 그러니 판소리하는 사람을 명에 한사람쯤

남겨두는 것이 좋습니다. 판소리를 보존은 하지만 장려할 필요는 없습니다.[50]"라고 하였다. 그러면서 박동실로 하여금 1967년 5월부터 9월에 걸쳐 개성의 관음사에 들어가 판소리 5바탕을 재전수하고 보존녹음사업을 하도록 명령했는데, 이때 참가한 판소리 가창자로는 공기남, 임소향 등이었고, 여기에서도 조상선은 이미 제거되어 이 사업에 참여하지 못했음을 알 수 있다.

이렇게 정치적으로 배격당한 월북국악인들에 비해 재북국악인이면서 서도음악인인 김진명과 장재천, 김관보, 홍탄실은 그 이후에도 꾸준히 활동하고 있어 대조가 된다. 참고로 이 시기 북한의 전통음악인들이 평양음악대학에서 교편을 잡기 시작했던 시기를 모아 정리하면 다음의 〈표 5〉와 같다.

〈표 5〉 북한 전통음악인들의 평양음대 부임시기

북한의 전통음악인	평양음악대학 강좌	부임시기
박동실	민족성악학부	1956년~1960년대 중엽
안기옥	민족기악강좌장	1957년
정남희	민족음악학부	1959년
최옥삼	민족음악학부	1952년 이후
김관보	민족성악강좌	1962년

50) 「혁명적문학예술을 창작할데 대하여－문학예술부문일군들앞에서 한 연설」(1964.11.7), 『김일성 저작집』 18(1964.1~1964.12), 조선로동당출판사, 1982.

이후 월북국악인들이 빠져나간 자리는 이들에게서 음악을 배운 음악 2세대들과 서도음악인들로 채워지게 되었다.

이렇게 북한의 중앙무대에서 사라지고 묻혀 졌던 월북국악인들은 1990년대 초반부터 있었던 남한과의 음악교류 이후 점차 복권되는 양상을 확인할 수 있다. 즉, 월북국악인중 안기옥은 1994년에, 그리고 박동실이 1999년에 다시 거론되기 시작하였으며, 이는 윤이상음악연구소에서 편찬된 『조선음악명인전』으로 귀결되었다. 또한 정남희 2005년에 그의 탄생 100주년 기념 연주회가 평양에서 열린 것[51]으로 계기로 그의 업적에 대해 사후 복권이 된 것으로 보인다.

4 결 론

남북한이 분단된 지 60여 년의 세월이 흘러가는 동안 정치적인 이유로 음악 교류는 단절된 채 각자 서로 다른 모습으로 음악을 발전시켜왔다. 1990년대 이후 정치적인 화해 분위기와 맞물려 음악교류가 생겨났고, 남한에서 북한의 음악을 연구하는

51) '인민배우정남희 생일 100돐기념 가야금연주회'라는 제목으로 연주회가 열렸으며, 이와 관련된 사진은 ≪조선예술≫(2005.9, pp.44-45)에서 확인할 수 있다.

학자군도 생겨나게 되었으며, 북한의 음악인들이 탈북하여 남한에서 활동하는 시대가 되었다.

본 논문은 현대 북한음악의 기틀이 마련된 시기인 1950~60년대에 북한에서 활동했던 전통음악인들의 활동양상을 검토하고 이들이 1950년부터 20여 년간의 정치적 격변기에 어떻게 자리매김되었는지 살펴본 글이다. 이에 본고에서 논의된 내용을 정리하면 다음과 같다.

먼저, 북한에서 활동하였던 전통음악인을 월북국악인과 재북국악인으로 나눠 그들의 활동양상을 살펴보았다.

월북국악인은 남한에서 출생하여 남한에서 주로 활동하다가 북한으로 월북한 국악인을 말하며, 개인적인 신념과 정치적 상황, 그리고 친분에 의한 설득 등의 이유로 월북하였다. 월북국악인은 대체로 일제강점기에 창극활동을 했던 사람들이며, 월북 이후 공기남과 조상선, 임소향 등은 창극 가수로 활동하였고, 박동실과 정남희, 안기옥은 창극을 창작하거나 기악곡을 작곡하는 창작작업을 수행하였으며, 평양음악대학의 민족음악관련 교수로 재직하면서 후진을 양성하였다. 월북음악인들의 창극활동을 비롯한 음악활동은 1960년대 이후 발전하게 되는 북한 민족가극 형성의 기틀을 마련하게 되었으며, 1952년에 설립된 국립평양음악대학에서 교편을 잡아 북한의 어린 학생들에게 산조와 시나위, 판소리, 창극 등을 가르침으로써, 전후의 차세대 음악리더들이 성장하기 전까지 북한 음악을 주도하는 역할을 담당하였다. 그리고 음악적으로도 이들은 일제강점기의 전통음악과 주체사상 확립 이후 변화된 음악을 잇는 중간 가교역할을 한 것으로 보인다.

재북국악인 중 최옥삼은 1956년에 사망할 때까지 기악곡 창작과 악기연주에 힘썼으며, 류대복과 김진명, 장재천은 민족가극이나 창극을 창작하였고, 김관보와 홍탄실은 서도민요와 창극에서 주역을 맡아 활동하였다. 이들 역시 음악대학의 교원을 맡아 후진 양성에 힘을 쏟기도 하였다.

다음으로 1950~60년대 북한의 음악정책이 변동하는 추이와 이에 대응하는 월북국악인들의 활동을 살펴보았다. 월북국악인들은 1950년대 중반까지 그들의 음악어법을 이용하여 음악활동을 하였다. 그러나 당시 진행되었던 정치투쟁에서 남로당계열과 연안파, 그리고 쏘련파의 제거와 맞물려 월북국악인은 복고주의자로 몰려 숙청당하였고, 이후 박동실을 제외하고 대부분 중앙무대에서 활동하지 못했다. 김일성은 월북국악인의 복고주의경향을 육자배기스타일의 음악어법과 그 창법인 "쐑소리"로 집중시켰으며, 이들이 숙청된 자리에는 서도스타일의 음악어법과 그 창법의 변화형인 "민성"이 자리잡게 되었다. 즉, 현대 북한의 가극에서 하드웨어에 해당하는 기본형은 월북국악인들에 의해 만들어지고 다듬어진 창극이며, 그 안을 채우는 소프트웨어인 음악어법과 내용은 재북국악인이 서도식 음악어법과 신민요, 그리고 서도창법의 변형인 "민성"이었다. 그리고 전통적인 창극에서 현대 북한의 가극으로 가게 된 기점에는 서도음악스타일로 만들어낸 창극 〈강건너마을에서 새 노래 들려온다〉가 있었다.

북한은 민족음악이라는 이름하에 서양음악을 제외한 한반도 자생음악을 모두 민족음악으로 보고 논의를 진행하고 있다. 그 민족음악의 형성에 깃점을 마련한 것이 바로 1945년부터 1960년대 후반까지 활동했던 월북국악인과 재북국악인이라고 할 수 있을 것이다. 월북국악인들의 창극 활동은 현대 북한의 가극을 만들어 내는 창작의 틀을 마련하였다는 점에서 큰 의의를 갖는다고 하겠다.

참고문헌

≪조선예술≫ 1994.8, 1999.8, 2003.2, 2005.9.
≪조선음악≫ 1966.3-6.
『김일성저작집』 2 · 9 · 18권, 조선로동당출판사, 1979,1980,1982.

리히림 · 함덕일 외, 『해방후 조선음악』, 문예출판사, 1979.
문성렵, 『력사에 이름을 남긴 음악인들』 2권, 사회과학출판사, 2002.
사회과학원 주체문학연구소, 『문학예술사전』(상 · 하), 과학백과사전종합출판사, 1988,1993.
양승희, 『악성 김창조 선생』, 영암군, 2002.
연변대학출판부, 『조선민족음악가사전』(상), 연변대학출판사, 1998.
장영철, 『조선음악명인전』 1 · 2권, 윤이상음악연구소, 1998,2000.
최창호, 『민요삼천리』 2권, 평양출판사, 2003.
황병기, 『정남희제황병기류가야금산조』, 이화여대출판부, 1998.

권오성, 「판소리 발성법의 특성」, 『국악원논문집』 17집, 국립국악원, 2008.
김기형, 「판소리 명창 박동실의 의식지향과 현대판소리사에 끼친 영향」, 『판소리연구』 13집, 판소리학회, 2002.
김진영, 「박동실 명창의 삶과 예술」, 『인문학연구』 7집, 경희대학교 인문학연구소, 2003.

문재숙, 「김창조 가야금 산조 연구」, 『한국음악연구』 25집, 한국국악학회, 1997.

박록주, 「나의 이력서 27 – 공산치하」, ≪한국일보≫, 1974.2.13.

송방송, 「거문고명인 백락준과 가야금명인 정남희의 공연양상」, 『한국음반학』 11집, 한국고음반연구회, 2001.

이경엽, 「명창 박동실과 창작판소리」, 『남도민속연구』 10집, 남도민속학회, 2004.

이진원, 「박동실 증언 "창극이 걸어온 길을 더듬어"를 통해본 창극의 초기 양상」, 『판소리연구』 18집, 판소리학회, 2004.

이현주, 「북한음악의 변용과 철학사상적 근거」, 영남대학교 대학원 박사학위논문, 2004.

정병헌, 「명창 박동실의 선택과 판소리사적 의의」, 『한국민속학』 36집, 한국민속학회, 2002.

정수년, 「월북해금연주가 유대복 해금산조의 음악적 연구」, 『한국악기학』 2집, 한국퉁소연구회, 2004.

최동현, 「박동실 명창의 창작판소리 열사가」, 『한국음악사학보』 12집, 한국음악사학회, 1994.

재소고려인의 구전가요(노랫말)의 존재양상

고 명 철

1 '구술성'을 중심으로 한 재소고려인의 문학에 대한 새로운 접근

최근 민족의 이산(離散, diaspora)을 주제로 한 인문사회과학의 연구가 활기를 띠면서, 이와 관련한 한국의 근대문학에 대한 연구 성과들이 축적되고 있다. 여기에는 20세기 전반기 일본 제

* 이 논문은 『한민족문화연구』 제33집(한민족문학학회 2010.5)에 발표된 것임

국의 식민 통치에서 벗어나기 위한 목적으로 고향을 떠난 자들이 겪는 이방의 삶을 통해 제국의 식민지 지배뿐만 아니라 탈식민에 대한 문학적 탐구의 역할을 쉽게 간과할 수 없기 때문이다. 특히 일본 제국의 억압과 회유를 통한 조선의 식민 통치가 가혹해질수록 한반도의 경계를 넘어 낯선 이방으로의 이산을 선택한 조선인의 삶과 현실에 깃든, 이산의 삶을 살 수밖에 없는 그들의 고통과 상처, 그리고 조국의 식민 상태를 넘어 꿈꾸는 어떤 이상을 향한 구체적 삶의 모습을 성찰한다는 점에서,[1] 이산을 대상으로 한 한국의 근대문학 연구는 더욱 활기를 띨 것으로 보인다.

두만강을 건너 연해주로 간 조선인들의 삶과 현실에 대한 문학 연구 역시 이와 같은 맥락에 있다. 제정 러시아 시대부터 연해주에서 이산의 삶을 살기 시작한 조선인들은 '소비에트 사회주의 연방공화국(이하 '소련'이라 약칭)'의 스탈린 정권에 의해 1937년 중앙아시아로 강제이주되면서, 이산의 고통스런 삶을 견뎌오고 있다.[2] 말하자면, 이들 조선인들은 이른바 '이중의 이산

1) 김게르만, 『한인 이주의 역사』, 박영사, 2005; 윤인진, 『코리안 디아스포라』, 고려대학교출판부, 2004. 참조.

2) 1863년 겨울에 13가구의 조선 농민이 두만강을 처음 건넌 이후 1869년 한반도의 대홍수와 대기근으로 연해주로 상당수의 조선인이 이주한다. 이후 1872년 연해주에 한인마을인 '신한촌'이 생겨났으며, 1920년대 초 연해주에 거주하는 조선인의 수는 10만 명을 넘었다. 1937년 8월 21일 연해주의 고려인을 중앙아시아로 강제이주할 것을 소련의 스탈린 정부는 결정한바, 같은 해 9월~12월에 걸쳐 조선인 20여 만 명을 강제이주시킨다. 강제이주 과정에서 조선인 전체의 약 1/3이 희생당하였다. 중앙아시아로 강제이주 이후 소련 공산당의 엄

(double diaspora)'을 경험한 셈이다. 제정 러시아 시대 연해주로의 이산과 소련 스탈린 정권에 의한 중앙아시아로의 강제이주가 그것이다. 이 두 차례 이산의 고통을 겪은 조선인들의 삶과 현실은 다양한 문학 작품을 통해 여실히 드러나 있다.[3] 그리하여 최근 이들의 이산에 대한 문학 연구가 진행되면서 재외동포문학 연구의 중요성이 한층 부각되고 있는 실정이다.

그런데 그동안 진행된 연해주와 중앙아시아 지역의 재외동포문학에 대한 연구의 동향을 살펴보건대, 그 대부분은 기록된 문학작품(시, 소설, 희곡)을 대상으로 하고 있다. 모국어(즉 한글)로 창작된(혹은 번역된) 작품을 대상으로 한 연구를 하고 있다. 이러한 연구의 중요성과 가치에 대해서는 아무리 강조해도 지나치지 않다. 모국어로 된 작품을 문학연구의 중요한 대상으로 삼는 것은 너무나 자명한 일이다. 그런데 이 자명성이 이들 지역의 이산 문학을 연구하는 절대적 척도가 되어서는 곤란하다. 모국어로 씌어진 창작만을 대상으로 한 연구는 이들 지역의 이

혹한 감시체제 아래 집단농장 생활을 하며 힘겨운 삶을 견뎌왔다. 연해주의 이산과 중앙아시아로의 강제이주의 구체적 양상에 대해서는 다음의 책을 참조. 고송무, 『쏘련의 한인들』, 이론과실천사, 1990; 전경수 편, 『까자흐스탄의 고려인』, 서울대학교출판부, 2002; 김게르만, 위의 책; 윤인진, 위의 책; 블라지미르 김 저, 김현택 역, 『러시아 한인 강제 이주사』, 경당, 2001; 스쩨빤 김, 「스탈린의 한인 강제이주와 잃어버린 모국어」, ≪역사비평≫ 1990.봄; 연국희, 「소련-중앙아시아 강제이주의 수난사」, ≪역사비평≫ 1991.여름.

3) 국내외에서 발간한 재소고려인 문인의 작품의 목록은 ≪고려문화≫(창간호, 2006.11)의 pp.287-305과 이명재 편, 『소련지역의 한글문학』, 국학자료원, 2002. 참조.

산 문학에 대한 '부분'을 이해하는 것일 뿐, '전체'를 온전히 이해한다고 볼 수는 없다. 왜냐하면 스탈린 정권에 의한 강제이주 이후 재소고려인들은 스탈린 체제의 강력한 정치적 억압과 폭력의 탄압 아래 기록해서는 안 될 내용에 대한 검열로 인해 한글로 씌어진 문학을 통해서는 재소고려인의 이산 문학 전체를 온전히 포괄한다고 볼 수 없기 때문이다. 여기에는 "소비에트 고려인 문학은 고려인 문학이면서 동시에 소비에트 문학이어야 한다."[4]는 점을 쉽게 간과해서 안 된다. 말하자면 재소고려인 문학은 재소고려인의 이산 문학적 성격을 띠면서 동시에 소련의 국민문학적 성격을 소유하므로, 소련문학의 제도로부터 자유로울 수 없다. 아무리 재소고려인의 문학이 러시아어가 아닌 한글로 씌어진 문학이라 하더라도, 그 문학은 소련문학의 범주로서 가치를 지니는 것을 부정할 수 없다. 따라서 한글이든 러시아어든 어느 언어의 창작 산물이든지, 재소고려인의 문학이 기록문학인 한 소련문학의 제도 바깥을 벗어날 수 없다. 그래서 재소고려인의 기록문학은 소련 정부가 강제적으로 규율하는 범주 안에서 창작할 수밖에 없는 것이다.[5] 다시 말하지만 재소고

---

4) 김필영, 『소비에트 중앙아시아 고려인 문학사』, 강남대학교출판부, 2004, p.443.

5) 이와 같은 면은 다음과 같은 주장을 통해 단적으로 드러난다. "현대성의 중심적 주되는 제재는 즉 쏘베트 애국주의적 제재이다. 그에는 요술에서처럼 남아지 모든 제재들이 련결되는 것이다. 우리 쏘베트 사람들이 자본주의 사회와 또는 자본주의와 제국주의로 교양된 사람들보다 어떤 것임을 전체 우리 인민과 전 인류에게 반듯이 보이어 줄 것이다."(「향상긔에 입각학 쏘베트 문학」, ≪레닌기치≫, 1947.7.23; 김필영, 위의 책, p.79 재인용), "쏘베트 작가들의 고상한 사명은

려인의 문학은 곧 소련문학의 '부분'이다.

바로 여기서 재소고려인의 이산 문학을 연구하는 데 기록문학만을 갖고서는 그 실체를 온전히 이해할 수 없다는 것을 여실히 알 수 있다. 이것을 보완하기 위해서는 기록문학의 검열로부터 다소 자유로울 수 있는 또 다른 문학, 즉 구술성(口述性, orality)에 기반한 문학에 학적 관심을 기울여야 한다. 문자성(文字性, literacy)에 기반한 기록문학의 경우 창작자의 의도와 관련 없이 "그것들은 읽는 사회에 의해 '다시 씌어진다.' 실로 한 작품을 읽는 것은 어느 경우에나 그것을 '다시 쓰는 일'"[6]인 만큼, 이 과정에서 담론이 형성되고 담론들의 쟁투 속에서 사회적 구성원들 사이의 권력과 이데올로기가 작동된다.[7] 따라서 재소고

인민의 로력적 위업의 미를, 공산주의를 위한 투쟁의 위대성을 정당하게 또 명백하게 발현하며 쏘베트 사람들의 심정에 활기와 힘을 넣어 주며 사람들의 의식에서 자본주의 잔재를 근절하여 우리의 전진운동에 방해하는 그 모든 것을 제거하도록 도와주는 데 있는 것이다. 공산주의의 위대한 예술-큰 사상의 예술, 열렬한 감정의 예술, 고상한 열정의 예술, 루 백만 명 공산주의 건설자들을 새 위업에 고무시키기에 가능한 예술이 바로 이 방향으로 장성될 것이다."(「제3차 소련작가대회」, ≪레닌기치≫, 1959.5.24; 김필영, 위의 책, p.185 재인용), "'새것의 탐구'라는 미명 하에 계급적 사회적 분석 없이 '전인류적 인도주의'를 제창하는 사람들은 주기도 모르는 사이에 적대사상의 함정에 굴러 떨어지고 말 것이다. 흐루쇼브 동무의 말대로 계급 투쟁, 사상 투쟁에는 희롱이 있을 수 없다. 동시에 아양을 떨거나 아첨을 부리거나 하는 것도 허용되지 않는다."(「위대한 당의 문학」, ≪레닌기치≫, 1964.5.4; 김필영, 위의 책, p.195 재인용)

6) 테리이글턴(Terry Eagleton) 저, 김명환 외 공역, 『문학이론 입문』, 창작과비평사, 1986, p.22.

7) 이에 대해서는 올리비에 르불(Olivier Reboul) 저, 홍재성 외 공역, 『언어와 이데올로기』, 역사비평사, 1994; 다이안 맥도넬(Diane Macdonell)

려인의 이산 문학이 소련 공산당의 지배 담론의 영토 안에서 그 생명을 존속하는 한 지배 담론의 틈새 혹은 바깥에서 존재하는 이산 문학의 다른 가치를 방기(放棄)할 수밖에 없다.

재소고려인들의 구술성에 기반한 문학에 주목하는 것은 이와 같은 이유 때문이다. 그들의 구술성은 러시아어가 아닌 한글에 거의 모든 것을 기대고 있다. 그 대표적인 게 구전가요이다. 그들의 구전가요는 연해주 시절부터 세대를 이어 구비전승된 것으로, 중앙아시아로 강제이주된 후 지금까지 전해 내려오고 있는 소중한 문학적 자산이다. 비록 그 구비전승의 양상은 불완전한 바, 무엇보다 한글로 음송되는 노랫말과 그것의 노래를 구현시키는 악보의 존재가 지극히 열악한 상태이지만, 현재까지 전하는 구전가요들이 기록문학에서는 함부로 다룰 수 없는 소재와 주제를 다루고 있다는 것만으로 재소고려인 이산 문학의 가치를 새롭게 연구하는 데 큰 역할을 차지한다. 여기에는 구비전승의 속성으로 인해 구전가요들은 기록문학과 달리 소련문학의 제도적 온갖 규율로부터 상대적으로 자유로울 수 있기 때문이다.

따라서 재소고려인의 이산 문학의 또 다른 가치를 적극적으로 규명하는 차원에서 지금까지 이렇다할 본격적 연구가 없었던 재소고려인의 구전가요의 존재 양상을 살펴보기로 한다.[8)]

저, 임상훈 역, 『담론이란 무엇인가』, 한울, 1992. 참조.

8) 이 글에서 필자가 연구의 대상으로 삼은 재소고려인의 구전가요는 2007년 고려인 중앙아시아 강제이주 70주년을 맞이하여 국가적 사업의 일환으로 제작비용 전액을 한국의 문화관광부가 지원하여 모두 2권으로 출간한 김병학 · 한 야꼬브, 『재소고려인의 노래를 찾아서』(화남, 2007)에 수록된 것들이다. 이 단행본은 문학평론가 임헌영의

이 연구가 이후 재소고려인의 구전가요에 관한 좀더 밀도 있는 연구로 진행되었으면 하는 바람이다.

2 재소고려인의 이산의 삶과 현실, 그 구전가요의 존재 양상

재소고려인 문학의 기반을 다진 조명희[9]는 문자성을 주축으

"중앙아시아 지역의 민족문화예술의 총화를 이룩한 것으로 평가해도 좋은 것이다."(「러시아, 중앙아시아 고려인 문학」, 『한국평화문학』 4집, 2007, p.391)라고 극찬하였듯이, "우리 고려사람이 구소련에서 세상에 처음으로 내놓는 가요집"(『재소고려인의 노래를 찾아서 1』, p.40)으로, 재소고려인 1세인 문학평론가 정상진은 "나는 우리 고려사람들이 원동(遠東)과 중앙아시아에서 140여 년의 세월을 살아오면서 불러온 모국어 노래가 점차 사라져가는 것이 매우 가슴 아팠었습니다. (중략) 이로써 어둠에 묻혀가던 민족적 유산이 다시 밝은 햇빛 아래 놓이게 되었고 손위 세대들의 절절한 마음이 후손들에게 길이 전달될 수 있는 길이 열렸습니다. 이제 후손들은 조상들이 겪어온 영광과 고난의 역사를 함께 느끼고 노래 부를 수 있게 되었습니다. 이는 모든 고려 사람들이 기다려온 일입니다."(같은 책, p.44)라고 이 단행본의 출간에 따른 역사적 의의를 언급하고 있다.

9) 조명희의 이와 같은 면은 "그가 소련 내 조선인의 사회주의적 문학을 창시·발전시켰을 뿐만 아니라, 자신의 창작을 소련인민들의 사회주의를 위한 노력 투쟁에 밀접히 결부시켰다는 것이다."(황동민, 『조명희 선집』, 소련과학원 동방도서 출판사, 1959, p.12; 김성수, 「소련에서의 조명희」, 『조명희』, 새미, 1999, p.247 재인용)와 같은 평가에서 단적으로 드러난다.

로 한 창작(시, 소설, 희곡)뿐만 아니라 구술성에 기반한 창작, 즉 노래에도 적극적 관심을 쏟았다. 조명희의 두 평론 「조선의 노래를 개혁하자」(≪선봉≫, 1935.7.30)와 「아동문예를 낳자」(≪선봉≫, 1935.3.18 / 3.21)에는 동요를 포함하여 성인이 불러야 할 노래에 대한 명확한 논리가 개진돼 있다.

> 문제는 커진다. 사회주의적 내용에 민족적 형식을 갖춘 새로운 노래들을 군중에게 주기 위하여서는, 조선의 낡은 노래들의 형식을 비판적으로 가지어오며 또는 우리 조선의 무사계급의 감정에 맞는 새로운 곡조의 형식을 창작하여 거기에다가 사회주의적 내용을 담은, 새로운 노래들을 내어놓아야 하겠다. 이런 의미에서, 우리의 과거의 실착을 지적하며 조선의 옛 노래들의 형식을 비판하며, 새로 나온 노래들을 평하며 우리가 노래 운동을 전개할 대책을 말하여야 하겠다. 옛 노래들을 잘 알지 못하며 더욱이 음악을 아주 모르는 나로서 이런 것을 말하게 됨은 우선 노래 운동에 대한 의론을 일으키자는 것이다.[10] (밑줄 - 인용자)

> 우리의 장례 후계자인 소비에트 국가의 어린이들에게 건전한 무산 계급의 이데아와 감정을 기를 만한 예술을 주어야 하겠다. 건설의 봄뜰에서 자라나는 곡식과 같은 그들에게 햇빛과 같은 영양물과 같은 좋은 작품을 주어야 하겠다. 그들이 이해하고 그들이 즐길만한 동요, 동화, 동화극을 주어야 하겠다.[11] (밑줄 - 인용자)

---

10) 조명희, 「조선의 노래를 개혁하자」 『낙동강(외)』, 범우사, 2004, p.476.

조명희는 노래운동의 차원에서 새로운 노래들이 '사회주의적 내용(무산계급의 이데아와 감정)+민족적 형식'을 갖추어야 한다는 것을 힘주어 강조한다. 카프의 맹원이었던 조명희는 소련에서 조선의 독립운동을 위한 일환으로 소련의 사회주의를 사상적 기반으로써 적극 수용하였던 것이다. 물론, 조명희의 이와 같은 요구를 재소고려인의 노래들이 모두 수용하고 있는 것은 아니다. 중요한 것은 한글로 씌어진 창작 외에도 입으로 불리우는 노래가 갖는 예술적 가치에 대해 재소고려인들은 주목하고 있다는 점이다.

그렇다면, 재소고려인들은 어떠한 노래를 불렀으며, 그 노래들이 문자성에 기반한 창작과 비교하여 상대적으로 재소고려인의 이산에 대해 어떠한 예술적 가치를 갖는지, 그 존재양상을 노랫말을 중심으로 살펴보고자 한다.

1. 농업 노동을 통한 사회주의 생산력 향상

연해주와 중앙아시아에서 이산의 삶을 살아간 재소고려인들은 다른 어느 민족보다 우수한 벼농사 기술을 확보하고 있었다. 벼농사 기술을 통해 재소고려인들은 척박한 대지를 비옥한 토양으로 만들어 생존을 유지해나갔으며, 경제적 자립 기반이 구축됨에 따라 교육과 문화를 증진시키고 자치적 민족공동체의

11) 조명희, 「아동문예를 낳자」, 위의 책, p.470.

모습을 보이기도 하였다. 스탈린에 의한 강제이주를 겪게 된 이유들 중 "특히 중앙아시아 남부지역에 고려사람이 집중적으로 배치된 것은 이들의 뛰어난 벼농사 기술을 활용하려는 의도라는 설명도 설득력을 갖"[12]는데서 알 수 있듯, 재소고려인에게 벼농사는 이산의 삶을 견디는 생존 수단 이상의 가치를 갖는다. 여기에는 소련 사회의 소수민족으로서 생존하는 것 이상의 또 다른 의미를 간과할 수 없다. 제2차 세계대전에 소련이 참전하게 되면서 소련은 재소고려인들을 일본의 첩자나 적성국의 국민으로 간주하여 전쟁에 참전할 수 있는 길을 원천적으로 봉쇄하여 재소고려인에 대한 민족 차별을 가한다. 가뜩이나 강제이주를 당하게 된 표면적 원인이 연해주에서 일본의 첩자라는 정치적 누명을 썼는데, 재소고려인들은 또 다시 같은 이유로 민족 차별의 대우를 받아야 했던 것이다. 그리하여 참전하지 못한 고려인들은 '노동군'이라고 불리는 산업전선에서 봉사하였는데, "특히 집단농장의 농민들은 전쟁 기간에 생산량과 농지를 크게 확대해서 전시경제에 기여하였다."[13] 그 과정에서 김만삼과 같은 사회주의 노력영웅이 출현하면서 김만삼에 대한 노래가 널리 불리기 시작한다.

1. 칠리구역 선봉조합 선진로인 계신데 / 금년이면 환갑 지난 분조장인 김만삼 //
(후렴) 에헤라 얼싸 영예롭은 김만삼 / 벼농사에 특수로

---

12) 윤인진, 앞의 책, p.97.
13) 윤인진, 같은 책, p.89.

신 김만삼 //

2. 사십여년 논판에서 찬물 밟아 얻은 볍(씨) / 큰살림의 행복주니 장하도다 김만삼 //
3. 자긔지단 비단같이 걸음 내고 피루어 / 높은 수확 얻어내니 모범하세 김만삼 //
4. 꼴호즈의 자랑이며 벼농사의 선수요 / 농업게에 이름 있는 훈장 받은 김만삼

-「김만삼 노래」14)

노랫말에서 단적으로 알 수 있듯이, 김만삼은 뛰어난 벼농사 기술의 소유자로서 재소고려인들은 이 노래를 부르면서, 김만삼에 투영된 자신들의 농업 생산력 향상과 소련의 소수민족 차별 정책에도 불구하고 소련의 국익을 위한 농사짓기에 얼마나 투

14) 김병학 · 한 야꼬브, 『재소고려인의 노래를 찾아서 1』, 화남, 2007, p.342. 이후 본문에서 노랫말을 인용할 때는 별도의 각주 없이 노랫말의 마지막에 이 책의 면수만을 표기한다. "김만삼(1883~1967)은 소련 사회주의 노력영웅이며 카자흐스탄 벼농사의 대부로 불린다. 그는 카자흐스탄 서부에 위치한 크즐오르다주 칠리구역에서 오랫동안 〈선봉〉 조합(꼴호즈) 지배인으로 활동하면서 많은 업적을 남겼다. 그는 각고의 노력 끝에 1942년 제2차 세계대전의 와중에서 논 1헥터당 17톤의 벼 수확량을 올렸는데 이는 당시 세계 최고의 벼 수확량이었다. 소련 정부는 그 공로를 인정해 그에게 노력영웅 칭호를 수여했다. 더구나 당시 고려인은 소련연방의 적성민족으로 분류되어 차별을 받고 있던 시점이라는 그 의의는 각별한 것이었다. 그는 〈선봉〉 조합 조합원들과 함께 당시로서는 거금이었던 10만 5천 루블의 현금을 조성하여 위대한 조국전쟁의 군수자금으로 기부하기도 했다. 김만삼은 벼농사 기술을 다른 민족들에게도 널리 가르쳐주었는데 그로부터 벼농사 기술을 배운 카자흐인 제자들은 나중에 카자흐스탄 농업의 선구자가 되었다."(같은 책, p.342)

철히 자신의 노동력을 제공하고 있는지에 대한 자긍심을 드러낸다. 여기서 "영웅적인 것이나 경탄할 만한 것은 구술문화의 세계에서는 지식을 조직하는 특정한 기능을 맡아 왔"[15]는데, '김만삼'이란 인물은 재소고려인들에게 개인이 아니라 그들의 사회적 존재를 고양시켜주는 영웅으로서, 재소고려인들에게 「김만삼 노래」는 '김만삼'이란 사회주의 노력영웅을 칭송하는 것 이상의 의미를 띤다. 그것은 재소고려인으로서 이산의 슬픔을 벼농사로써 극복하는 것이고, 소련의 당당한 국민으로서 사회주의 국가의 생산력을 높이는 중요한 몫을 수행하고 있다는 자긍심을 표출하는 노래인 셈이다.

이렇듯이 재소고려인들에게 사회주의 국가의 생산력을 북돋우는 노래는 아무리 그 중요성을 강조해도 지나치지 않다. 재소고려인 문인 연성용(1909~1995)[16]이 작사한 「씨를 활활 뿌려라」는 농업을 주된 노동의 생산 수단으로 간주하던 재소고려인들 사이에서 가장 널리 불리는 노래인바, 노동의 즐거움과 풍요를 기원하는 마음을 이해할 수 있다.

1. 즐겁은 마음에 새 봄이 와 / 파종시절을 재촉한다. / 뜨

---

15) 월터 J. 옹(Watter J. Ong) 저, 이기우·임명진 역, 『구술문화와 문자문화』, 문예출판사, 1995, p.112.

16) 연성용(1909~1995)은 연해주 신한촌에서 농민의 아들로 출생했다. 그는 조명희의 제자로서 시인이자 소설가이며 극작가이고, 연출가이며 배우면서 작곡가이고 가수이기도 한 재소고려인 문단의 핵심적 문인이다. 연성용에 대한 상세한 내용은 정상진, 『아무르 만에서 부르는 백조의 노래』, 지식산업사, 2005, pp.213-226 참조.

락또르 뜨르릉 밭 갈아라. / 큰드름 잔드름 빨리 짓자. //
(후렴) 에헤헤 뿌려라 / 씨를 활활 뿌려라 / 땅의 젖을 짜 먹고 / 와싹 와싹 자라나게 //

2. 얼화 즐겁다 우리농사 / 작년의 농사는 잘 됐지만 / 금년 농사는 더 잘한다. //
3. 물보기꾼아 물 다리어라 / 논판에 잔뚝 실어다 놓고 / 널븐재 설븐재 놓고서 / 볍씨를 활활 뿌려보자. //
4. 수백 이랑에 뿌린 씨가 / 논판에 잠깐 돌아앉아 / 비료 양분을 받아먹고 / 한 드름 훨씬 넘어나리 //
5. 가슴에 잔뚝 안개 치는 / 푸른 벼 슬슬 헤치면서 / 깨돌피 깨돌피 모조리 / 뽑아 던지며 기음매자. //
6. 세 네 번 지심 맨 후 / 그 이삭이 척척 숙어지면 / 누른 벼 썩썩 비어 묶어 / 탈곡장으로 실어가자. //
7. 탈곡기 씽씽 돌아가면 / 벼알이 술술 흘러나와 / 새해의 곡식을 첫술기로 / 먼저 조국에 선사주자. //
8. 수백 날짜를 벌어놓고 / 월세 주는 것 타고보면 / 부요한 생활도 여기 있다 / 문명의 생활도 여기 있다.

-「씨를 활활 뿌려라」(1권, pp.172-173.)[17]

봄에 농사를 준비하는 농사꾼의 설레이는 심정과 작년보다 더 많은 쌀 수확량을 기원하는 마음이 진솔히 드러나 있다. 특

17) "≪레닌기치≫ 1988년 3월30일자에 악보와 노래가사가, ≪고려일보≫ 1997년 10월25일자에는 이 노래가 러시아어로 소개되어 있다. (중략) 이 노래의 원문은 연성용의 창작집 『행복의 노래』(알마아따 : 사수싀출판사, 1983) p.102와 ≪레닌기치≫ 1988년 3월30일자에 실려 있다."(김병학 편, 같은 책, p.173.)

히 주목해야 할 것은 농업의 생산력 향상을 고취하는 노동요의 역할을 다 하고 있다는 점이다. 막연히 한가로운 농촌 서정을 노래하는 게 아닌, 힘든 노동을 통해 그 노동의 값진 대가를 쟁취하고자 하는 '생산에의 의지'가 활달히 넘쳐나 있다. 파종과 재배, 그리고 수확의 기쁨을 나누는 농업 노동자의 "부요한 생활" "문명의 생활"에 대한 사회주의 국가의 열망을 힘차게 드러내고 있다.

이렇듯이 농업 노동과 관련한 구전가요에서 여실히 증명되듯, 재소고려인들은 연해주와 중앙아시아에서 우수한 벼농사 기술을 적극 활용해 소련의 농업 노동자로서 사회주의 생산력 향상에 크게 이바지함은 물론, 그 과정 속에서 소수민족에 대한 차별 정책을 현명히 극복하는 노력을 통해 소련 사회에 기여하는 평가를 받고 있다.[18)]

---

18) 소련이 해체된 이후에도 중앙아시아의 고려인들은 새로운 농업생산 방식을 모색하는데, '고본질'이 그것이다. 사적인 이익을 추구하는 독립채산제 영농방식인 고본질은 2차 세계대전 직후 구소련 사회주의 경제체재 내에서 발생하여, 그 독자적 영역을 확보하며 전개되어 왔다. 고본질은 구소련의 시대적 배경, 중앙아시아 각국의 독립 이후의 상황, 이 지역의 자연조건 및 농업생산환경, 농산물의 생산과 유통 구조 등 매우 복합적 요인에 의해 이루어진다. 중앙아시아 고려인들은 고본질이란 영농방식을 통해 중앙아시아의 농업 생산력을 증대시키는 데 큰 몫을 다 하고 있다. 이에 대해서는 전경수, 『까자흐스탄의 고려인』(서울대학교출판부, 2002)의 '제4장 고본질은 고려인 경제발전의 원동력'을 참조.

2. 재소고려인의 이산, 그 험난한 역사

재소고려인들은 낯선 이방에서 험난한 삶을 극복해야만 했다. 일제 강점기에는 나라 잃은 유민(流民)으로서 연해주로 삶의 기반 자체를 옮겼으며, 소련의 소수민족 정책에 의해 차별을 감내해야만 하는 삶을 살아야 했다. 재소고려인들은 연해주와 중앙아시아에서 그들이 부딪치는 현실 속에서 이산의 역사를 써야 했다. 그리고 그것은 그들 사이에 구비전승돼 지금까지 노래로 불리우고 있다.

1. 아버지 별호는 석수장이요 / 이 나의 별명은 깽깽이라고 / 동네 아이들이 별명 짓고 놀려 대던 일 / 지금도 나의 귀에 쟁쟁하고나 //
   (후렴) 고로고로 거리 고로고로 거리 돌아다니며 / 깽깽이라고 별명 듣고 천대 받으며 / 유리 걸신 하던 일이 눈에 삼삼해
2. 돌 쪼기에 허리 굽은 나의 아버지 / 맥이 진해 이 세상을 떠나가셨고 / 의지 없는 나만 홀로 돌아다니며 / 깽깽이를 켜면서 밥 빌었어요. //
3. 시월의 대승리 후 오늘날에는 / 이 몸이 꼴호즈의 노력대로서 / 꼴호즈의 건설에와 문화전선에 / 언제든지 선봉대로 나아갑니다. //
   (3절 후렴) 뜨람땀땀 뜨람땀땀 부르면서 / 저녁이면 색시들을 옆에다 끼고 / 구락부로 고원으로 놀러만 가오.

–「석수장이 아들」(1권, p.136.)

「석수장이 아들」의 의미 구조는 크게 두 부분으로 나뉘어져 있다. 1절과 2절이 하나이고, 3절이 나머지 하나인데, 이렇게 두 부분으로 나뉘는 경계는 3절의 노랫말 처음에 나오는 "시월의 대승리"이다. "시월의 대승리"란, 1917년 10월 17일 레닌의 볼세비키혁명이 성공한 것을 지칭하는 것으로, 레닌의 혁명이 성공한 이후 제정 러시아는 몰락하고 소련이 들어선다. 따라서 「석수장이 아들」을 제대로 이해하기 위해서는 제정 러시아로부터 소련으로 탈바꿈되는 역사적 맥락을 놓쳐서 안 된다. 1, 2절에서 알 수 있듯, 석수장이 아들은 제정 러시아 시절에는 사회적 차별을 받았고 그 차별의 고통은 석수장이의 죽음과 아들의 고달픈 생활로 드러난다. 말하자면 제정 러시아의 봉건제 사회적 병폐가 소수민족에게도 예외가 아니라는 것을 노래한다. 하지만 레닌의 혁명으로 탄생한 소련 사회에서 석수장이 아들은 놀림거리가 되기는커녕 사회주의 강성대국 건설을 위한 집단농장의 문화전선에서 그 몫을 충실히 다 하는 데 자긍심을 갖는다. 그 자긍심은 3절의 후렴에서 득의양양히 드러난다.

이처럼 「석수장이 아들」이 제정 러시아로부터 소련으로 옮아가면서 사회주의 국가로서 소련의 우월성에 대한 재소고려인의 믿음을 활달히 노래하고 있다면, 「잘 있거라 아내야」와 같은 노래는 소련 사회에서 여전히 잔존해 있는 재소고려인에 대한 정치적 불신을 감내해야 하는 슬픈 역사가 깃들어 있다.

1. 울지 마라, 안해야, 내가 먼길 떠날 때 / 조국명령 품고

서 로력전선 나간다. //
2. 늦지 마라 안해야, 우리 화원에 꽃피제 / 내가 보던 수문을 네가 맡아 보아라 //
3. 잘 있거라, 안해야, 긔차고동 웨치니 / 나의 손을 놓아라 리별할 때 되엿다 //
4. 두고 보아라, 안해야, 승리하고 내 올때 / 왼쪽 가슴에 해빛에 로력훈장 빛나리

－「잘 있거라 아내야」(1권, p.302.)

남편은 우는 아내를 둔 채 조국의 명령에 따라 '노력전선'으로 가는 기차를 타야 한다. 그러면서 남편은 우는 아내를 달래며 집으로 돌아올 때는 노력훈장을 달고서 올 것을 약속한다. 여기서 다시 한 번 상기해야 할 것은, 재소고려인 남편이 떠나가는 곳은 총알이 빗발치는 전쟁터가 아니라, 전쟁에 군수물자를 보급하기 위한 석탄채굴이나 벌목과 같은 노동이 필요한 전쟁의 후방이다. 제2차 세계대전에 참전한 소련은 강제이주를 한 재소고려인에 대해 적성민족이란 정치적 혐의를 두어 전쟁의 전방이 아닌 후방으로 징집하는 소수민족 차별 정책을 펼쳐왔다. 「잘 있거라 아내야」는 바로 이와 같은 재소고려인에 대한 소련의 민족 차별에 따른 슬픔이 스며 있는 노래다. 그러면서 이러한 민족 차별 정책 속에서 소련 사회의 당당한 구성원으로 살기 위한 의지를 스스로 북돋우고 있다. '노력훈장'은 노동에 대한 보상 차원의 의미뿐만 아니라 소련 사회에서 재소고려인을 향한 정치적 불신을 극복하고 사회적 지위를 보증받기 위한 상징

적 징표 역할을 하는 것이다.

사실, 재소고려인을 향한 소련 사회의 정치적 불신은 스탈린 정권의 강력한 통치기반을 마련하는 일환으로 주도면밀히 기획된 바,[19] "스딸린주의–그것은 무법과 폭력이 난무한 제국에서 온순한 부품이었을 뿐인 소수민족들의 정신적인 것들을 명시적인 목적하에 조직적으로 파괴하고자 했던 특별한 종류의 인권 유린이었으며 국가 폭력주의"[20]이다. 재소고려인들은 스탈린에 의해 자행된 이 국가폭력에 대해 속수무책이었으며, 강제이주와 관련한 그 어떠한 것들도 논의할 수 없었다. 문자성에 기반한 문학작품에서 강제이주는 다뤄질 수 없는 금기의 주제이다.[21]

---

19) 연해주 지역의 재소고려인을 황막한 중앙아시아로 강제이주한 것은 주도면밀한 기획에 의해 진행되었다. 솔제니친은 그의 『수용소군도』에서, "너무 급작스런 강제이주여서 그들은 창문도 없는 토굴에서 첫 겨울을 보냈다. 얼마나 은밀한 이주였는지 이웃에 있는 까자흐인들도 그들이 정착하는 것조차 모를 지경이었으며, 외신 역시 이에 대해 한 줄도 비친 적이 없었다."라고 한바, 아무런 계획없이 전격적으로 강제이주를 감행한 게 아니라, 철두철미한 계획을 수립하여 강제이주를 신속히 그러면서 은밀히 실행했던 것이다. 재소고려인의 강제이주와 관련한 스탈린 정부의 주도면밀한 계획은 옛소련 국립중앙문서보관소의 극비문서가 공개되면서 그 진상이 드러났다. 이에 대해서는 김 블라지미르 · 김 예브게니 저, 김명호 역, 『스딸린체제의 한인 강제이주』, 건국대학교출판부, 1994 참조.

20) 김 블라지미르 · 김 예브게니 저, 위의 책, p.265.

21) 김필영은 중앙아시아 재소고려인의 문학사를 통시적으로 살펴본다. 김필영에 따르면, 고르바쵸프가 소련공산당 총서기로 선출된 1985년부터 소련연방이 해체되는 1991년에 이르는 시기를 소비에트 중앙아시아 고려인 문학의 쇠퇴기로 논의하며, 이 쇠퇴기에 이르러 비로소 재소고려인의 "문학작품에 민족문제나 강제이주와 같은 내용을 표현할 수 있게 되었"(김필영, 앞의 책, p.757)다고 한다. 그

바로 여기서 구술성에 기반한 노래에 주목해야 하는 이유가 있다. 물론 엄혹한 스탈린 체제에서 강제이주를 연상하는 노래를 부르는 일은 쉽지 않다. 하지만 모국어로 부르는 노래에서는 강제이주와 관련한 것을 직접적인 노랫말로 표현할 수는 없되, 노래의 속성상 노랫말이 강제이주를 직접 지칭하지 않더라도, 강제이주의 기억을 심층적으로 매개할 수 있는 어휘가 노랫말을 에워싸고 있는 삶의 맥락을 정서적으로 환기하면서, 급기야 표면적으로 드러난 노랫말 너머에서 암시하는 노래의 또 다른 진의(眞意)의 핵심을 절묘히 간파할 수 있다. 가령, 다음과 같은 노랫말을 보자.

> 1. 평원에 젓 주는 은혜로운 어머니여 / 천년만년 세월도 흐르고 그대로 흘너서 / 천목숨 만목숨을 다 길너 냇으니 //
> (후렴) 오! 내 사랑 씨르다리야 씨르다리야
> 2. 자유의 무지개 찬란스러 빛엿을 때 / 한과 바이 즛갠자국 영영 싥어 나리며 / 새나라 새 행진에 거름 맞윗으니 //
> 3. 건설의 새소식 봄새처름 날아든다 / 대돌소돌 젖줄기 가득히 건젖을 더 주랴 / 레인도 두나이도 머리 숙인단다
>
> -「씨르다리야에 대한 노래」(1권, p.422.)

씨르다리야는 천산산맥에서 발원하여 우즈베키스탄과 카자흐스탄 서부 크즐오르다[22] 지역을 지나며 흐르는 강 이름이다.

러니까 그 이전 시기에는 강제이주와 관련된 그 어떠한 내용도 문학작품에서는 다루어질 수 없었다는 것이다.

재소고려인 대부분은 씨르다리야가 흐르는 크즐오르다로 강제이주를 한다. 말하자면 씨르다리야는 단순히 강의 이름을 지칭하는 게 아니라 강제이주를 한 재소고려인들이 모여 살게 된 중요한 지리상의 명칭이다. 이 강 유역에 재소고려인들은 모여들었고, 삶의 기반을 튼실히 다져나가 중앙아시아 재소고려인의 문화의 중심을 이루기도 한다. 이 노래는 표면적으로 이와 같은 강제이주 이후의 재소고려인의 사회적·문화적 안정과 번영을 자축하는 듯 하다. 하지만, 이 노래를 즐겨 부르는 재소고려인의 심층적 심상은 유유히 흐르는 씨르다리야를 보며, 소련의 국가폭력에 의해 전격적으로 단행된 강제이주의 충격과 고통스런 이주의 경험, 그 민족적 아픔이 말없이 흐른다. 그 아픔을 목놓아 부를 수 없는 현실에서 할 수 있는 일이란, 강제이주와 관련된 모든 것들을 지니고 있는 씨르다리야를 떠올리며, 씨르다리야의 축복을 노래한다. 이때 씨르다리야는 재소고려인에게 강제이주 이전과 이후를 이어주는 심층적 매개의 강인바, 중앙아시아를 흐르는 자연적 지리명을 넘어선 재소고려인의 강제이주 기억을 침묵으로 환기시켜주는, 그리하여 소수민족의 이산의 아픔을 자연스레 자아내는 심상지리(心象地理)의 역할을 맡는다.

---

22) 카자흐스탄의 크즐오르다 지역은 재소고려인의 강제이주에서 가장 중요한 지역이다. 바로 이 지역에서 재소고려인에 의한 벼농사가 처음 시작되었으며, 중앙아시아의 재소고려인의 3대 문화기관(〈고려극장〉, 〈고려사범대학〉, ≪레닌기치≫)이 모여 문화의 중심 역할을 맡는다. 크즐오르다의 벼농사에 대해서는 고무송, 앞의 책, pp. 100-102 참조.

3. 재소고려인의 향수의 서정

타향에서 이산의 삶을 살 수밖에 없는 사람들에게 고향에 대한 그리움은 모든 정서의 근원을 이룬다 해도 과언이 아니다. 재소고려인들 역시 예외가 아니다.

> 1. 아니 떨어지는 나의 걸음은 / 눈물로 내 고향을 이별하고서 / 한줄기 두만강을 건너갔도다 //
> 2. 슬픈 마음을 억지로 참고 / 앞길 덮은 눈물을 빗씻으면서 / 목적지 북간도에 도착했도다 //
> 3. 추운 바람 불고 눈보라 칠 때 / 이곳에서 작별하는 고향의 설움 / 달 밝고 고요한 밤 문전에 서서 //
> 4. 나의 고향 소식을 알려고 하나 / 보이나니 반공중에 뜬 달 뿐이오 / 들리나니 부는 바람 소리 뿐이어라 //
> 5. 먼촌의 개는 그림자 보고 짖고 / 홰를 치며 닭이 울어 동터 올 제 / 달은 어이 서산경에 기울어졌네
>
> -「고향가」(1권, p.164.)

"이 노래는 일본이 소련침략을 노리고 한반도 동북부에서 만주 쪽으로 전략적으로 철도를 놓을 때 노무자로 혹사당하고 고향을 떠나야 했던 우리의 선조들이 불렀던 망향가다. 연해주에서 널리 불렸던 노래들 중 하나다."[23]라는 간략한 소개에서 짐

23) 김병학 · 한 야꼬브 저, 『재소고려인의 노래를 찾아서 1』, 화남출판사, 2007, p.164.

작할 수 있듯, 일본 제국의 식민지 통치에 의해 고향을 떠나야 했던, 그래서 고향을 애타게 그리워하는 심정이 담겨 있는 노래다. 재소고려인들은 연해주에서 이 노래를 널리 부름으로써 두만강을 건너야 했던 곡절 많은 사연과, 북간도에 도착하여 밀려드는 한없는 이산의 슬픔을 스스로 달랜 것이다. 일본의 대륙 침략의 발판으로 삼으려 했던 남만철도의 건설에 노무자로 징집된, 제국의 노예로 전락한 자신들의 서글픈 신세를 고향에 대한 그리움의 정서로 노래한다.

여기서 주목해야 할 게 있다. 노래가 아닌 문자성에 기반한 문학작품에서는 소수민족의 고향을 떠올리는 어휘를 쓸 수 없었다. 소련의 지배 통치와 소수민족 차별 정책에 의한 검열에 따라 고향이란 어휘는 절대로 사용할 수 없는 금기어였다.[24] 그리하여 "소련을 제1의 고향이나 조국으로 만들기 위해 소비에트 공화국에 대한 찬양 못지 않게 과거의 고향과 조국, 특히 조선에 대한 부정적 형상화가 집중적으로 이루어진다."[25] 하지만

---

24) 재소고려인 문인인 양원식은 고려인 문학에 대한 어느 좌담에서 다음과 같이 증언한다. "고려인 문인들은 근본적으로 조국이나 고향이란 어휘는 쓸 수 없었습니다. 고려인 문인들에게 허락된 조국은 오직 '소비에트 조국'이란 말밖에 없었고, 고향은 '향촌마을'이란 어휘로 대체 되었습니다. 예를 들면 코졸오르다라면 코졸오르다 향촌마을이라고 구체적인 지명을 써야 합니다. 만약 그렇게 쓰지 않고 고향이란 말을 쓰면 연해주나 조선반도를 가리킨다고 해서 민족주의자로 몰렸습니다. 다시 말해 산문 문학작품에서는 어휘 하나하나까지 신경을 써야 했기 때문에 너무나도 제약이 많았습니다."(이명재 외, 「좌담 : 재소고려인 문학의 특징과 발전 방향」, 『억압과 망각, 그리고 디아스포라』, 한국문화사, 2004, p.375; 밑줄 – 인용자)

25) 최강민, 「중앙아시아 고려인의 시에 나타난 조국과 고향」, 『탈식민

노래인 경우 이와 같은 소련 당국의 엄격한 검열을 피해갈 수 있었다. 노래는 입으로 불리워지는 속성상 문자성, 즉 기록할 필요 없는 구술성을 특장(特長)으로 취한다. 하물며 러시아어로 불리워지는 게 아닌, 모국어로 불리워지는 한 이산의 삶과 슬픔을 공유하는 재소고려인들 사이에 은밀히 구비전승하는 노래의 경우 소련의 검열로부터 상대적으로 자유로울 수 있었다. 그렇게 불리워진 노래는 세대를 이어 지금까지 재소고려인들 사이에 구비전승되고 있는 것이다.

> 1. 내 고향을 떠나 온 후 시베리아 찬 바람에 / 동에 갔다 서에 번쩍 정처 없이 떠난 이 몸 / 나를 나신 나의 부모 나를 위해 눈물짓고 / 나도 역시 부모 위해 슬픈 눈물 흘렸노라 //
> 2. 창검을 비껴들고 활무대에 나섰으나 / 배 주림과 방황살이 나의 신세 이 뿐인가 / 내 고향을 떠나온 후 몇 십 년 그 사이에 / 아침이면 인간 촌에 저녁이면 수풀 속에 //
> 3. 수풀 속에 드러누워 나의 신세 생각하니 / 자연조차 슬픈 눈물 슬픈자가 되었고나. / 유수 같은 이 세월아 초로 같은 이내 인생 / 바람결에 쓸어 앉아 자기 신세 생각한다.
>
> -「고향의 설움」(1권, p.181.)

고향을 떠난 이산의 삶을 사는 재소고려인의 처량한 신세가

과 디아스포라문학』, 제이엔씨, 2009, p.233.

구체적 풍경으로 표백돼 있다. “아침이면 인간 촌에 저녁이면 수풀 속에”라는 노랫말에서 단적으로 알 수 있듯, ‘아침 / 저녁’으로 대립되는 시간의 감각은 ‘인간 촌 / 수풀 속’이라는 대립의 공간적 심상과 대응하면서 이산의 삶과 그 고통을 매우 시적으로 드러낸다. 재소고려인들의 이산의 삶은 이렇게 인간과 자연의 세계로 분리되면서 “슬픈 눈물”을 떨구는 “슬픈자”의 신세 그 이상도 이하도 아닌 것으로 그려진다. 「고향의 설움」 속 서정적 자아인 ‘나’는 예의 “자기 신세”를 명확히 인식한다. 그래서 고향을 떠난 서정적 자아의 설움은 이산의 삶과 현실의 뿌리를 이루는 근원적 정서로 자리한다.

이러한 타향의 설움이 깊어갈수록 부모와 동생을 그리워하는, 즉 가족애를 향한 그리움의 정서는 절절하기만 하다.

1. 애처롭다 세월은 살 같이 가고 / 지나갔던 봄철이 다시 왔고나. / 앞남산에 푸른 단풍 또다시 들고 / 뒷동산 시냇물이 졸졸 흐른다. //
2. 부모와 동생들을 먼 곳에 두고 / 어찌하여 이 내 몸은 이곳에 왔나 / 반공중에 날아가는 외기러기야 / 우리네 집 소식을 네 아느뇨. //
3. 이곳으로 온 지 삼년 동안에 / 한번도 집 소식은 어째 없는가? / 사랑하는 부모동생 소식 없는가? / 어린 몸을 이곳으로 혼자 보내고 //
4. 슬픈 잠들어서 깊은 꿈꾸어 / 반가운 고향에 당도하니까 / 사랑하는 부모동생 마주 나와서 / 그립던 이 애야 인

제 왔느냐 //

5. 반가운 목소리에 손목을 잡고 / 닭소리에 깜짝 놀라 깨어나 보니 / 반가운 목소리는 간 곳이 없고 / 허무하다 남가일몽 날 속였고나. / 허무하다 무정한 꿈 날 속였고나.

–「부모생각」(1권, pp.165-166.)

얼마나 고향에 있는 부모와 동생을 향한 그리움이 컸던지 서정적 자아는 꿈 속에서 고향에 당도한다. 현실에서는 갈 수 없는 고향을 꿈 속에서는 찾아간 것이다. 하지만 고향을 찾은 기쁨과 위안도 잠시, 가족의 "반가운 목소리에 손목을 잡고/닭소리에 깜짝 놀라 깨어나 보니/반가운 목소리는 간 곳이 없"다. 현실은 냉정하다. 꿈을 깬 세계는 부모동생이 서정적 자아를 반갑게 맞아준 따뜻한 고향이 아니다. 재소고려인들은 이 노래를 부르며, 깊은 향수를 달래었다. 꿈의 형식을 통해서나마 애타게 그리운 고향을 찾아간다는 염원이 구슬프지만 아름다운 서정으로 재소고려인들의 향수의 욕망을 위무하고 있다.

4. 재소고려인에 흐르는 민족 보편의 정서

재소고려인의 구전가요의 존재양상을 살펴보면서 흥미로운 것 중 하나는 우리 민족의 고전에 근거한 노래들(대표적으로 '춘향전'과 '심청전')이 꽤 많다는 사실이다.

1. 어떤 한 촌 한 가정에 그의 식구 세 사람 / 심청이의 어머니와 그의 부친 심봉사 / 심청이의 어머니는 심청이 난 칠일에 / 눈먼 남편 혼자 두고 이 세상을 떠났네. //
2. 심청이의 아부지는 심청이를 안고서 / 이 집 저 집 다니면서 이와 같이 동냥해 / 젖 좀 주소 젖 좀 주소 심청에게 젖 주소 / 불쌍하고 가련한 우리 심청에게 젖 주소 //
3. 맘이 곱은 색시들은 불쌍타고 먹이고 / 심술궂은 할머니들은 대문 밖으로 쫓는다. / 불쌍코나 불쌍코나 심봉사가 불쌍해 / 심청이를 혼자 키우는 심봉사가 불쌍해

-「심청가」(1권, p.192.)

1. 사랑사랑 내 사랑 그대 모습 꽃인가 / 꽃보다도 어여쁜 내 사랑이야 / 단오명절 그 봄날에 꿈과 같이 만난 사랑 / 이리 봐도 내 사랑 저리 봐도 내 사랑 / 어와 둥둥 내 사랑 내 사랑이야 //
2. 나도 몰래 피었네 천금같은 내 사랑 / 가슴 깊이 피었네 내 사랑이야 / 찬 서리에 눈이 와도 고이고이 피는 사랑 / 하늘같은 내 사랑 대와 같이 푸르러 / 변함없는 내 사랑 내 사랑이야 //
3. 사랑사랑 내 사랑 가는 봄을 잡을까 / 임이 없이 못 살아 내 사랑이야 / 천년 가도 내 님이요 만년 가도 내 님일세 / 청실홍실 내 사랑 지는 달을 세울까 / 어화둥둥 내 사랑 내 사랑이야

-「사랑 사랑 내사랑」(1권, p.223.)[26]

26) '춘향가'의 부분으로 보이는 이 노래는 재소고려인들 사이에 널리

우리 민족의 대표적 고전인 '심청전'과 '춘향전'의 내용을 노래화하여 불렀다는 것은, 타향에서 이산의 삶을 살며 소련의 소수민족 차별 정책에 의한 민족문화의 전통을 표방할 수 없었지만, 노래의 형식을 통해 민족 보편의 정서를 환기하고자 하는 재소고려인들의 노력을 과소평가할 수 없다. 가령, 「심청가」를 듣고 부르면서, 심청에 몰입된 재소고려인들은 간난(艱難)한 현실을 견디며 마침내 행복을 찾은 심청을 통해 재소고려인들의 과거와 현재, 그리고 미래가 투영된 모습을 발견하였다. 말하자면 고전소설의 전형적 미적 구조인 해피엔딩 속에서 재소고려인들의 역사적 삶을 투영하며 미래의 행복을 염원하는 것이다. 그런가 하면 재소고려인들은 「사랑 사랑 내사랑」을 즐겨 부르며, 춘향과 이도령의 아름다운 사랑의 정서에 그들의 감정을 이입함으로써 이산의 삶 속에서 잃어버린 사랑의 근원적 정서를 강하게 환기시킨다.[27] 이것은 지극히 개인의 낭만적 사랑을 통해

불리웠다. "정상진의 증언에 의하면 명창 이동백이 북을 치면서 부르는 판소리 '춘향가' 레코드판이 1932년 서울에서 우연히 블라지보스똑에 있는 '고려극장'으로 유입되었다 한다. '고려극장'은 3년 후 연극 『춘향전』(1935년)을 상연하였고 그때 이도령 역을 맡았던 배우 김진과 다른 배우들(당시 춘향역은 리함덕이, 변사또 역은 공태규가 맡았다)이 판소리 '춘향가'의 일부를 불렀다. 그 뒤로 '춘향가'는 고려사람들에게 널리 퍼졌고 연극 『춘향전』이 계속하여 상연됨에 따라 지금까지 전해 내려오게 되었다."(『재소고려인의 노래를 찾아서1』, 앞의 책, p.254)

27) 이와 관련하여 흥미로운 점은 재소고려인의 시 문학에서는 "시의 가장 오랜 주제였다고 할 수 있는 사랑은 재소한인들의 작품에서는 그리 많이 나타나지는 않는다."(이정선, 「구소련 지역의 고려인문학의 형성과 시문학 양상」, 『한민족문화권의 문학』, 국학자료원, 2003,

그들의 고단한 삶을 망각하기 위한 게 아니라 이산의 현실을 겪고 있는 재소고려인들 사이에 사랑의 정서를 환기함으로써 고단한 삶을 극복해내는, 개인의 낭만적 사랑의 한계에 갇히지 않고 사회적 사랑으로 그 정서의 폭을 확장시키는 역할을 맡는다.[28)]

한편, 재소고려인의 구전가요에는 우리의 옛 민요와 흡사한 노래들도 전해내려온다.

1. 여보라 농부들 말 들어라. / 얼화 농부들 말 들어라. / 일락서산에 해가 지고 / 월추동편에 달 솟아오른다. // (후렴) 어널너리 상사지요 / 어널너리 상사지요 / 에헤헤요 상사나지요.
2. 여보라 농부들 말 들어라. / 얼화 농부들 말 들어라. / 산약적설이 다 녹는다. / 농구를 갖추어 밭갈이 나가자. //
3. 여보라 농부들 말 들어라. / 얼화 농부들 말 들어라. / 이 논판에 벼를 심구니 / 장잎이 펄펄 연철한다. //
4. 여보라 농부들 말 들어라. / 얼화 농부들 말 들어라. / 개

---

p.524)는 것인데, 이에 비해 구전가요에서는 사랑이라는 주제가 널리 불리운다.

28) 이러한 역할을 다 한 노래로서 「이수일가」를 빼놓을 수 없다. 정상진의 술회에 따르면, "소설 『장한몽』은 극장 무대에 오르기 전 벌써 오래전부터 연해주 조선족 속에서 전설처럼 전해졌댔다. 많은 조선 사람들은 『장한몽』을 실화라고 믿기도 하면서 「이수일가」를 즐겨 불렀다. 누가 작사했는지는 몰라도 그 당시 러시아 연해주 조선족에게는 고향을 그리워하는 소리로, 사랑가로 즐겨 부르는, 진실로 길고도 한없는 꿈의 노래이기도 했다."(정상진, 『아무르만에서 부르는 백조의 노래』, 지식산업사, 2005, pp.243-244)

나리 껍질 벗겨 화를 물고 / 개구리 춤이나 추어보자. //
5. 어보라 농부들 말 들어라. / 얼화 농부들 말 들어라. /
수양버들을 심었더니 / 꾀꼬리 둥지를 틀었더라
-「농부가」(1권, pp.239-240.)

위 노래는 한반도 전역에 걸쳐 불리우는 '농부가'류에 해당한다. 앞서 재소고려인의 노동요의 양상을 살펴보면서 언급했듯, 연해주와 중앙아시아에서 벼농사를 통해 재소고려인의 사회적 지위가 보증되었다는 사실을 고려해보건대, 이와 같은 '농부가'가 재소고려인들 사이에 널리 불리워졌다는 것은 어쩌면 자연스러운 일인지 모른다. 재소고려인들은 농업 노동을 하면서 부르는 이와 같은 노래를 통해 농사짓기의 흥(興)을 돋구고, 농업의 자긍심을 불러일으키고 있는 것이다. 다시 강조하지만, 먼 타향에서 이산의 삶을 살고 있는 재소고려인들에게 벼농사를 비롯한 농업 노동은 초기 이산의 삶부터 그들의 생존뿐만 아니라 문화적 삶을 영위할 수 있도록 하는 주요 근간인 만큼 '농부가'류와 같은 옛 민요가 널리 불리워지는 것은 자연스러운 현상이다.[29)]

29) 필자는 중앙아시아를 탐방하는 가운데 2009년 7월 1일 키르기스탄에서 마련된 재소고려인과의 저녁 연회에서 재소고려인인 박니콜라이 로이비치(남성, 72세) 씨가 부르는 「홍부가」의 한 대목 '제비후리는 노래'를 직접 들었고, 재소고려인 이계룡 씨에게서 「농민가요」를 직접 듣는 소중한 기회를 가졌다. 두루 알듯이, 이들 재소고려인들의 모국어인 한국어는 그들의 이산의 삶 속에서 자의반 타의반 잊혀진 지 오래 일상에서 좀처럼 한국어를 들을 수 없다. 하지만, 예전부터 전해오는 구전가요를 이처럼 재소고려인들의 연회에서는

3 '구술성'을 중심으로 한 이산 문학 연구에서 남는 과제

재소고려인들이 스탈린 정권에 의한 국가폭력에 의해 중앙아시아로 강제이주한 지 어언 70여 년이 흘렀다. 재외동포문학에 대한 연구가 활발해지면서 이들에 대한 문학 연구가 진행되고 있다. 그런데 이 글의 서두에서 언급했듯이, 지금까지 재소고려인의 문학에 대한 거의 모든 연구는 문자성에 기반한 문학작품을 대상으로 한 것이었다. 필자는 이와 같은 연구 성과를 존중하되, 재소고려인 문학을 연구하는 데는 문자성 이외에 구술성의 가치를 적극 고려해야 한다고 생각한다. 재소고려인 문인들의 증언에서도 알 수 있듯, 소련 당국에 의한 철저한 검열은 재소고려인들의 이산의 삶을 온전히 문학적으로 표현해낼 수 없는 것이다. 소련연방이 해체되기 이전까지 활자로 기록된 것들은 위정자들의 지배 이데올로기와 권력의 관계로부터 좀처럼 자유로울 수 없기 때문이다. 반면 구술성은 문자성에 비해 상대적으로 지배 이데올로기와 권력의 자장으로부터 자유롭다. 무엇보다 국가폭력에 의한 강제이주와 소수민족 차별 정책 속에서 비참한 현실을 공유한 재소고려인들 사이에 모국어로 불리우는

흥이 오르면 곧잘 한국어로 부르곤 한다고 한다. 여기서도 확연히 알 수 있듯, 구전가요가 지닌 구술성은 재소고려인의 문학을 연구하는 데 매우 중요한 가치를 갖는다는 점을 아무리 강조해도 지나치지 않다.

노래와 그것의 구비전승의 과정 속에서 그들은 이산의 고통을 견딜 수 있었다. 그렇기 때문에 재소고려인들은 점차 모국어인 한글 사용자가 현격히 줄어들고 있음에도 불구하고, 재소고려인 1세로부터 자연스레 입으로 전해져 오는 한글노래는 지금까지 잊혀지지 않고 그들의 기억의 한 저장소에 남아 있는 것이다.

재소고려인의 구전가요에 대한 연구는 지금부터 본격적으로 진행되어야 할 것이다. 이 글에서는 구전가요의 노랫말에 한정시켜 그 존재양상의 밑그림을 대략적으로 그려놓았을 뿐이다. 구전가요의 경우 노랫말에 대한 좀더 세밀한 구조적 혹은 해석학적 연구가 진행되어야 하며, 무엇보다 채록되지 않은 노래가 있다면 완전히 소멸되기 전에 채록해야 할 것이다. 그리고 노래는 어디까지나 불리워졌을 때 생명성을 갖는 만큼 노래와 악보를 결합한 연구를 통해 재소고려인의 구전가요를 심도 있게 연구해야 한다.

이러한 연구는 비단 재소고려인의 문학 연구에만 기여하는 게 아니라, 재소고려인들 사이에 점점 모국어가 망각되는 현실 속에서 모국어 교육의 중요성이 부각되고, 효과적인 모국어 교육의 역할을 한다는 점에서도 중요하다. 문자성과 아울러 구술성을 보완할 경우 재소고려인들의 모국어 교육은 더욱 활기를 띨 것이다.

끝으로, 이러한 재소고려인의 구전가요에 대한 연구가 다른 재외동포 문학의 연구로 확산돼 문자성으로 포괄할 수 없는 이산의 삶을 다루는 문학 연구의 새로운 접근 방법으로 정착될 수 있다고 생각한다. 각 재외동포들의 이산적 양상은 다르지만, 소수민족이 감당해야 하는 민족 차별 정책에 의해 공식적 기록을 통해서는 담아낼 수 없는 이산의 삶과 현실을 구술적 산물을 통해서는 표현해낼 수 있기 때문이다.

요컨대, 이러한 과제들은 이후 재소고려인뿐만 아니라 다른 재외동포의 이산 문학을 연구하는 과정 속에서 좀더 진전시켜야 할 것으로 남겨둔다.

참고문헌

≪고려문화≫ 창간호, 2006.11.
≪레닌기치≫, 1947.7.23, 1959.5.24, 1964.5.4.
≪선봉≫, 1935.7.30, 3.18.

고송무, 『쏘련의 한인들』, 이론과실천사, 1990.
고 은 외, 『한국평화문학』 4집, 화남출판사, 2007.
김게르만, 『한인 이주의 역사』, 박영사, 2005.
김병학 · 한 야꼬브, 『재소고려인의 노래를 찾아서』 1 · 2권, 화남, 2007.
김종회, 『한민족문화권의 문학』, 국학자료원, 2003.
김필영, 『소비에트 중앙아시아 고려인 문학사』, 강남대학교출판부, 2004.
연성용, 『행복의 노래』, 알마아따 : 사수싀출판사, 1983.
윤인진, 『코리안 디아스포라』, 고려대학교출판부, 2004.
이명재 외, 『억압과 망각, 그리고 디아스포라』, 한국문화사, 2004.
이명재, 『소련지역의 한글문학』, 국학자료원, 2002.
전경수, 『까자흐스탄의 고려인』, 서울대학교출판부. 2002.
정덕준, 『조명희』, 새미, 1999.
정상진, 『아무르 만에서 부르는 백조의 노래』, 지식산업사, 2005.
조명희, 『낙동강(외)』, 범우사, 2004.

최강민, 『탈식민과 디아스포라문학』, 제이엔씨, 2009.
황동민, 『조명희 선집』, 소련과학원 동방도서 출판사, 1959.
김 블라지미르 · 김 예브게니 저, 김명호 역, 『스딸린체제의 한인 강제이주』, 건국대학교출판부, 1994.
김 블라지미르 저, 김현택 역, 『러시아 한인 강제 이주사』, 경당, 2001.
다이안 맥도넬(Diane Macdonell) 저, 임상훈 역, 『담론이란 무엇인가』, 한울, 1992.
올리비에 르불(Olivier Reboul) 저, 홍재성 외 공역, 『언어와 이데올로기』, 역사비평사, 1994.
월터 J. 옹(Walter J. Ong) 저, 이기우 · 임명진 역, 『구술문화와 문자문화』, 문예출판사, 1995.
테리 이글턴(Terry Eagleton) 저, 김명환 외 공역, 『문학이론 입문』, 창작과비평사, 1986.

김 스쩨빤, 「스탈린의 한인 강제이주와 잃어버린 모국어」, ≪역사비평≫ 1990.봄.
연국희, 「소련-중앙아시아 강제이주의 수난사」, ≪역사비평≫, 1991.여름.

디아스포라와 언어의 문제
- 조선족 초기 장편소설 『범바위』를 중심으로

리 해 영

1 들어가기

리근전은 김학철과 함께 1950년대에 등단한 조선족 제1세대의 대표적인 작가이다. 김학철이 1954년 조선족의 첫 번째 장편소설 『해란강아 말하라』를 출간한데 이어 리근전은 1962년, 조선족의 두 번째 장편소설 『범바위』를 출간하였고, 정치적 동란이 결속된 뒤, 문단에 복귀하여 두 편의 장편소설과 함께 『범바위』의 개정판을 내는 등 왕성한 창작활동을 진행하였다. 그러나 김학철이 그의 의용군 경력과 강렬한 민족의식, 중국 현실에 대한 예리한 비판 등으로 하여 최근 조선족 문단의 산맥으로, 거장으로 평가 받으면서[1)] 그에 대한 조선족 학계 및 한국 학계의 연구가 점점 활발하게 진행되고 있는데 비해, 리근전은 거의 학계의 관심 밖에 있으며 그에 대한 연구도 소략하다. 그 원인은 주로 다음과 같은 두 가지 측면으로 볼 수 있다.

하나는 리근전이 작품을 창작할 정도의 한국어 실력을 갖추지 못하여 대부분의 작품을 중국어로 창작한 뒤, 다른 사람을 통해 조선어로 번역하여 발표하였다는 언어적 측면의 문제 때문이다. 민족문학의 범주를 이루는 기본적인 조건의 하나가, 그것도 아주 중요한 조건의 하나가 민족어 창작이라는 것을 염두에 두면 생각하기에 따라서 중국어로 창작되어 조선어로 번역된 리근전의 작품들은 민족문학이라는 범주에서 즉 조선족 문학이라는 범주에서 논의되기 어렵다는 것이다. 물론 민족문학의 범주를 설정함에 있어서 민족어로의 창작이 가장 기본적이고 중요한 조건이기는 하지만, 일본의 재일동포문학이나 러시아의 고려인 문학이 대부분 거주국의 언어로 쓰여짐에도, 내용적 측면에서 민족의 삶과 정서를 반영한다는 것 때문에 민족문학의 범주로 분류된다는 측면에 비추어 볼 때 조선족의 삶과 역사를 반영한 리근전의 문학 또한 예외가 될 수 없다. 더구나 리근전의 중국어 창작이 외적인 압력이나 강압에 의해 강요된 글쓰기

1) 김호웅, 「중국 조선족 문학의 산맥 - 김학철」, 『민족문학사연구 제21호』 민족문학사학회, 2002년, p.218.

이거나 또는 한국어 창작이 가능함에도 불구하고 일부러 중국어로 창작한 것이 아니라는 점에서 더욱 그러하다.

다른 하나는 바로 민족적 삶과 정서, 민족의식이라는 내용적 측면과 연관되는 부분인데, 김학철이 분명한 민족의식과 역사적 시각을 갖고 중국 현실에 대해 비판적 거리를 유지하고 있었던 것에 비해, 리근전은 중국 공산당의 유력한 지방 간부로, 작가로, 당의 각종 정책과 문예정책을 충실히 집행하고 작품 창작에 반영해왔으며 중국 주류사회로의 편입을 위해 끊임없이 노력했기 때문이다.[2] 이러한 당 중심의 사고와 중국 지향성 때문에 리근전의 작품은 "우리가 이미 배운 력사교과서와 모종 근사성을 보여주고 있다"[3]는 혹평을 받기도 했고, 해방 후 조선족 소설문학에서 자주 나타난 "당의 영도하에서 인민들이 계급적으로 각성하고 자각적인 투쟁에로 궐기한다"는 패턴이 리근전 문학에서 처음 시작된 것이며 리근전 문학의 주요한 패턴으로 되었다[4]는 평가를 받기도 하였다. 특히 1990년대 이후, 조선족 사회의 문화적 다원화와 함께 민족 정체성의 문제가 그 어느 때보다 강조되었는데, 이는 당 중심주의로 일관되었던 리근전과 그의 작품에 대한 조선족 학계의 비판과 소외를 야기 시켰다.

그러나 이러한 비판과 소외는 리근전의 당 중심주의와 중국

---

2) 최병우, 「"범바위"의 개작 양상과 그 의미」, 『리근전 소설 연구』, 푸른사상, 2007, p.81.
3) 김동활, 「"고난의 년대"에 대한 본체론적사고」, ≪문학과예술≫ 5기, 1988년, p.31.
4) 리광일, 『해방 후 조선족 소설문학 연구』, 경인문화사, 2003, p.132.

지향성을 막바로 민족의식과 대타적인 것으로, 모순되는 것으로 파악한 데서 연유한 것으로 상당히 편파적인 견해이다. 교과서적이었건 당 중심주의였건 어쨌거나 리근전은 조선족 사회에서 처음으로, 그것도 현재까지로서는 거의 유일하게 조선족의 이주사와 개척사, 항일 투쟁사 및 광복 이후로부터 새 중국이 건립되기까지의 조선족의 역사를 문학적으로 재현한 두 편의 장편대하소설을 발표하지 않았는가. 특히 1980년대에 발표한 『범바위』의 개정판이나 『고난의 년대』(상)에서는 민족적인 것이 상당히 부각되고 있다. 여기에 대해서는 일부에서 1980년대의 당 정책이나, 시대상황을 반영했기 때문이라고 지적[5]하고 있는데 이 역시 그대로 납득하기 어렵다.

그가 단지 당의 정책을 선전 · 선동 하는 것에만 주력했다면 그는 왜 조선족의 역사에 그토록 집착했을까? 그는 과연 당의 정책을 선전선동 하기 위해 조선족의 역사를 소재로 삼았을 뿐인가, 아니면 조선족의 역사 그 자체를 목적으로 하고 있었는가? 물론 얼핏 보면 1980년대의 개정판에 비해 민족적인 정서나 측면이 미약하다 못해 거의 드러나 있지 않지만, '민족'이라는 용어 자체가 금기시 되던 1960년대에 민족의 역사라는 민감한 소재를 선택한 리근전의 용기를 우리는 어떻게 평가해야 할 것인가? 중국 공산당의 지방 간부로서 뛰어난 정치 감각과 현실감각으로 주류사회에 진출하였고 그 무서운 반우파투쟁의 소용돌이도 용케 피해온 리근전이 아니던가? 그렇다면 리근전은 왜

5) 최병우, 앞의 글, p.82.

1960년대에 자기의 정치적 생명을 걸고 그런 우둔한 모험을 했을까? 그것이 우둔한 모험이었음은 훗날 문화대혁명 때, 『범바위』가 '민족주의를 고취한 대독초'[6]로 비판받고 그 작가였던 리근전이 '독초'의 작가로 박해당하고 창작의 권리를 박탈당했던 사실이 증명해준다. 이 글은 바로 이러한 지점에서 시작된다. 논의의 편의를 위하여 1962년에 발표된 『범바위』 초판본을 중심 텍스트로 하되 리근전의 의식의 변화를 보여준다는 측면에서 1980년대에 발표된 『범바위』의 개정판과 『고난의 년대』를 양쪽에 놓고 기웃거리는 형식을 취하고자 한다.

2 60년대 초반의 연변과 리근전의 정체성

리근전에 의하면 『범바위』는 1958년에 집필을 시작하여 1962년에 출간한 것이다. 이 무렵의 연변은 전해인 1957년에 반우파투쟁이 시작되어 1958년에 끝났고, 1958년에는 전국 문예계와 보조를 맞추어 "수정주의 문예사조"에 대한 비판을 진행하였으며, 1959년에는 이른바 지방민족주의를 반대하는 대대적인 운동이 일어남으로 하여 그야말로 무시무시한 살얼음판이었다. 전국적

6) 리근전, 「"범바위" 재판 후기」, 『흘러간 세월』, 흑룡강조선민족출판사, 1997, p.144.

범위에서 대대적으로 발동된 반우파투쟁의 폐해도 심각했지만, 그 뒤 발동된 지방민족주의를 반대하는 운동은 연변에 더욱 큰 정치적 파장을 몰고 왔다. 반우파투쟁이 이념적 차원의 문제라면 지방민족주의를 반대하는 운동은 민족적 차원의 문제였다. 대(大)한족주의를 반대하고 지방민족주의를 극복하여 새로운 민족 유대를 이룩하고 새로운 생존환경을 마련한다는 초지는 아름다운 것이었으나 결과적으로는 한족을 제외한 기타 소수민족 가운데 존재하는 소위 '민족주의'를 척결하는 결과를 낳았다.[7] 지방민족주의를 반대하는 운동은 주요하게 이른바 '자산계급 조국관', 지방민족주의를 선양한 작품, '언어의 순결화' 등을 비판의 과녁으로 삼았는데 이는 조선족 작가들과 민족문학에 대한 또 한 차례의 정치적 '토벌'이었다.[8] 이 운동은 민족문화전통을 계승하고 발양하는 것과 조선족작가들이 조선족의 생활을 반영하는 것, 그리고 조선어의 규범화 요구 등에 대해 모두 지방민족주의라고 무단적으로 비판하면서 민족적인 모든 것을 부정하였다.[9] 이러한 정치투쟁의 와중에서 "민족문화전통의 계승, 민

7) 이광일, 앞의 책, p.125.

8) 조성일 · 권철, 『중국조선족문학사』, 연변인민출판사, 1990, p.291.

9) 지방민족주의를 반대하는 운동의 폐해와 심각성의 정도에 대해서는 다음의 실례를 통해 엿볼 수 있다. 이 운동은 조선족 작가들이 조선족의 생활을 반영하는 것마저 지방민족주의로 몰았는데 그 일례로 한 연극단이 '한족의 극'을 '조선족의 생활로 각색한 것'마저 견책하였고 조선족의 전통적인 애정윤리를 다룬 극시 「김옥희와 팔거북」 등을 '독초'로 비판하였다. 조선어 사용의 측면에서 한어와의 융합을 주장하면서 조선어의 규범화를 강조하는 것은 '언어순결화'를 고취하는 것이라고 비판하였다. 「연변의 창작에서 제기되는 민족어규범화

족력사제재의 취급, 민족정신과 민족감정의 표현, 형식의 민족화 등은 아무도 건드릴 수 없는 '금지구역'으로 되었다. 이런 '금지구역'은 '문화대혁명'시기에 이르러 더더욱 삼엄하게 되었다."[10]

그렇다면 이 무서운 정치의 소용돌이를 리근전은 어떻게 지나고 있었는가. 반우파투쟁이 전국을 휩쓸던 1957년, 리근전은 ≪연변일보≫ 한문판 제1부주필 직무를 맡고 있었고 그 전해인 1956년에는 이미 중국작가협회 회원으로 되었다. 지방민족주의를 반대하는 운동이 연변에 피바람을 몰고 오던 1959년에는 연변에 전근하여 선후로 중공연변주위 정책연구실 부주임, 중공연변주위선전부 부부장 등 요직을 맡게 된다. 중공연변주위선전부 부부장이란 어떤 직책인가. 그것은 바로 소수민족 지구인 연변의 언론과 문화 전체를 총괄하는 중국 공산당의 지방 요직인데, 이는 1945년 혁명에 참가하여 당의 사업에 충성해왔던 리근전에 대한 중국 공산당의 두터운 신임이자 긍정이며 또한 역으로는 그 자리에 가기까지 소수민족 간부로서 리근전의 뛰어난 정치 감각과 현실 감각을 보여준다. 당 간부로서 뿐만 아니라 리근전은 작가로서도 활발한 창작활동을 진행하는데, 반우파투쟁과 지방민족주의를 반대하는 운동 중에서 많은 작가들이 투쟁당하고 문단에서 사라졌지만 유독 리근전만이 이 시기에 오히려 단편소설을 발표하는 한편 중편소설 「호랑이」와 장편소설 『범바위』를 발표하면서 문단을 독보한다.[11]

문제」라는 김창걸의 논문은 민족어 순결화를 고취하는 지방민족주의 언론으로 비판당했다. - 조성일 · 권철, 앞의 책, pp.292-293 참조.

10) 위의 책, p.294.

그 시기 리근전은 반우파투쟁에서 우파 분자로 낙인찍힌 극작가 최정연을 비판하는 문장[12]과 김학철의 장편소설 『해란강아 말하라』를 비판하는 문장[13]을 발표하기도 하는데, 그것이 당에 대한 충성에서였는지 아니면 비판을 위한 비판이었는지, 자기 보호의식에 의한 것이었는지는 알 수 없다. 다만 그러한 정치투쟁의 와중에서 조선족 작가들이 취했던 대응방식에 대해 이광일이 "정치공명시기인 이 시기의 정치운동에서 우리 문인들은 이번 운동에서는 남을 공격하고 다음의 운동에서는 남에게서 공격을 받는 아이러니를 만들어내기도 하였다. 말하자면 반우파투쟁에서 대방을 우파분자로 공격하고 타도했는데 그 후의 지방민족주의를 반대하는 투쟁에서 다른 사람에게 투쟁당했으며 남을 타도하던 사람들은 그 후의 문화대혁명에서 무사할 수 없었다"[14]고 평가하고 있어 퍽 흥미롭다. 즉 뚜렷한 목적과 원칙이 없이 서로를 의심하고 비판하던 당시의 살벌하고 혼란한 상황을 미루어 짐작할 수 있게 해준다.

놀라운 것은 바로 이러한 때에 리근전이 『범바위』를 집필하고 발표하였다는 것이다. 여기서 '놀랍다'고 한 것은 다음과 같은 두 가지 측면에 의한 것이다. 하나는 조선어 창작이 거의 불

---

11) 리광일, 앞의 책, p.126.
12) 리근전, 「"귀환병"의 독소를 논함」, 『아리랑』 10, 1957.
리근전, 「최정연의 반동 문예 리론을 반박함 - 최정연의 소위 "령혼"과 "암흑"론에 대하여」, 『연변청년』 12, 1957.
13) 리근전, 「"해란강아 말하라"와 그의 작자」, ≪연변일보≫, 1957.12.12.
14) 리광일, 위의 책, p.123.

가능한 리근전이 조선어로 작품을 발표한 것이다. 그 무렵, 1959년에 일어난 지방민족주의를 반대하는 투쟁 와중에서 한어와의 융합이 제창되고 민족어의 규범화에 대한 주장이 민족어의 순결화를 고취한다는 죄목으로 비판당하던 시기라는 것을 감안하면, 이는 결코 쉽게 흘려버릴 수 있는 부분이 아니다. 중국어로 창작했고 한창 조선어 사용이 자칫 많은 문제를 일으킬 수 있는 민감한 시기였음에도 불구하고 왜 리근전은 굳이 역자를 찾아 번역을 하는 번거로움과 자신의 정치적 생명과도 직결되는 위험 부담을 감수해가면서도 조선어로 발표했을까? 또한 그는 무엇 때문에 소설이 중국어로 창작되었다는 사실을 숨기려고 했을까?[15] 이 부분을 굳이 해석해본다면 그것은 조선족이라면 당연히 조선어를 잘해야 한다는 식의 민족어에 대한 작가 나름의 자의식이 민감하게 작동한 탓일 것이다. 이것이야말로 리근전 식의 민족 의식 내지, 정체성의 일면일 것이다.

다른 하나는 리근전이 감히, 1959년 지방민족주의라는 정치투쟁을 겪은 뒤, 거의 '금지구역'이나 다름없이 금기시 되어있던 민족의 역사를 다룬 것이다. 물론 리근전 자신이 그 주제를 "우리 조선족 인민이 중국공산당의 령도밑에서 민족내부에 숨어있는 반동분자들의 분렬활동을 분쇄하고 민족단결을 강화하여 각

15) 리근전의 두 편의 장편소설 『범바위』와 『고난의 년대』 모두 중국어로 창작되어 역자에 의해 번역된 뒤, 조선어로 출간된 것이지만 여기에 대해 리근전은 생전에 그 어떤 글에서도 공식적으로 언급한 적이 없다. 여기에 대해서는 졸저, 『조선족 사회사와 장편소설』, 역락, 2006, pp.215-234; 졸저, 『청년 김학철과 그의 시대』, 역락, pp.203-231에서 자세히 논의하였음.

민족의 공동의 적-국민당반동파를 타도하고 자신의 철저한 해방을 맞이하는 것"16)이라고 하지만, 1930년대 중국공산당의 영도 하에 진행된 연변지역 조선족 인민들의 항일투쟁을 형상화한 김학철의 「해란강아 말하라」가 1957년 반우파투쟁에서 반동적인 작품으로 비판당한 것으로 미루어볼 때, 그것은 역시 대단한 모험임에는 틀림없다. 더구나 리근전은 김학철의 「해란강아 말하라」에 대한 비판문장도 쓰지 않았던가. 그렇다면 그 누구보다 민감한 정치 감각, 현실 감각을 갖고 있는 리근전이 왜 굳이 그런 모험을 했을까. 여기에 대해 리근전은 우리 민족의 "빛나는 력사사실을 예술작품으로 재현시켜 보고 싶은 마음이 불붙듯"해서였다고 고백하고 있는데, 이것이야말로 민족어에 대한 자의식과 함께 리근전 식의 또 하나의 민족의식의 소중한 모습이며, 그의 정체성을 이루는 한 부분일 것이다.

이러한 리근전 식의 민족의식 내지 정체성은 리근전의 무의식 속에 잠재된 원초적인 기억 내지 체험과 연결되는 부분이다. 아무리 한어가 조선어보다 편해도, 중국 공산당의 요직에 있어도 결코 한족과 완전히 일치될 수 없는 내면의식, 그것은 곧 아버지를 따라 만주로 이주하던 9살 소년의 마음속에 새겨진 지워버릴 수 없는 기억이었다.

리근전의 무모한 행동의 내적 원인이 그의 원초적인 기억과 정체성과 연결된다면 그것을 가능하도록 뒷받침해준 것은 그의

---

16) 리근전, 「시대감과 주제사상-장편소설 "범바위"를 수개하면서」, ≪문학과예술≫, 1982.4. p.34.

'자신 있음'이다. 그 '자신 있음'이란 바로 중국의 험악한 정치 현실에 대한 자신의 대응 능력에 대한 '자신 있음'일 터. 그렇다면 그가 취한 대응방법이란 무엇인가. 그것은 바로 그가 일관적으로 견지해왔던 당의 정책과 문예정책을 충실히 반영하고 선전선동 하는 것이었다. 그가 설정한 "우리 조선족인민이 중국공산당의 령도 밑에서 민족내부에 숨어있는 반동분자들의 분렬활동을 분쇄하고 민족단결을 강화하여 각 민족의 공동의 적-국민당반동파를 타도하고 자신의 철저한 해방을 맞이하는것"이라는 이 소설의 주제야말로 얼마나 당의 정책에 충실한 것인가. 그런데 당의 영도를 강조한 이 주제 속에 은밀하게 깃들어있는 것이 바로 당의 영도 밑에서 진행된 조선족의 투쟁사 내지 조선족의 역사이다. 비록 당시의 상황 속에서 금지 구역으로 되어 있는 '민족의 역사'지만 그것이 중국 공산당의 영도 하에서 진행되는 것이라면 전혀 문제될 것이 없다는 게 중국 공산당의 지방 간부로 있으면서 또한 당 정책을 직접적으로 집행하던 리근전의 날카로운 판단이었다.

민족의 역사를 당의 영도 하에서 이루어지는 것으로 전개하기, 민족적인 것을 국가적 틀 속에 위치 지우기, 이를 일명 민족의식의 내면화라고 할 텐데, 이는 실상 리근전 개인의 방법이 아니었다. 그것은 광복 후, 중국에 남은 우리 민족이 공산당의 노선을 따르고 새 중국이 창건된 후, 중국 국적을 부여받으면서 이미 결정된 삶의 방식이자 삶의 길이었다. 해방 직후, 조선족 문학의 전개가 이를 잘 보여준다. 다만 리근전이 보다 민감하게 깨달았을 뿐이다. 사실 리근전에게 그것은 현실에 대한 대응방식이라기보다는 체화된 삶의 논리요 절대적인 것이었다. 80년대에 집필된 『고난의 년대』(하)에서 리근전이 공산당 중심의 항일투쟁사를 전개한 것은 그러므로 필연적인 것이라고 보아야 할 것이다.

3 민족의식의 내면화 방식

1. 역사적 사실의 '감추기'와 '드러내기'

리근전은 1958년에 『범바위』의 집필을 시작하여 1962년에 출간하고 1970년대 말에 『고난의 년대』의 집필을 시작하여 1982, 1984년에 각각 상, 하부를 발표한다. 그런데 리근전 자신의 술회에 의하면 그가 원래 처음 구상했고 준비했던 것은 뒤에 발표된 『고난의 년대』이다. 그에 의하면 『고난의 년대』를 쓰게 된 준비는 하루아침에 된 것이 아니라 그가 신문 사업을 하던 1953년부터 구상하기 시작했고 그때부터 준비에 들어갔던 것이다. 그때 리근전은 신문기자였는데 한번은 서란에서 한 소학교 선생으로부터 우리 조선 사람이 소수민족으로 된 역사는 얼마나 길고, 우리 민족의 역사 가운데는 어떤 이야기들이 있는가에 대한 질문을 받게 되었는데 그 자신도 아는 것이 별로 없어서 대답할 수 없게 되었다. 그때부터 리근전은 조선족의 역사에 대해 관심을 갖게 되었고 조선족의 이주사와 항일투쟁사, 벼 재배역사, 해방전쟁시기의 투쟁사 등에 대해 차츰 많은 이해를 하게 되었다. 그리하여 리근전은 1958년에 『범바위』를 집필하기 시작했고 언제든지 조선족 인민의 역사의 발자취를 기록하는 장편소설을 써 보겠다고 마음먹었다.[17)]

위의 리근전 자신의 서술에 의하면 그가 『범바위』를 집필하기 전, 1953년 당시, 최초에 구상했던 것은 조선족의 이주초기부터 시작하여 항일투쟁시기, 광복 후 중국 해방전쟁시기까지에 이르는 대하소설이었다. 실제로 그 후, 1970년대 말, 『고난의 년대』를 구상할 때, 리근전은 초기에 '개간편', '봉화편', '서광편' 삼부작으로 구상하였으나 여러 가지 원인으로 2부까지 쓰고 말았다. 그 원인을 리근전은 딱히 밝히고 있지는 않지만 2부에 해당하는 '봉화편' 즉 『고난의 년대』 하부가 광복까지 다루었음을 미루어볼 때, 3부에 해당하는 '서광편'은 아마도 광복 후부터 해방전쟁시기의 역사를 다루려고 했음에 틀림없다. 그런데 그 시기의 역사는 이미 『범바위』에서 다루었으므로 그는 1982년에 다시 수정보완하여 『범바위』의 개정판을 냄으로써 원래 계획했던 대하소설의 3부에 해당하는 '서광편'을 대신했던 것이다. 그러니까 원래 대하소설의 3부로 계획했던 『범바위』를 리근전이

17) 리근전, 「"고난의 년대"를 쓰게 된 동기와 경과」, ≪문학과예술≫, 1983.1. pp.50-51.

먼저 집필하여 1962년에 출간했다는 말이 된다. 여기에 대해서는 조선족 학계에서도 "리근전의 두 장편소설이 19세기 말부터 20세기중반에 이르는 우리 민족의 수난사와 투쟁사를 집대성했다는 점에서 볼 때 (중략) 『범바위』를 먼저 쓰지 않고 후에 쓰고 작중인물들도 『고난의 년대』의 인물들이 계속 등장했더라면 (이 경우 『범바위』는 『고난의 년대』의 제3부로 되어야 할 것이다) 더욱 완정한 대하소설로 될 수 있었"[18]을 것이라고 지적하고 있다.

그럼 리근전은 왜 대하소설의 원 집필 계획을 뒤바꾸어 3부에 해당하는 『범바위』를 먼저 집필했을까. 물론 리근전 자신이 1945년 혁명에 참가하여 무장공작대, 토지개혁공작대 등을 거치면서 해방전쟁시기를 몸으로 직접 체험했다는 것으로부터 미루어볼 때, 『범바위』는 그의 성장기이자 체험기[19]일 것이며, 역사인식이 많이 부족했던 리근전이 그에게 익숙한 시기와 소재를 먼저 선택하여 실험했으리라는 해석이 가능하다. 하지만 그것보다 더 유력한 근거는 1958년부터 1962년에 이르는 중국의 정치현실 때문이 아니었을까. '민족'의 모든 것이 금지구역으로 되어

18) 김몽, 「력사의 진실한 화폭-리근전소설의 력사적가치」, ≪천지≫, 1998.6. pp.281-282.

19) 『범바위』가 리근전의 성장기이자 체험기라는 것에 대해서는 최병우, 「『범바위』의 개작 양상과 그 의미」, 위의 글에서 자세히 살피고 있다. 여기서 최병우는 리근전이 그 자신의 참전 체험을 형상화한 단편소설 「호랑이」로부터 그것을 중편소설 『호랑이』로 확장하고, 또 자신의 옥중 체험을 형상화한 단편소설 「옥중투쟁」을 집필하였으며, 위의 것들을 종합, 확장하여 『범바위』를 창작했음을 구체적인 내용을 근거로 추정하고 있다.

있던 그 무시무시한 공포의 시기에 정계비의 논란과 '변발흑복'의 문제 등을 거론해야 하는 이민 초기의 역사, 만주에서의 민족주의자들의 항일투쟁사는 생각조차 할 수 없는 부분이었다. 당의 영도가 시작되지 않았을 때의 민족의 역사는 이야기되어서는 안 되는 것이었으므로 리근전은 그 이야기 될 수 없는 부분을 감추기 즉 내면화를 진행하지 않으면 안 되었던 것이다.

이러한 내면화는 역사적 시간에 대한 감추기 뿐 아니라 역사적 사실에 대한 감추기를 통해서도 이루어진다. 리근전은 1962년에 조선어로 된 『범바위』를 발표한 뒤, 20년이 지난 1982년에 한문으로 『범바위』를 발표하며 그로부터 4년이 지난 1986년에는 다시 조선어로 된 『범바위』를 발표한다. 작가가 이 작품에 상당한 애정과 아쉬움을 갖고 있음을 잘 보여준다. 개작의 원인으로 리근전은 초판본 집필 당시, "제한된 지식과 창작경험의 부족으로 말미암아 시대상을 선명하게 재현시킬 수 없었고 따라서 주제를 심화시킬 수 없었"기 때문에 "시대감을 선명히 하고 주제를 심화시키기 위해서"[20]라는 것과 "그때 당시 극좌사상의 영향으로 써넣고는 싶었으나 감히 써넣지 못했던 것들을 많이 보태여넣"[21]기 위해서였음을 들고 있다.

실제로 작품의 초판본과 개정판은 많은 차이를 보이고 있는데, 그 중 가장 뚜렷한 차이는 작품의 첫머리에서 나타난다. 초판본이 광복 이후 정권 부재기, 조선족 마을인 서위자 마을 사

---

20) 리근전, 「시대감과 주제사상－장편소설 "범바위"를 수개하면서」, 앞의 책, p.34.
21) 리근전, 「"범바위" 재판 후기」, 위의 책, p.144.

람들이 팔로군이냐 국민당이냐는 양자택일의 상황 앞에서 갈등하고 방황하는 것으로 시작되는 것에 비해, 개정판은 주인공 김치백이 광복 후, 길림시에서 목격한 혼란한 상황과 함께 서위자 마을 사람들이 귀국이냐, 팔로군이냐, 국민당이냐는 삼자택일의 상황 앞에서 심각하게 갈등하고 방황하는 것으로 시작된다. 개정판에서 추가된 '귀국'이란 광복을 맞아, 만주에 거주하던 200만 조선인 중, 근 절반이 그들의 고국으로 돌아간 역사적 사실[22]을 뜻하는데, 이는 초판본에는 빠져있다. 이러한 역사적 사실의 누락을 단지 리근전의 제한된 지식 내지 역사인식의 차이로 보기에는 무리가 있다. "어느 길로 가는가 하는 문제는 그 당시 누구나를 물론하고 피할래야 피할 수 없는 문제였다"[23]고 리근전 스스로가 훗날 이야기했듯이, 광복 이후 우리 민족의 선택의 문제는 리근전 자신에게도 심각한 문제였음에 틀림이 없다. 그 와중에 만주에 거주하던 200만 조선인 중, 근 절반 즉 100만에 달하는 조선인이 선택한 귀국의 길을 리근전이 결코 몰랐을 리가 없다. 그러므로 이러한 역사적 사실에 대한 누락은 결국 작가의 의식적인 감추기라고 할 것인데, 이는 초판본 집필 당시의 정치적 현실에 대한 리근전 식의 대응 방법 즉 민족의식의 내면화였던 셈이다.

---

22) 여기에 대해서는 졸저, 『조선족 사회사와 장편소설』, 역락, 2006, pp.51-58에서 자세히 논의하였다.

23) 리근전, 앞의 책, p.35.

2. 민족적 선택의 필연성 강조하기

당의 영도 하에서 전개되는 민족의 역사를 쓰기 위해서는 반드시 짚고 넘어가야 할 부분이 있는데, 그것은 바로 위에서 살펴본 "어느 길로 가는가"라는 선택의 문제와 연결된 부분이다. 광복 이후, 귀국을 포기하고 중국에 남은 조선인이 왜서 팔로군과 중국 공산당을 선택하지 않으면 안 되었는가에 대한 해답을 찾는 것, 그 선택의 필연성을 강조하는 것은 초판본 집필 당시의 정치적 현실 속에서 금기시되고 있던 '민족'과 관련된 것을 우회적으로 드러내기 위한 가장 유력한 대응방법이었다. 또한 광복이 되던 해, 17살의 나이로 팔로군에 참가했던 리근전에게는 그것이 역사의 진실성 그 자체였다. 이 부분을 작품은 다음과 같은 몇 가지 측면으로 강조하고 있다.

첫째, 공산당과 팔로군의 영도로 인한 혁명적 승리와 조선족 인민들에 대한 공산당과 팔로군의 특별한 배려를 부각시키는 것이다. 광복 이후, 정권 부재기 혼란 속에서 조선족 마을인 서위자 마을 농민들은 불안과 공포 속에서 혼란스러워하며 갈팡질팡하는데, 이때 마을의 몇몇 청년들과 김치백의 아들 호랑이가 팔로군에 대한 소문을 듣고 가만히 그들을 찾아간다. 호랑이는 팔로군 부대에서 부모보다 더 따뜻한 사랑을 받게 되고, 그러한 호랑이의 편지를 받은 김치백은 팔로군을 직접 방문하며 팔로군이 진정 가난한 사람을 위한 군대라는 것을 알게 됐고 그들로부터 처음으로 따뜻한 인간대접을 받고 드디어 갈등과 방황에서 벗어나게 된다. 김치백은 "우리 민족이 가야할 길을 찾은 것 같구나!"[24], "내 오늘 평생 처음 인간다운 공대를 받았다 (중략) 네 말이 옳다! 우리가 가야할 길을 찾았다!"[25]라고 격정에 차서 부르짖는데, 그 길이란 다름 아닌 공산당과 팔로군의 영도를 받아들이는 길이다. 공산당과 팔로군의 영도 하에 그들은 악질지주 한몽둥이의 동생과 첩을 투쟁하고 그들의 집을 청산하며 국민당 군대의 여러 차례나 되는 토벌을 분쇄하고 더욱 꿋꿋하게 싸워나간다. 또한 공산당과 팔로군의 정확한 영도 하에 토지개혁을 진행하며 오매에도 그리던 자신의 토지를 가지게 된다.

> "(중략) 지금 치백 아저씨도 여기 계시지만 그때 도지 감소사건 때 우리는 한결같이 일어 서서 싸웠지요. 그러나 우리는 결국 실패하지 않았습니까. 무슨 원인입니까?
>
> 원인은 단 하나 밖에 없습니다. 공산당의 령도가 없었기 때문입니다.
>
> 지금 우리들은 반드시 가야 할 길을 찾았습니다. 이 길은 바로 공산당과 모 주석이 가리키는 길로 전진하는 것입니다 (중략) "(p.223.)[26]

승리를 경축하는 유두놀이에서 춘호가 한 이 연설은 말 그대

24) 리근전, 『범바위』, 연변인민출판사, 1962, p.40.
25) 리근전, 위의 책, p.41.
26) 이하 인용문은 리근전의 『범바위』(연민출판사, 1962)에서 발췌한 것으로 이후는 페이지만 밝힌다.

로 하나의 진리를 명쾌하게 보여주고 있는데 그것은 다름 아닌 공산당의 영도가 없으면 혁명의 승리가 있을 수 없으며, 그러므로 반드시 "공산당과 모주석이 가리키는 길로 전진"해야 한다는 것이다.

여기서 또 하나 의미가 깊은 것은 조선족 인민들에 대한 공산당과 팔로군의 각별한 배려와 보살핌이다. 그들은 조선족 인민들을 다른 민족과 동등하게 대할 뿐 아니라 그들의 처지를 이해하고 동정하며 그들을 각성시키기 위해 노력한다. 그들의 민족풍속과 습관을 존중하고 배려한다.

> 낮에 령감과 같이 말을 나눌 적에 왕 련장은 로인의 순직함과 선량함 그리고 자기 민족의 진정한 홍성을 추구하여 애쓰는 숭고한 성격을 보았다. 그리고 치백 령감과의 담화 가운데서 이 지방 조선족들이 력대로 살아 내려 온 경과를 다소간 알게 되었고 요사이 사람들이 마음을 걷잡지 못하고 갈팡질팡한다는 것도 알게 되었다. 일부 사람들의 공산당에 대한 오해도 알았다. 치백 영감은 그들과 같이 갈피를 못 잡고 갈팡질팡하는 사람은 아니지만 공산당에 대해 일정한 의심을 가지고 있었다는 것도 느꼈다.(pp.41-42.)

이 시기 중국 공산당과 팔로군이 얼마나 민족문제에 관심을 갖고 있으며 조선족 백성들의 마음을 안정시키고, 그들로 하여금 공산당과 팔로군의 정책과 노선을 이해하도록 하기 위해 노력하는가를 잘 보여주는 부분이다. 조선족에 대한 각별한 배려는 왕련장이 전쟁터에서 잃어진 호랑이를 기어이 찾아야 한다고 강조하며 전사들을 파견하여 호랑이를 찾은 사실, 국민당 군대에 잡힌 김치백을 구하기 위해 왕대장이 반장과 전사들을 파견하여 구해낸 사실, 또한 국민당의 감옥에서 사형 당하게 될 호랑이를 구하기 위해 일체 대가를 아끼지 않는 것 등을 통해서 잘 나타난다. 김치백이나 호랑이가 조선족이었기 때문에 공산당과 팔로군이 더욱 특별한 관심을 기울인다는 논리를 소설은 보여준다. 그래서 구원된 김치백이 "전 생명은 아버지 어머니가 주었다면 이번 생명은 공산당이 준 것이 아닌가! 예로부터 자식은 부모에게 효성을 다해야 하는 법이다. 그렇다면 지금 자기에게 새 생명을 준 공산당에 어떻게 보답할 것인가? 모든 것을 아끼지 않으리라! (중략)(p.144.)[27]"고 결심하는 것은 전혀 과장됨이 없고 차라리 너무 소박하고 자연스럽다.

조선족에 대한 공산당과 팔로군의 배려와 보살핌은 국민당의 만행과 조선족에 대한 민족적 차별을 통해 더욱 두드러지며 이는 조선족이 공산당과 팔로군을 선택하게 된 필연성을 보여주는 두 번째 측면이다. 서위자 마을 조선족 농민들에 대한 한몽둥이의 압박과 착취는 말로 표현할 수 없다. 국민당 반동파들은 서위자마을을 몇 차례나 포위·토벌하고 백성들이 피난 간 마을에 불을 지르고 남은 백성들을 살해하는 만행을 저지른다.

국민당은 조선족 인민들에 대해 온갖 행패를 부릴 뿐만 아니라 근본적으로 조선족에 대해 차별시하고 의심을 갖고 있다. 이

---

27) 앞의 책, p.144.

는 국민당과 한몽둥이가 그들에게 충성을 다하는 조선족 마름 박화선과 최영관 등 몇몇 조선족 내부의 분열주의자들을 대하는 태도에서 잘 나타난다.

> "이 지방에서 사업을 전개할라면 조선 놈들이 필요되는데요."
> "네 그 가운데는 조선 사람도 몇몇 있습니다. 서위자에 박화선이, 다썅에 배유민이, 유수림자에 최영관 등 몇몇이 있습니다."
> "다 믿을만 합니까?"
> "믿을만 하죠. 그들은 공산당에 대해서는 천연적인 반감을 가지고 있습니다."
> "그렇지만 제 속을 다 줄 수는 없습니다."
> "그 다 이를 말씀이오니까!"(pp.60-61.)

한몽둥이네 집에 잠복한 국민당 특무 고영민과 한몽둥이가 주고받는 말이다. 조선족은 이용할 수는 있지만 절대 믿을 수는 없다는 것이 이들의 논리인데, 그러므로 이들과 박화선 등 조선족 분열주의자들 사이의 관계는 상전과 앞잡이 즉 수직상하 관계이며, 명령과 복종의 관계만이 존재할 뿐이다. 조선족 백성들에 대한 공산당의 평등정책과 각별한 배려에 비하면 얼마나 판이한가!

셋째, 한몽둥이의 마름 박화선과 같은 민족 분열주의자들의 선택과 그들의 말로를 통해 조선족 인민들의 선택이 정확한 것이었음을 강조한다. 소설에 등장하는 박화선, 최영관 등은 마름이자 얼지주로 서위자 마을 및 기타 마을의 조선족 농민들에 대한 압박과 착취를 통해 부를 축적하였으며 조선족 농민들과는 근본적으로 대립되는 계급이다. 광복 이후, 그들이 가난한 사람들을 위하는 공산당과 팔로군의 정책을 반대하고 파괴하며 국민당의 노선을 선택한 것은 그러므로 당연한 귀결이라고 할 수 있다. 다 같은 조선족이지만 결코 하나의 길로 갈 수 없는 근본적이고 주요한 원인의 하나가 역사적으로 형성된 계급이익과 입장의 대립 때문임을 보여준다. 이는 김치백을 비롯한 서위자 마을 조선족 농민들이 공산당과 팔로군을 선택한 것은 역사적으로 형성된 것으로서 결코 우연에 의한 것이 아님을 강조한다.

넷째, 기독교의 허위성과 위선을 폭로함으로써 가난과 불행에 찌든 일부 조선족 농민들이 현실적 삶을 정시하지 못하고 환상적 세계의 유토피아 즉 제3의 길을 선택하는 것을 날카롭게 비판하였다. 소설은 기독교의 외피를 쓴 장로 박화선의 위선과 만행을 폭로하였고 또한 하느님께 모든 것을 기탁했다가 마누라마저 국민당에게 잃고 삶의 의욕마저 상실했던 장만화가 공산당과 팔로군에 구원된 뒤, 당의 감화교육과 딸 칠순의 도움으로 기독교의 허위성과 위선을 깨닫고 새로운 삶을 시작하는 이야기를 많은 편폭을 들여 서술하였다. 이를 통해 공산당과 팔로군만이 가난한 조선족 농민들의 유일한 선택의 길이자 희망임을 강조하였다.

3. 한족의 도움과 민족 간 화합 부각하기

작품은 조선족 마을인 서위자마을의 이야기를 중심으로 다루고 있으나 중국 경내의 조선족의 이야기라는 차원에서 민족관계 문제가 이야기되며 한족과 조선족의 관계를 이야기하게 된다.

우선 작품은 "이 지방 조선족들도 국내 기타 민족들과 마찬가지로 근로하고 용감하며 충직한 민족이요(p.127.)[28]"라는 무공대 왕대장의 평가를 통해 중국 공산당과 팔로군의 정책에 의하면 조선족은 국내 기타 민족과 대등하고 평등한 위치에 있음을 나타낸다.

또한 김치백은 한족들에 대하여 깊은 신뢰감을 갖고 있는데 그것은 그가 "이 지방에서 늙어 오면서 이 지방 한족들의 쓰라림을 잘 알기 때문(p.81.)[29]"이다. 억압과 착취를 당하던 과거에 대한 공동의 경험과 기억 때문에 한족과 조선족이 공동의 투쟁목표를 갖고 함께 싸울 수 있다는 논리이다.

이러한 공동의 과거를 기초로 작품은 또 조선족에 대한 한족의 도움과 원조를 많이 부각시키고 있다. 한몽둥이네 머슴 로쑨은 한몽둥이에게 다 맞아 죽게 된 칠순을 구하기 위해 위험을 마다하고 칠순이네 집에 와서 소식을 알려주며 안타까워한다. 그런데 정작 같은 조선족이자 칠순 아버지가 그토록 믿어마지 않고 의지하는 하느님을 섬기는 교회의 장로인 마름 박화선은

28) 앞의 책, p.127.
29) 앞의 책, p.81.

칠순 어머니의 애원을 매정하게 뿌리친다. 칠순이 한몽둥이에 의해 술집에 팔려가게 되었을 때도 로쑨은 또 한 번 목숨을 걸고 그를 도망치도록 도와준다. 민족적인 것을 넘어서는 계급적 우애를 보여준다. 그러므로 훗날 로쑨이 지하당 책임자로 칠순이와 함께 일하는 것은 이미 정해진 길이었다. 이러한 도움은 개인에 대한 개인의 도움을 통해서 뿐 아니라 집단적, 조직적 차원에서도 이루어지는데 그때의 힘은 거대하다.

> 기실 이것은 이 마을 농민들의 힘 뿐만 아니였다. 여기엔 전현 각족 인민들의 고무와 지지도 포함되였다. 서위자 마을 농민들이 국민당 비적들에게서 해를 받은 후 하루에도 수십통의 위문 편지가 이 마을로 날아 들었다. 거기엔 한족 인민들이 보내 준 것이 대부분이었다 (중략) 어떤 곳에서는 구제금을 보내 왔고 어떤 마을 한족 농민들은 많은 집 재목을 모아서 커다란 고무바퀴 차에 실려 보냈다. 그리고 끌끌한 장정들을 몇십명씩 데리고 와서 서위자 마을 농민들의 춘기 파종과 가옥수건을 돕는 곳도 있었다. 이리하여 서위자 마을 농민들의 적대 투쟁의 열조는 전현 각족 인민들의 열렬한 지지와 고무로 하여 더욱 앙양되였고 께따라 투쟁 조직도 공고히 되었다. (p.166.)

서위자 마을이 국민당의 토벌로 불에 타버렸을 때, 전 현 한족 인민들이 아낌없는 원조와 도움을 주는 대목이다. 조선족 마을 서위자 마을은 결코 고립된 것이 아니라 전 현 한족 인민들과의 연대 속에 있으며 한족 인민들의 도움 속에서 폐허가 되었던 마을이 다시 일떠서는 것을 통하여 단결의 힘이 얼마나 큰가를 보여준다. 또한 조선족의 투쟁은 한족과의 단합과 연대를 통해서만이 더욱 큰 승리를 얻을 수 있음을 보여준다.

4. 민족적인 것을 국가적 차원으로 통합하기

1960년대의 연변에서, 민족이라는 것을 이야기하기 위해 리근전이 취한 또 하나의 대응방식은 모든 민족적인 것 즉 민족적 이익, 민족적 해방을 국가적 차원으로 통합하기였다. 또한 민족과 국가의 연대와 일치를 강조하는 것이었다.

공산당과 팔로군의 영도 밑에 서위자 마을 조선족 농민들은 토지개혁을 진행하여 자기의 땅을 가지게 되며 "이 땅의 진정한 주인으로 되었다". 땅의 주인이란 무엇을 의미하는가. 오랜 세월을 두고 부평초마냥 떠돌아다니던 조선족이 드디어 정착할 땅과 권리를 얻게 됨을 의미하며 이리하여 그들의 민족적 이익은 곧 국가적 이익과 일치하게 된다.

> "놈들이 천백 사람은 죽일 수 있지만 전 중국 인민을 다 죽일 수는 없습니다. 중국 인민은 꼭 승리하고야 말 것입니다. 혁명의 승리와 앞날의 광명을 위해서 싸우다 죽는 것은 광영스러운 일입니다 (중략)"(p.315.)

국민당군대에 포로당하여 감옥에 갇힌 호랑이가 감방 안의 죄수들에게 사상교양을 진행하는 대목이다. 중국 인민의 승리가 강조되는데 중국 인민 속에 민족이 포함됨은 이론의 여지가 없다. 지하당사업을 하다가 포로당한 칠순이 역시 스스로를 중국 인민의 아들딸로 파악한다. 개인이나 민족적 차원에서의 투쟁이나 승리보다는 국가적 차원에서 모든 것이 서술되고 있다.

4 작품 속에 내재된 민족의식

리근전이 비록 철저하게 민족의식의 내면화를 시도했지만 그의 근원적인 기억과 경험, 자의식, 정체성 등으로 하여 소설에는 리근전만의 민족적인 것이 은밀하게 깃들어있다. 이를 두고 리근전이 특별히 민족의식을 고취하였다고 보기는 어렵겠지만, 그가 '당의 영도 하에서'이긴 하나 아무튼 민족의 역사를 소재로 했을 때, 민족적인 것은 이미 피해갈 수 없는 부분이었다. 이러한 민족적인 것은 조선족의 특수성 부각하기, 조선족의 자발적 주체적 투쟁 부각하기, 조선족의 영용한 투쟁과 불굴의 의지 부각하기 등 몇 가지 측면을 통해 작품 속에 내재되어있다.

첫째, 소설은 민족적인 것을 최대한 내면화하고 있으나 한족과 구별되는 조선족의 특수한 처지에 대해서는 조심스럽게 부각시키고 있다.

> 일본놈이 갓 넘어 갔을 땐 해방 맞은 기쁨에 한족 조선족 할 것 없이 모두 기뻐하였다. 그 후 얼마 안되여서 국민당군이 벌써 산해관을 넘어서 동북으로 진군하고 있다는 소식이 쫙 펴졌다. 국민당이 오면 조선족을 모조리 잡아 죽인다는 말에 서위자 마을 사람들은 마음을 걷잡지 못하고 갈팡질팡하였다.(p.1.)

광복 직후, 정권 부재기 혼란한 상황에 대한 묘사인데, 광복은 한족 조선족 모두에게 기쁜 일이었지만 유독 조선족에게만 불안과 무시무시한 소문을 더해준다. "국민당이 오면 조선족을 모조리 잡아죽인다"는 것은 물론 소문이긴 하지만 이는 한족과는 다른 조선족의 특수한 처지를 보여준다. 그 특수함이 무엇인지에 대해서는 자세한 언급을 피하고 있지만 그것이 역사적으로 형성된 것임을 미루어 짐작할 수 있다. 이를 통해 오랫동안 부평초마냥 떠돌이 삶을 살아오면서 그 어디에도 소속되지 못하고 불안한 삶을 살아온 조선족의 과거를 암시하고 있다. 이는 곧 조선족의 선택의 갈등이라는 문제와 연결되는 부분이다.

둘째, 소설은 중국 공산당의 영도 하에서 이루어지는 서위자 마을 조선족 농민들의 투쟁사를 다룸에 있어서, 중국 공산당의 영도 하에서만 투쟁이 승리를 거둘 수 있음을 강조하면서도 한편으로는 서위자 마을 조선족 농민들이 수동적으로 투쟁에 이끌려 가는 것이 아니라 자발적이고 주체적으로 투쟁을 진행하며 적극성과 열의를 다하고 있음을 보여주고 있다.

국민당이 내전을 발동한 초기, 중국 공산당의 전술인 '전략적 후퇴'에 대해 제대로 이해하지 못한 김치백은 "우리의 피로써 우리의 살로써 우리의 목숨으로써 적과 싸워서 우리 민족의 운명을 구해야겠네.(p.75.)[30]"라고 부르짖으면서 서위자 마을 농민들에게 일떠나 적들과 싸울 것을 호소한다. 그는 춘호와 함께 서위자 마을과 근방 조선족 농민들을 묶어세우고 민병대를 새로 조직하며 또한 군중을 동원하여 일본군이 퇴각할 때 버리고 간 총을 모으는 등 방법으로 무기도 장만한다.

> "그런 소린 다 곧이 들을 필요 없네. 또 누구를 믿고 바랄 필요도 없지. 우리 손으로 살아 갈 방도를 대야지! 시급히 마을 사람들을 한데 뭉쳐 세웁세!" 치백이는 말을 잠간 끊었다가 다시 이어서
>
> "이 근방에 조선족이 한 오륙백 호 살지 않나? 한 집에서 하나씩만 나와도 오륙백 명은 되겠지. 이런 위급한 판국에 한 집에서 하나씩 나올 게 있나, 있으면 있는 대로 나와야지!......"(p.77.)

비록 팔로군의 전략적 후퇴에 대한 몰이해로 인해 다소 흥분되고 격앙된 어투이기는 하나, "우리 손으로 살아갈 방도를 대야지"라는 김치백의 말은 상당히 깊은 의미를 갖고 있다. 이는 조선족들의 투쟁 각오와 각성을 보여주며 공산당의 영도 하에

30) 앞의 책, p.75.

서 싸울 만단의 준비가 이미 다 되어있음을 나타낸다. 주체적이고 자발적 투쟁을 진행하려는 김치백의 의견이 구정부의 의견과 일치하다는 것은 조선족들의 사상적 높이와 열의를 한층 더 강조한다. 혁명에 대한 적극성과 열의는 또한 전선지원임무를 제때에 완성하기 위해 노력하는 데서도 잘 나타난다.

> "글피부터 대부대가 지나 가게 된다네. 군량과 마초가 시급히 수요되는데 사흘 안으로 군량과 마초를 다썃으로 실어 내야겠네. 서위자에 해당된 수자는 군량 50단, 마초 10만근이네, 사흘 안으로 다 운반할만한가?"
>
> "다소 곤난은 있지만 기한 내로 완성하겠습니다."
>
> 사흘 안으로, 그것도 그 많은 량곡과 마초를 죄다 운반한다는 것은 참으로 간거한 임무였다. 그러나 춘호는 서슴없이 임무를 접수하였다. 그는 군중의 힘을 믿었기 때문이다. 군중들은 추기 공세에 크게 고무되었다. 그들은 만난을 극복하고 제때에 임무를 완성할 수 있다고 생각하였다.(p.373.)

아무리 어렵고 힘든 임무라도 혁명의 승리를 위해서는 반드시 완성하겠다는 굳은 의지와 결의가 나타나는 대목이다. 이것이야말로 혁명과 투쟁에 대한 조선족의 입장과 태도가 얼마나 견결하고 주체적인지를 잘 보여주는 부분이다.

셋째, 소설에 나타나는 조선족 인민들은 하나같이 용감하고 불굴의 의지를 가지고 있다. 김치백이, 호랑이, 칠순이와 같은 혁명대오에 참가한 적극분자들 외에도 어린 경호나 칠성녀마저 죽음을 추호도 두려워하지 않는다. 또한 술집 여자로 마을사람들로부터 천대와 멸시를 당하던 옥순 아주머니의 최후는 얼마나 장렬한가. 그것은 장렬하다 못해 약간 억지스럽기까지 한데, 투쟁에 대한 아무런 각오와 사상준비도 없이 피난 대오에도 끼지 않았던 옥순 아주머니가 김치백이와 봉임이를 보호하기 위해 하는 "엄마 말을 잘 들어야 한다"는 암시는 꼭 공산당의 지하일군들이 늘 쓰는 말을 방불케 한다. 이를 두고 지나친 과장이고 확대라고 하겠으나 이렇게라도 민족적인 것, 민족성을 부각하려는 작가의 노력으로 볼 수는 없을까.

5 역사 재확인의 내면풍경 : 조선족의 국민적 자격 확인하기

결국 『범바위』는 리근전이 1960년대 초반의 연변이라는 시대적 상황 속에서 자기식의 민족의식을 내면화한 것이다. 그렇다면 그토록 뛰어난 정치적 감각을 가진 리근전이 왜 그런 위험천만한 일을 했을까. 앞에서 그의 민족의식의 근거를 정체성이나 자의식에서 찾아보았다. 그렇다고 이 정체성이나 자의식이 막바로 그가 『범바위』를 집필하게 된 동기는 아니다. 리근전은 「력사를 통한 민족의 넋을」[31]이라는 대담에서 그 자신이 역사

제재에 각별한 흥취를 가지고 있는 원인을 다음과 같이 서술하고 있다.

> 이런 력사제재에 치중한 원인은 청년들더러 오늘의 행복은 어떻게 왔는가를 알고 이 행복을 더 진귀하게 여기게끔 하려는 의도에서였고 더욱이는 우리 민족의 과거력사를 진정으로 알므로써 오늘 우리 민족이 반드시 서야 할 위치를 자각하려는데 있었습니다. 흔히 사람들은 조선족은 조선에서 살 수 없어서 쪽박 차고 중국에 밥을 빌어먹으려 건너왔다고 하는데 이는 편면적인 것입니다. 우리 민족은 자고로 이 땅에 발을 붙이면서 우선 대자연과 싸웠고 봉건계급과 관료아치들과 투쟁해왔으며 제국주의침략에 맞서 각족 인민들과 어깨겯고 싸워 중국의 근대사를 여러 민족인민들과 공동히 썼던것입니다. 지금 어느곳에 가나 렬사기념비를 볼수 있는것이 그 훌륭한 증명으로 될겁니다. 한때 일부 지구의 조선족 처녀들은 남성청년들이 거의다 참군하여 대상자를 찾을수 없고 시집갈수조차 없은적도 있지 않았습니까. 우리 민족은 중화인민공화국을 세울수 있는 기초를 여러 민족과 함께 닦아놓았고 동북에서 벼농사기술도 전파했던 것입니다. 이처럼 우리 민족은 근로하고 용감하며 슬기로운 민족입니다. 저는 바로 우리 민족의 이러한 력사를 통하여 민족의 넋을 지키고 노래하려 했던 것입니다.[32](밑줄 - 인용자)

31) 리근전, 「력사를 통한 민족의 넋을」, ≪문학과예술≫, 1985.3.
32) 위의 글, pp.71-72.

얼핏 보면 위의 서술은 조선족 청년들에게 우리 민족의 역사를 교육시키려는 의도에서 소설 창작을 진행한 것으로 이해할 수 있다. 그런데 '더욱이'로 시작되는 위의 밑줄 그은 부분을 다시 살펴볼 필요가 있다. 리근전은 '더욱이'라는 표현을 써서 그 자신이 역사 제재에 치중하는 이유를 "오늘 우리 민족이 반드시 서야 할 위치를 자각하려는데 있었"다고 강조한다. 여기서 "우리 민족이 반드시 서야 할 위치"란 무엇을 의미하는가? 그 속에는 리근전도 당연히 포함될 것이다. 그렇다면 리근전이 『범바위』를 집필할 당시 1950년대 말, 1960년대 초의 연변에서 우리 민족의 위치는 어떠했는가? '위치'라기보다는 '처지'라고 표현함이 훨씬 더 타당할듯한데 그때 우리 민족은 반우파투쟁과 지방민족주의를 반대하는 정치투쟁 속에서 온갖 불신과 의심을 받고 있었으며 민족의 과거를 입 밖에 내기도 어려운 때였다. 당의 지방 요직에 있던 리근전도 이 점에서 예외는 아니었는데, 민족간부라는 이름이 그를 시시각각 불안하게 만들었을 것이다.

민족간부란 무엇을 의미하는가? 그것은 리근전의 출신이 결정지은 것으로서 리근전이 아무리 노력해도 벗어날 수 없는 숙명적인 것이었다. 중공 길림시위 판공실 비서과 과장까지 지냈던 리근전이 결국 자기가 익숙한, 고향과도 같은 길림지구를 떠나 아무런 인연도 없는 생소한 연변땅에 중공연변주위선전부 부부장으로 부임됨은 무엇을 의미하는가? 그것은 리근전이 민족간부였기 때문이다. 그러므로 아무리 민감한 정치적 판단력과 현실판단력을 확보했다 하더라도, 아무리 중국 지향적이라해도 리근전은 결국은 조선족의 운명과 불가분의 관계에 있게 되는 것이다.

이런 맥락에서 리근전은 우리 민족이 서야 할 위치는 구경 무엇이며 '내'가 서야 할 위치는 무엇인가에 대해 심각하게 고민했을 것이다. 그 고민의 끝이 바로 중국 역사와 혁명에 대한 조선족의 공헌과 업적을 재확인하는 것이었다. 조선족 인민들에 대한 교육이라는 전제 하에, 중국 공산당의 영도 하에 진행된 조선족 인민들의 투쟁의 역사를 확인하는 것, 이것이야말로 당의 정책을 충실히 반영하면서도 민족적인 것을 확인할 수 있는 보다 안전한 길이라고 리근전은 생각했을 것이다. 그래서 리근전이 얻어낸 "우리 민족은 중국의 근대사를 여러 민족 인민들과 공동히 썼"고, "우리 민족은 중화인민공화국을 세울 수 있는 기초를 여러 민족과 함께 닦아놓았"다는 결론은 얼마나 당당한 것인가. 작품이 비록 그것을 중국 공산당의 영도 하에서 진행된 것으로 강조하고 있지만, 그것은 바로 중국에서의 우리 민족의 국민적 자격에 대한 확인에 다름 아니다. 우리 민족은 다른 여러 민족들과 함께 중화인민공화국의 주인이라는 자격 획득인 것이다. 또한 어린 나이에 혁명에 참가하여 토지개혁공작대와 무장공작대를 거쳐 당의 지방 요직에 있게 된 리근전 자신의 역사에 대한 재확인이자 공산당의 민족간부로서의 당당함과 자격 있음에 대한 확인이기도 하다. 거기에는 또 우리 민족이 중국 혁명과 중화인민공화국의 창건을 위해 피 흘려 싸웠음에도 불구하고 1960년대 당시 중국 정부로부터 겪고 있는 의혹과 불신 및 억압에 대한 억울함이 은밀하게 깃들어있다.

따라서 본고는 이제까지 리근전과 그의 작품 특히 그의 초기 장편소설 『범바위』에 내려졌던 '중국 지향적', '당 정책의 선전선동', '정치주의', '계급성 고취' 등의 비평적 용어에 동의할 수 없다. 특히 그가 "중국 공산당의 영도 아래 조선족 인민들이 투쟁에 일떠선다"는 패턴을 형성시켰으므로 그의 창작을 가리켜 "리근적 문학현상"이라는 다분히 비판적 색채를 띤 용어로 개괄시킨 것에 동의할 수 없다. 리근전은 17세의 어린 나이에 팔로군에 참가하여 부대에서 성장하였으므로 중국 공산당의 성격과 정책, 중국적 혁명의 프로그램을 숙지하고 있다고 보아야 할 것이다. 그러한 그가 1960년대 초반에 『범바위』를 창작한 것은 그러므로 당의 정책을 선정선동하기 위함도, 민족 역사 교육을 위함도 아니었다. 그것은 차라리 정직하게 현재의 억압과 불신에 대한 억울함의 하소연이자 자기 자신을 위한, 나아가 민족을 위한 최대한의 변명이었다.

6 결 론

본고는 리근전이 1960년대 초반에 발표한 장편소설 『범바위』를 대상으로 살펴보았다. 작품이 집필되던 1950년대 말부터

1960년대 초반까지 연변의 시대적 상황과의 연관 속에서 작품을 민족의식의 내면화의 결과로 보았다. 이는 리근전과 그의 초기 장편소설 『범바위』를 '당 정책의 선전선동' 내지는 '정치주의'라는 기존의 평가 속에서 빼내기 위함이었다.

하지만 리근전이 결코 민족의식에 투철했던 것은 아니다. 그는 중국 공산당의 지방 요직에 있는 간부로 어디까지나 중국 공산당의 노선과 정책에 더 충실했다. 하지만 이것이 그가 민족의식에 전혀 무감각하다는 것과 동일하지는 않다. 그에게 있어서 민족의식과 당의 정책은 절대 대타적이거나 모순되는 것은 아니다. 민족의식이 그의 원초적인 체험과 기억에 의한 것이라면 당의 정책에 대한 충실은 그의 현실적인 삶이 선택한 기본 방식이자 그의 정치적 삶을 지탱해주는 기둥이다. 둘 다 리근전 삶의 주요한 내용이자 근거이며, 그러므로 리근전 소설의 서사적 구조는 이 둘의 관계에 의해 결정된다고 하겠다.

참고문헌

리근전, 『범바위』, 연변인민출판사, 1962, 1986(개정판).

______, 『고난의 년대』(상 · 하), 연변인민출판사, 1982, 1984.

리광일, 『해방 후 조선족 소설문학 연구』, 경인문화사, 2003.

리해영, 『중국 조선족 사회사와 장편소설』, 역락, 2006.

리해영, 『청년 김학철과 그의 시대』, 역락, 2006.

조성일 · 권철, 『중국조선족문학사』, 연변인민출판사, 1990.

최병우, 『리근전 소설 연구』, 푸른사상, 2007.

김호웅, 「중국 조선족 문학의 산맥 - 김학철」, 『민족문학사연구』 제21호, 민족문학사학회, 2002.

김동활, 「"고난의 년대"에 대한 본체론적사고」, ≪문학과예술≫, 1988.

김 몽, 「력사의 진실한 화폭 - 리근전소설의 력사적가치」, ≪천지≫, 1998.

리근전, 「"범바위" 재판 후기」, 『흘러간 세월』, 흑룡강조선민족출판사, 1997.

______, 「"고난의 년대"를 쓰게 된 동기와 경과」, ≪문학과예술≫, 1983.